関係者が初証言、
Jリーグ31年目にして
明かされる〝真実〟

横浜フリューゲルスはなぜ消滅しなければならなかったのか

田崎健太
Kenta Tazaki

KANZEN

プロローグ

その日のことはよく覚えている。

『週刊ポスト』編集部員だったぼくは、前夜遅かったこともあり、昼前に出社した。いつものように編集部の棚にあるスポーツ新聞を無造作にいくつか掴んだ。すると横浜フリューゲルスという文字が目に入った。フリューゲルスの出資企業、佐藤工業が経営不振を理由にクラブから手を引く、もう一つの出資企業、全日本空輸は単独でのチーム運営を困難だと判断し、横浜マリノスと合併するという。

一九九八年一〇月二九日のことだ。

九三年春に開幕したJリーグの爆発的ともいえる人気は数年で萎んでいた。前年の一一月、実質的な親会社だったテレビ静岡が撤退し、清水エスパルスが消滅危機に陥っていた。静岡は日本で最もサッカーが根付いている地域である。市民の署名、募金が集められ、地元企業がクラブを引き継ぐことになった。同様に親会社が撤退を検討しているクラブもあるという話も耳にしていた。フリューゲルスに関してはその手の噂がなかったので意外だった。

この日の夕方、国際サッカー連盟（ＦＩＦＡ）公式代理人の田路雅朗と会うことになっていた。この年、フランスで行われたワールドカップの後、中田英寿がイタリアのペルージャ・カルチョへ移籍した。その手助けをする代理人が注目されていた。ＦＩＦＡは、移籍の仲介を選手の親族、公式代理人に限っていた。田路の所持する公式代理人のライセンスを誌面で紹介しようと考えたのだ。

田路とはブラジルで知り合った。

前年の九七年六月から一年間、ぼくは所属する出版社、小学館の長期休暇制度を使い、ブラジルを拠点にバックパックを背負って南米大陸のすべての国を回った。出発前、カズこと三浦知良の実父、納谷宣雄から電話があった。サンパウロでは、自分の所有しているアパートに住めばいいと彼は言った。

ノンフィクションの要諦の一つは被取材者との距離である。納谷は将来、取材対象になる可能性があった。そうした相手に借りを作るのは気が進まなかった。ただ、為替の関係もあり、ブラジルの物価はかなり割高になっていた。一年間無給となるぼくにはありがたい話でもあった。納谷によるとしばらく空部屋になっており、部屋を傷めないために誰かが住んでいたほうがいいという。サンパウロに着き、アパートに行ってみると本当に何もなく、窓を開けると床に大きな綿埃が転がった。ぼくはベッドとマットレスを購入し、電話線を引き、最低限の生活ができるよう整えた。納谷の事務所の人々も、現地の日系人から使っていない家具を集めてくれた。田路は納谷の元で働いており、彼のサンパウロ滞在中、何度か食事を共にしていた。

この日、田路とフリューゲルスについて深く話し込んだ記憶はない。かつてフリューゲルスに所属していた前園真聖がブラジルのサントスFCに移籍していた。前園がブラジルでどこまでやれるだろうかという話のほうが主だった。

その後、フリューゲルスとマリノスの合併を取材したが、釈然としない部分があった。テレビ、新聞、雑誌は、クラブが消滅すれば選手の働き場所がなくなる、可哀想だという論調だった。

ぼくは南米大陸、中でもブラジル各地でサッカーを観戦し、選手、監督たちと知己を得ていた。そこで痛感したのは、彼らはサッカーという職能を売り物にした冷徹なプロフェッショナルだということだった。Jリーグは高年俸できちんと支払いがなされるという認識で、日本のクラブを紹介してくれないかと声を掛けてくる選手もいた。彼らは自分の価値を高く評価してくれる場所を貪欲に探していた。フリューゲルスが消滅したとしても、能力ある選手たちは、他のクラブと契約することができるはずだ。合併を機により良い条件を提示するクラブに移ることもできるかもしれない。

フリューゲルスの最後の試合となった九九年一月一日天皇杯決勝にぼくは足を運ばなかった。週刊ポスト編集部に配属となってからはほぼ毎年、天皇杯決勝を取材していた。なぜこの年に限って、国立競技場に行かなかったのか覚えていない。消滅が決まったクラブの選手たちの奮闘を美談に仕立てようとする空気を感じ、一歩引いていたのかもしれない。

この年の終わり、ぼくは小学館を退社し、ノンフィクション作家として歩み始めた、サッカーは取材対象の一分野となり、日本代表にも選ばれた廣山望を追いかけて、彼がプレーしたパラグアイ、ポルトガル、フランスを訪れた。日本代表監督経験者であるジーコにはブラジルの他、彼が指揮をとったトルコ、ロシアでも話を聞いた。納谷の兄、聖司のつてでスペイン南部のラコルーニャで日本人サッカー留学生と共に寮に泊まり込み、練習に参加したこともある。元ブラジル代表のソクラテスやドゥンガのような誰もが名を知る元選手から無名のアマチュア選手まで取材し、FCバルセロナの本拠地カンプノウから南米大陸の田舎町にある壁が崩れたスタジアムにも足を運んだ。

ブラジルでは小さな街であっても最低二つはサッカークラブがある。出自、社会階級、職業などによって贔屓のクラブが自然と決まるのだ。フランスのモンペリエでは、アラブ人移民が運営するクラブに招かれた。老人たちがクラブハウスで水パイプを吸っており、ムスリムの国に来たかのような錯覚に陥った。サッカークラブは共同体の中心なのだと思った。ラコルーニャにはスペインリーグ一部で優勝経験があるデポルティボ・ラコルーニャを頂点として小さなクラブが無数にあった。地域の人々がそうしたクラブを支えていた。

サッカーが根付いた国を旅していると、フリューゲルス消滅のときに感じた疑問が記憶の澱の中から浮かび上がってきた。クラブ消滅の被害者は誰だったのだろう、と。これはクラブとは誰のものなのか、という問いに繋がる。

二〇一九年の終わり、いくつかの縁が重なり、フリューゲルス関係者への取材を始めることになった。そこでぼくは横浜フリューゲルスというクラブをまったく知らなかったことに気がついた。

フリューゲルスは日本サッカー界に貢献した人材が多く在籍したクラブである。加茂周、反町康治、山口素弘、前園真聖、楢﨑正剛、遠藤保仁、あるいはブラジル人のジーニョ、セザール・サンパイオ、エバイール、パラグアイ人のアマリージャ、アルゼンチン人のモネール――。

横浜には日本リーグ時代の強豪チーム、日産自動車を母体とする横浜マリノスが存在する。マリノスと比較するとフリューゲルスは人気のないほう、横浜のもう一つのクラブという位置づけだった。しかし、歴史を紐解くと違った姿が現れる。フリューゲルスは日本で最も長い歴史を持つ横浜サッカーの正統な継承者であり、最初に本物のクラブチームとなる可能性を持っていたのだ。

横浜フリューゲルスはなぜ**消滅**しなければならなかったのか◉目次

第1章

最初の「汚点」
——全日空SCボイコット事件

1964-1986

写真提供：森豊

1979年11月、ヨコハマトライスターは第15回全国社会人サッカー選手権大会に出場した。

一

サッカーの原型となったのは、イギリスの村人たちの球技である。始まりは、どんな手段を使ってもボールを〝ゴール〟に入れれば良かった。一九世紀に勃興したパブリックスクール――私立学校では、生徒の身体を鍛える目的でこの競技を取り入れ、対抗試合のため統一ルールを設定した。現在のサッカーのルール、基本構成は一八六三年一〇月のロンドンのパブで行われた会合で定められたとされている。

これは、一八世紀に始まった産業革命をいち早く終えていたイギリスが世界に進出した時期と重なる。石炭を燃料とする船で海を渡り、各地に鉄道を敷設したのだ。蒸気船、蒸気機関車のいずれも産業革命の果実である。移動の民たちは荷物にボールを忍ばせていた。彼らが世界中にサッカーを布教することになった。だからこそ、リバプール、バルセロナ、マルセイユ、リオ・デ・ジャネイロ――様々な人が行き交う港町にはサッカーがよく似合う。横浜もそんな港町の一つだ。

一八五九年、横浜に外国人居留地が設置されている。その三年後の一八六二年に、川崎大師に向かう途中のイギリス人四人が薩摩藩主島津茂久の父、島津久光の行列を遮り、側近の藩士に切り捨てられた。イギリスは薩摩藩に犯人引き渡しと賠償金を求め、艦隊を薩摩に派遣。イギリスに加えて、フランス、オランダ、アメリカの四カ国の艦隊が幕府に圧力を掛けるために横浜に入港した。生麦事件である。

この事件によりイギリス軍とフランス軍が横浜に駐屯することになった。イギリス軍には横浜居留地の山側、山手居留地があてがわれた。そこで彼らはクリケットやラグビー、サッカーを始めた。

一八六八年、明治元年に外国人を対象とした横浜クリケットクラブ（現・横浜カントリー・アンド・アスレティック・クラブ　YC&AC）が設立されている。十九年後の一八八七年、競技にサッカーが加えられた。一九〇四年、YC&AC対東京高等師範（現・筑波大学）が日本人による最初のサッカーの試合とされている。

『横浜サッカー協会85年史』によると、旧制中学の横浜二中は一九一五年の創立からサッカーを取り入れていた。旧制中学を中心にサッカーが広がり、三二年に横浜ア式蹴球協会が設立されている。

その輪が大きくなるのは時代が下るのを待たねばならない。五九年、東京オリンピック開催が決定。横浜ア式蹴球協会から改名した横浜蹴球協会はサッカー競技の招致に動いている。横浜市には五五年に行われた国民体育大会に合わせて建設した三ツ沢球技場があった。そして六四年の東京オリンピックでは、全面改装された三ツ沢球技場で準々決勝を含む六試合が行われた。

オリンピック開催の約三カ月前にあたる七月、『横浜中区スポーツ少年団』が発足した。横浜市中区は、関内、横浜中華街、新山下、伊勢佐木町の他、本牧の一部を含む横浜市の中心地であり、横浜居留地が置かれていた。この少年団の資料は残存しない。分かっているのは横浜蹴球協会の西海輝《にしうみひかる》という男が世話人だったことだけだ。

西海は一九三六年に横浜市本牧で生まれた。横浜緑ケ丘高校でサッカーを始め、関東学院大学に進んだ。大学卒業後の五九年に横浜蹴球協会に入り、東京オリンピックでは三ツ沢球技場の競技運営担当者を務めている。

東京オリンピックの前後、西海たちは近隣の小学校でサッカーのスポーツ少年団を立ち上げており、中区スポーツ少年団はその一つだった。現在、横浜スタジアムとなっている横浜公園には平和野球場と呼ばれる野球場があった。少年たちはスタンド外の空き地でボールを追いかけた。小学校の校庭を使用することが多いスポーツ少年団と違い、ホームグラウンドを持たないクラブチームだった。

西海の実家は新聞販売店を営んでいた。金銭的に余裕があった彼は、サッカーにのめり込んだ。サッカーは人気競技ではなかったが、全国各地に西海のような男たちが散らばっていた。彼らは自然と連絡を取り合うようになった。

西海が特に親しく付き合うようになったのは、静岡市生まれの五歳年下の男だった。男は若くしてキャバレーなどを経営しており羽振りが良かった。六六年にイングランドで行われたワールドカップの準決勝と決勝をスタジアムで観戦。地元でこのワールドカップの記録映画『ゴール！』の上映会を開き、経営するスポーツショップに『ゴール』という名前をつけた。これは日本で最初のサッカー専門店である。西海はこの男、納谷宣雄から薦められ、曙町で姉妹店となる『横浜ゴール』を始めた。

納谷は六九年に静岡市の城内小学校で城内スポーツ少年団――通称城内FCを立ち上げていた。この城内FCに入った彼の二人の息子は、後に離婚により妻の姓を名乗ることになる。三浦泰年と三浦知良である。

横浜ゴールは八畳ほどの小さな店で、ユニフォームが並べられ、スパイクなどの箱が雑然と積み上がっていた。ユニフォームは静岡ゴールと付き合いのある縫製工場で作り、背番号を店で縫い付けた。店内にはまだ珍しかったビデオデッキが据え付けられており、東京12チャンネル（現・テレビ東京）のサッカー番組『ダイヤモンドサッカー』の録画番組が流れていた。それを目当てに多くの客が訪れた。

店頭に立っていたのは、森豊である。森は明治学院大学を卒業後、西海の紹介で横浜蹴球協会に入り、横浜ゴールで働く傍らFCゴールで指導した。六九年に中区スポーツ少年団は、店の名前をとって『FCゴール』と改名していた。

「（横浜）ゴールの給料の出ない社員ですよ。子どもはビデオを見に来て、みんな金を払わないでスパイクを持って行く。まったく儲からない店」

ひどいよ、あれはと森は首を振った。

練習場所は相変わらず横浜公園だった。

「西海さんと小学校を回って作った少年団で使える子どもを（FC）ゴールに集めたんですよ。みんな中学生になりかけていたので二〇人足らず。あの頃、城内（FC）は中学生のチームがまだなかった。それで横浜から（トヨタ）カローラのバンに八人ぐらい子どもを乗せて静岡に行って合体して大会に出ていた。（納谷の母にあたる）知良のお婆ちゃんの家に泊まらせてもらって飯を食わせてもらいましたね」

静岡のサッカーショップゴールと横浜ゴール、そして城内FCとFCゴールは双子のような関係だった。ずいぶん後になって知良から「初めまして」って挨拶されたけど、お前のことは一、二歳ぐらいから知っているよって返しましたと森は笑った。

「（FC）ゴールの子たちは静岡に行っているから、当然上手くなる。だからレベルは高かった。ゴールは間違いなく横浜サッカー文化の始まりでした」

横浜ゴールに出入りしていた少年の中に神奈川朝鮮中高級学校に通う中学生がいた。サッカーの盛んな朝鮮学校の中でも頭抜けた存在だと森は耳にしていた。

「彼のオムニ、お母さんが中華街で焼肉屋をやっていた。子どもながらしっかりした子という印象でした」

李国秀である。

二

李の父親は韓国の済州島出身、母親は大阪の在日朝鮮人である。大阪で知り合った二人は横浜に移り、二人の姉に続いて一九五七年に李が生まれた。ただし、李が父親と会ったのは数えるほどで、一緒に生活したことはない。母親が女手一つで三人の姉弟を育てた。

李は母親の苦労する姿を覚えている。

「麻雀屋やったり、ドブロク屋やったり、焼肉屋やったり。(第二次世界大戦後の)在日なんてそんなものだった。山に行って炭を作って売っていたという人もいるぐらいだから」

李が物心ついた頃には、母親は中華街に腰を据えて、焼肉屋を開いていた。二階建て、一〇坪ほどの店は、肉を焼く煙が立ちこめ、客でごったがえしていた。母親は肝が据わっていることで有名で、嫌がらせにきたやくざを殴って追い返したこともあった。

儒教の影響下にある朝鮮半島は日本以上に男尊女卑の傾向が強い。家の中でたった一人の男性である李は、母、姉二人に大切にされて育った。李の唯我独尊な性格はその反映だろう。サッカーを始めたのは横浜朝鮮初級学校の三、四年生のときだった。

「家の前が公園で、そこでお兄さんたちがサッカーをやっていた。野球もやっていたけど、道具とかユニフォームとか着るのが面倒だったのでサッカーになった」

戦後、朝鮮半島は北緯三七度線で二つの国に分断。朝鮮学校は第二次世界大戦の直後、在日朝鮮人の子弟が朝鮮語を修得するために設立された国語講習所を基にしており、朝鮮民主主義人民共和国——北朝鮮を支持する在日朝鮮人総聯合会の傘下にある。日本の学校教育法の第一条〈法律の定める学校〉に該当しない各種学校という扱いである。そのためか、就学年齢が曖昧だった。李は幼稚園を放校になったこともあり、一年早く小学校に入学している。

サッカーは北朝鮮の国技だった。

北朝鮮代表は六六年ワールドカップに初出場、イタリア代表などを破ってベスト八に進出した。在日朝鮮人の間でもサッカーは盛んで、精鋭を集めた在日朝鮮蹴球団は日本リーグ所属クラブよりも強く、幻の日本一と呼ばれていた。幻という形容詞がつくのは、日本サッカー協会に未登録で公式試合を行えなかったからだ。

子どもながら李は在日社会を醒めた目で見ていた。

「ぼくはね、在日のおじさんたちが日本人と交流してぺこぺこしているのがすごく嫌だった。それで（在日蹴球団は）練習試合かなんかで勝って何連勝って自慢して歩いているわけでしょ。強い弱いじゃなくて、それで良いのかと思っていた。時代の問題もあったでしょうけれど、（公式チームとして認められていないことに対して）なんとかしようという戦いを挑まなかったことは事実ですから」

朝鮮学校の厳しい上下関係にも辟易としていた。

「（初等部のサッカー部のコーチは）もうばかばか殴る。シュート外すと殴られる。（声が出ていなかったりと）元気がなかったらダッシュをさせられる」

李の足技は巧みで、空間把握能力に優れていた。魔法のように味方にパスを通すことができた。ぼくはミスをしない選手でした、他の人がなぜミスをするのか理解できなかったと李はうそぶく。

西海は早くから李の力を高く評価しており、静岡学園高校に進学させようとしていた。静岡学園サッカー部は納谷宣雄が監督を務めた後、納谷の同級生、井田勝通が引き継ぐことになっていた。李はその一期生となる予定だった。

しかし、これに朝鮮学校が横槍を入れた。才能ある李を日本の高校に奪われることを快しとしなかったのだ。

「朝鮮学校の人間が静岡学園の理事長に、うちの選手を引き抜くならば新聞沙汰にしますよって電話したんです。引き抜くという言い方に静岡学園は腰が引けてしまった」

朝鮮学校の教師は、朝鮮学校高等部に進学、その後は北朝鮮の大学でサッカーを続ければいいではないかと諭した。

「サッカーを続けて、いずれ北朝鮮に帰ったらどうかって。でも（日本生まれの）ぼくにとって帰るという意味が分からない。ぼくはもうここ（朝鮮学校）にはいられない。そのときに日本の世界で生きていくことを決めた。李という名前でどれぐらいやれるのか試してみようと思った」

せめて高校は出て欲しいという母親の頼みで、都立駒場高校夜間部に通うことになった。

「途中で和光学園、あるいは堀越学園に転入するという話があった。堀越学園の寄付金を母親は準備していた。そんな中、韓国学園に入り直すことになった」

韓国学園こと東京韓国学校は一九五四年創立、新宿区若松町の〝韓国系〟私立学校である。北朝鮮系の朝鮮学校からの転向は異例で、なんらかの摩擦が起こっただろう。ここで一年間足踏みしたことにより、高校入学時に同じ年の人間と学年が揃うことになった。

韓国学園入学後の七三年秋、李は読売クラブのユースチームに入っている。読売クラブは、四年前の一九六九年に設立されたばかりの新しいサッカークラブだった。

『クラブサッカーの始祖鳥読売クラブ～ヴェルディの40年』によると、日本蹴球協会の常務理事、小野卓爾と日本テレビの運動部にいた笹浪昭平の出会いから始まった。小野は日本代表の主務として三六年のベルリンオリンピックに同行。欧州のクラブチームを目の当たりにしてプロ化の必要性を痛感したという。

小野が読売新聞を中核とする読売グループに目をつけたのは、文京区にあった後楽園競輪場と関係があった。蹴球協会では東京オリンピックに合わせて、他国の代表チーム、クラブチームを招聘し日本代表との親善試合を予定していた。しかし、都内には十分な観客を収容できる競技場がない。そこで競輪場をサッカー用に転用できないかと考えたのだ。後楽園競輪場を運営する後楽園スタヂアムの社長、田邊宗英と読売新聞の社主であった正力松太郎は盟友ともいえる関係だった。

三

正力は第二次世界大戦をくぐり抜けた怪物である。

一八八五年に富山県射水郡大門町で生まれた。生家は土建請負業を営んでいた。東京帝国大学法科大学（現・東京大学法学部）を卒業後、内閣統計局を経て、警視庁に入っている。米騒動の鎮圧、共産党の一斉検挙などの功で一九二三年一〇月に警務部長となった。この年の一二月、無政府主義者による摂政宮、裕仁親王の狙撃事件が起こった。裕仁親王は後の昭和天皇である。事件の責任をとり正力は警視庁を懲戒免官となった。二四年、内務大臣であった後藤新平の資金提供により読売新聞を買収、社長となった。政府は自分たちの意に従う報道機関を欲しており、正力がそこに収まることになったのだ。

第二次世界大戦後の公職追放処分が解けると、日本で最初の民間テレビ局である日本テレビを開局。さらに国会議員となり、初代原子力委員長も務めた。

政財界の実力者であった正力は各国の大使の表敬訪問を受ける機会が多かった。そこで彼はアメリカ大使を除き、それ以外の国の大使がサッカーの話題を出すことに気がついたという。正力が好んでいたのは、柔道と剣道、そして野球だった。サッカーに可能性を感じた正力は、競輪場をサッカーの試合に使わせるように後楽園スタヂアムの田邊に口添えしたようだ。

六二年五月に日本代表と西ドイツ代表の親善試合が、同年一二月には日本代表、ソビエト連邦のディナモ・モスクワ、そして『スウェーデン選抜』の三チームによる『三国対抗』が後楽園競輪場で開催されている。これらの試合には一万人以上の観客が集まった。

当初、蹴球協会の小野と日本テレビの笹浪が思い描いたのは、読売グループと後楽園スタヂアムでクラブを設立、韓国と香港のクラブとリーグ戦を行う「東アジアリーグ」だった。しかし、この構想は、日本蹴球協会の上部団体、日本体育協会の「アマチュア規程」に抵触する。体育協会は競技を職業とする「プロ契約選手」を認めていなかった。また、国際サッカー連盟（ＦＩＦＡ）は、各国のサッカー協会以外の団体を設立することを禁じていた。別の団体を立ち上げて、プロリーグを運営した場合、そのリーグの選手たちはＦＩＦＡ主催の大会——ワールドカップに出場できない。クラブチームの強化が日本代表に寄与しないことになる。

日本体育協会のアマチュア委員会の委員であり、蹴球協会の常務理事だった竹越重丸《たけのこし》は、アマチュア規程の改定を模索していたが、他の競技団体からの反発に遭っていた。そこで竹越と蹴球協会の会長、野津謙《ゆずる》は小野を説得し「将来のプロ化」を目指すクラブへと方針を変更させた。

六八年一一月、正力と野津が会談、翌六九年一〇月一日に、読売新聞、報知新聞、日本テレビ、そしてよみうりランド出資の読売クラブが設立された。読売グループの三社に振り分けたのは正力の判断だった。軌道に乗るまでは資金が必要になる。テレビと新聞の影響力でクラブを下支えし、三社で負担を分け合うことを意図したと思われる。ただし、正力は読売サッカークラブの試合を一試合も観ることはなく、同月八日に亡くなっている。

読売クラブの先進性は、芝生のグラウンドを四面建設したことだ。読売新聞紙上で「少年サッカースクール開設」と「会員募集」を謳った。

設立一年前の六八年、「日本テレビ・サッカー部」が結成されていた。この日本テレビ・サッカー部は六九年の東京都社会人リーグ二部で優勝。七〇年から「読売サッカークラブ」と改称して東京都社会人リーグ一部で優勝し、関東サッカーリーグに昇格。七一年は関東サッカーリーグ三位となっている。翌七二年から日本サッカーリーグ二部が設立されることになった。読売クラブは加盟決定戦を勝ち抜き、二部リーグ入りした。

七二年シーズン、読売クラブは日本リーグ二部で七位。翌七三年からオランダ人のフランツ・ファン・バルコムが監督となった。

バルコムは前出の『クラブサッカーの始祖鳥　読売クラブ』で監督就任の経緯をこう語っている。

〈西ドイツ・西部サッカー協会のベッカー事務局長から話があり、読売新聞ボン支局の人（小林正文支局長）から様子を聞いた。できたばかりだが世界最大の新聞が持っているクラブだと聞いて大きなチャンスが来たと思った。そのころケルンで、学校の子どもたちのクラブを指導していたが、大きなクラブと契約できる機会はなかった。日本でサッカーが、それほど盛んでないことは知っていたが、これから盛んになるだろう、レベルは低くても、条件が整えば、いい成績を上げられる可能性は大きいと思った〉

日本リーグのほとんどのチームは企業の福利厚生の一環を目的とする「実業団チーム」だった。選手は引退した後も企業に残り、定年まで職と収入が保証される。その中で読売クラブは異端の存在だった。バルコムは選手確保の難しさに言及している。

〈高校選手権で、すばらしい選手を見つけて、あれはいい、読売クラブにとろうと笹浪事務局長

に言ってもとれなかった。〈中略〉クラブの選手たちの立場は不安定だった〉

残された選択肢は、下部組織からの若い才能の抜擢と外国人選手の起用だった。こうした事情が、他の実業団チームとは違う空気を醸成することになる。

七三年秋、ユースチームに加入した李はバルコムに才を認められ、すぐにトップチームに昇格。七四年二月の東南アジア遠征に参加している。

チームの中心は、ブラジル生まれの日系二世のジョージ・ヨナシロ（後の与那城ジョージ）だった。与那城はブラジルに移民した沖縄出身の両親を持つ、日系二世である。サンパウロの日系人クラブでプレー、七二年七月に読売クラブに加入していた。李よりも七歳上にあたる。

ジョージはぼくには何も言わなかったよ、だってぼくには勝てないから、と李はからからと笑う。

「ジョージはシュートが下手だった。彼はすごく素敵な男でね。ねぇ、ジョージってなんでそんなにいつも一生懸命やっているのって聞いたことがある。すると、ちゃんとやらないとこれからブラジルの選手を呼んでもらえなくなるからって」

「シュートの下手」な与那城は、七三年シーズンで一五得点を挙げて、日本リーグ二部得点ランキング二位に入っていた。

李の言葉が大げさではないことは、読売クラブのもう一人の李――李圭司の証言が裏付ける。

同じ年の圭司は小学六年生から、読売クラブの下部組織に入っていた。同時に在日朝鮮人のサッカーチームでも腕を磨いていた。二人は同姓だが、姻戚関係はない。

「在日の選手は基礎技術を重視していた。近くに上手い人がいるから、それを真似ているうちにどんどんうまくなっていくんです。当時は（読売クラブの）トップチームのレベルが低かった。（読売クラブの選手である）小見（幸隆）さんとか下手くそでね。パスを出してもまともに返ってこない。トラップが雑なのは子どものときからの癖なんでしょう、あれは直らない。俺やグッス（国秀）は舐めてました」

しかし、李国秀のトップチーム昇格一年目、七四年シーズンの出場記録はない。先にポジションを確保したのは、同時期に昇格した松木安太郎だった。

松木は李と同じ五七年生まれだ。暁星小学校時代にサッカーを始め、キーパーとして全国サッカー・スポーツ少年団大会（後の全日本少年サッカー大会、現・JFA 全日本U—12サッカー選手権大会）に出場している。暁星中学校進学と同時に読売クラブに入り、バルコムにサイドバックへコンバートされた。

「松木の親父が（読売クラブの）後援会長だったからね。それで（トップチームへ）上がったってみんなに揶揄されていた。あいつも辛かったと思う」

確かに下手くそだったと李は笑う。

「あのときサイドバックは手薄だった。松木はファウル専門のファイターとして試合に出ていた」

相手の選手を反則覚悟で止める荒っぽい選手のことだ。

「(ボールを奪ったら)前に蹴るだけ。パスは五メートルぐらいしか(正確に)出せない。(与那城)ジョージは優しいから、松木に近寄ってパスをもらっていた」

その他、大阪体育大学の三年生が読売クラブの練習に参加していた。後にグルノーブル・フット38などのゼネラルマネージャーを務める祖母井秀隆である。李は「関西弁を話す祖母井さんは、みんなから虐められていた印象がある。ぼくや松木が庇っていた」と振り返る。当時は関西弁は東京で異質だったのだ。

日本リーグ二部は六月一日の第九節で前期が終了。李と松木は、ワールドカップ視察を兼ねた読売クラブの西ドイツ遠征に参加した。

まずフランクフルトのヴァルトシュタディオンで行われた開幕試合、ブラジル代表対ユーゴスラビア代表戦を観戦している。宿泊したホテルは国際サッカー連盟(FIFA)のオフィシャルホテルでもあった。李たちは会合に出席する元ブラジル代表のペレや元ソビエト連邦代表のゴールキーパー、レフ・ヤシンなどを見かけたという。

その後、西ドイツ西部に位置するノルトライン=ヴェストファーレン州ヘネフのスポーツシューレに移った。スポーツシューレとは総合スポーツ施設のことだ。ヘネフのスポーツシューレは二面の天然芝のグラウンドの他、総合体育館、プール、宿泊施設、食堂を備えていた。監督のバルコムが手配をしたと思われる。

「ワールドカップの試合を観て、移動しながら練習試合をやるんです。試合が終わってロッカーで（ソックスを下ろして）見たら、痣だらけなの。試合中は夢中だから分からないわけですよ」

日本では身体をぶつけられる前にパスを出す、あるいはかわせるという自信があった。ところが西ドイツの選手たちは思った以上に距離を詰めていた。サッカーでは状況判断が大切なのだと李は痛感した。

この時期、日本代表もワードカップ観戦のため西ドイツに滞在していた。スポーツシューレを訪ねてきた彼らは自分たちよりも環境がいいと目を丸くしたという。

「ぼくの部屋に入ってきて、煙草をくれ、なんていう人もいた。高校生の部屋に来て、何が煙草だ、なんてからかっていた」

天然芝グラウンドを目当てに、日本リーグの実業団チームがしばしばよみうりランドに来ていた。そのため、ほとんどの日本代表選手と顔見知りだった。

李の印象に残っているのは、一次リーグ、ブルガリア代表対オランダ代表である。試合はヨハン・ニースケンスの得点などでオランダ代表が四対一で大勝し、二次リーグ進出を決めた。ヨハン・クライフを擁するオランダ代表は決勝まで進むことになる。一〇代でワールドカップ、そして欧州のサッカーを肌で感じたことは、李のサッカー観に大きな影響を与えることになった。

七四年シーズン、読売クラブは二部で優勝し、翌七五年一月にトヨタ自動車と入れ替え戦に臨んだ。しかし二連敗を喫し一部昇格を逃している。李はこの試合のベンチに座っていた記憶があるという。

翌七五年シーズンの第二節、京都紫光サッカークラブ戦が李の日本リーグデビュー戦となった。背番号は年齢と同じ一七番をつけた。

四

李は月四万五〇〇〇円に加えて勝利給として一試合一万円を読売クラブから受け取った。大学卒業者の初任給がおおよそ月九万円の時代である。高校生の小遣いとしては悪くない。好きなサッカーをやり、遊ぶのには困らない程度の金が懐にあった。ただ、頭の片隅には将来への漠然とした不安があった。このままサッカーを続ければ、日本代表が一つの目標になるだろう。それには国籍が問題となる——。

七五年一〇月五日、愛媛県松山市で行われた帝人松山戦の後、李と圭司は『在日同胞参加選手団』として韓国の大邱へ向かっている。七日から始まる『第五六回全国体育大会』のサッカー競技に参加するためだった。これは日本の国民体育大会に相当する。大会終了後、李は選手団とは別に一人で伊丹空港行きの飛行機に乗った。神戸でチームに合流して、一九日に神戸市立中央球技場で行われた田辺製薬戦に出場している。

その直後、年明けに李は自らの不安定な立場を突きつけられた。

高校三年生となっていた李は卒業後、大学へ進学するつもりだった。サッカーだけで飯が食える時代じゃなかった、と李は言う。大学でサッカーを続ける心づもりだった。

「お母さんが大学に行けって。親戚もみんな大学に行っていたからね。ぼくは（東京）六大学以外は大学だと思っていなかったから、法政大学のセレクションを受けた。叔父貴の（所有している、メルセデス・）ベンツでセレクションに行った。そうしたら、読売クラブの李が来るって、みんな待っているわけよ。法政大学には前田秀樹さんとか永尾（昇）さんとか日本代表に選ばれていた選手がいた。ぼくのことを知っているから、みんな歓迎してくれるんですよ」

ここで李の「学歴」が引っかかったようだ。

ようだと記すのは、李がいまだに事情を把握していないからだ。東京韓国学校は日本の法律で学校と認められていないため高校卒業資格がない。サッカー部は李を欲したが、法政大学は特例を認めなかったと思われる。

「もう法政に行く気だったのに落ちちゃった。二月に結果が出て、どうするんだよって。（法政大学を薦めた人たちは）誰も責任とってくれないわけ」

目の前で突然、扉を閉められたような気分だった。そこで李は付き合いのあった大阪商業大学サッカー部監督の上田亮三郎に連絡を取った。

「本当に来てくれるのって言うから、行きますよって。ただ入学式が終わっていた。それでもう一年（間、卒業を遅らせて）高校やってくれと。それはできない、先生、ありがたい話ですけれど、すみませんって終わった。それからアメリカの大学に行く準備のために、横浜にあった英語学校に通うことにした」

サッカーはもう諦めるつもりだった。バルコムから電話が入ったのはそんなときだった。

バルコムは七五年シーズン終了後、香港代表監督となっていた。松木から李の近況を聞き、香港に来ないかと誘ったのだ。

イギリスの植民地である香港はサッカーが盛んだった。香港リーグは、一九〇八年に始まったアジア最古のリーグである。李は香港に飛び、あるクラブの練習に参加すると、すぐに契約を持ちかけられた。

「サインをしようとしたら、バルコムが駄目駄目、もう一個テストを受けろって。条件のいいほうのクラブと契約すればいいと。そして二つ目のキャロラインヒルＦＣにした。飛行場のカウンターのところでサインしたんだ。サインをするために飛行機が飛ぶのを三〇分ぐらい遅らせた」

キャロラインヒルは自動車工場の労働者によって設立された。正式な設立年は不明だが、一九五〇年代とされている。チームカラーは緑色で、ユニフォームにはキャロラインヒルの漢字表記である「加山」と書かれていた。

月給は日本円で約二四万円。日本で査証を取得して、香港に戻ることになった。

ところが――。

「テストを受けたのが七月ぐらいだったかな。すぐにビザを取って戻る段取りになっていたのだけれど、書類のやり取りがうまくできなかった。エージェント（代理人）がいるわけじゃないからね。ぼくもまだ子どもだったし、英語はそんなに得意じゃなかった。それで香港に行ったのが（年が明けた）二月だった」

香港でサッカーは賭博の対象として人気を集めていた。一部リーグには、香港代表の他、韓国代表、あるいはスコットランド代表、イングランド代表経験者が集まっていた。

「香港のスタジアムで二万人ぐらい入るんですよ。盛り上がってました。郭家明、郭国雄とか香港の大スターがいて。郭国雄は滅茶苦茶うまかった」

香港リーグで李は一試合も出場していない。合流が遅れたため、クラブは別の外国人選手と契約しており、外国人枠からはじき飛ばされたのだ。

李が香港で腐っているという情報は日本に届いていた。そこで中学生時代から付き合いのある男が李に電話を入れている。

横浜ゴールの森豊だ。

七一年、横浜市内の選抜チームで知り合った高校生たちが『横浜サッカー』というチームを立ち上げていた。卒業とともに仲間がばらばらになるのは寂しいと考えたのだ。彼らは横浜ゴールの西海輝の助けを借りて、神奈川県三部リーグに登録した。この横浜サッカーは神奈川県二部、一部と昇格。七四年にヨコハマサッカークラブと改名した。この頃、創立メンバーたちが大学卒業、就職などで多忙となった。そこで西海がチームを引き継ぎ、ＦＣゴールと統合した。クラブ名はヨコハマサッカークラブのままではあったが、実質はＦＣゴールによる吸収合併である。これにより、ヨコハマサッカークラブは下部組織からトップチームまで揃ったクラブとなった。

森は李にこのヨコハマサッカークラブに入らないかと誘った。高校生時代から日本リーグ二部の試合に出場していた李にとって県一部リーグは眼中になかった。興味がないと答えると、森はこう返した。

このサッカークラブは全日本空輸がスポンサーにつき日本リーグを目指すのだと――。

五

全日本空輸がヨコハマサッカークラブに接触したのは、七七年頃だった。

前年の七六年七月、田中角栄が外国為替及び外国貿易管理法違反の疑いで逮捕、翌月には受託収賄罪などで起訴されている。全日空を舞台とした新型旅客機導入選定に絡む疑獄――ロッキード事件である。地に落ちた全日空の印象をサッカーで好転、社内の士気を高めることを意図して一部の社員が動いたようだ。

ヨコハマサッカークラブの実務を担当していた森は、全日本空輸が正式な形でスポンサーについたのではなかったと振り返る。

「始まりは早稲田大学ア式蹴球部のマネージャーだった久田英夫。久田さんの先輩にあたる伊藤徹さんが全日空の広報部にいたんです。久田さんが伊藤さんと話をつけて、広報の予算でスタートした」

七七年、久田がヨコハマサッカークラブ監督に就任し、全日本空輸と支援の細部を詰めた。

七六年時点で、ヨコハマサッカークラブはトップチーム三六人の他、下部組織と女子チームで一〇〇名以上の選手を控えており、地域に根づいたサッカークラブであるという矜持があった。森によると全日本空輸と組むことを快く思わない人間は少なくなかったという。

「みんな渋々ですよね。全日空に乗っ取られるんじゃないかって思っている人もいたしね。全日空の（所有）物になってしまえば、横浜には何も残らないんじゃないかっていうのが反対派の意見でした」

ヨコハマサッカークラブ側にも企業と組む必然性があった。神奈川県一部リーグを勝ち抜き関東リーグに昇格すると、移動費などの運営費が膨らむ。会費に頼った運営では頭打ちになることは見えていた。すでに子どもたちの会費がトップチームの運営費になっていることを批判する声も出ていた。

七九年三月、ヨコハマサッカークラブは『全日空横浜トライスターサッカークラブ』（以下、トライスター）と改称した。

トライスターは、ロッキード社の航空機の名称である。森はトライスターと書かれたTシャツが一〇〇枚ほど送られてきたのを覚えている。

「ただ、全日空から出たお金は僅かだった。それまで（横浜市中区）弥生町にあった事務所を長者町に移した。その家賃八万円は払ってくれた」

全日本空輸とのやり取り、条件等の記録は残っていない。伊藤と久田は鬼籍に入っており、詳細を確認することは不可能になってしまった。個々の厚意に頼った曖昧な状態で始めたことは、森の記憶が裏付ける。

「全日空がクラブのために車を買ってくれたんですよ。決まった練習場所がないから、選手を乗せたりボールなどの用具を運ばなければならなかった。確か（トヨタ製）カローラのバンだった」

事務所に近い駐車場も用意された。横浜の中心地であるため、賃料は月六万円と高額だった。全日本空輸がクラブ運営に本腰を入れてくれるのだと森はうれしかった。

ところがある日、車の名義が横浜営業所の所長となっていることに気がついた。顔なじみとなっていた横浜営業所の女性事務員がこう教えてくれた。車と駐車場代は所長の社用車として決済したという。彼女はこう付け加えた。

――あの人はそこまでできるの。でもそれ以上は無理。

全日本空輸という一部上場企業のクラブという体裁をとっていたが、正式名称に企業名は入っていない。地元密着のクラブ、ＦＣゴールに接ぎ木をした全日本空輸の「婚外子」のような存在だった。

久田は早稲田大学ア式蹴球部マネージャー時代に関東大学サッカー連盟の運営責任者として日本リーグ立ち上げに関わっていた。日本リーグ一部が八五年からエクスパンション――チーム数を二つ増やすという情報が彼の耳に届いていた。

通常、二部リーグ上位二チームは一部の下位チームとの入れ替え戦で勝利しなければ昇格できない。入れ替え戦は激しい試合となる。八四年シーズンだけは日本リーグ二部の上位二チームが自動的に一部昇格する。久田はそこに目標を定めたのだ。

六

七九年四月、トライスターに三人の全日本空輸の新卒社員選手が加入している。いわば全日本空輸サッカー部「第一期生」である。

その一人、大江武史は五七年二月に神奈川県で生まれた。サッカーを初めてプレーしたのは、小学校高学年の体育の授業だった。中学校には希望していた野球部がなく、サッカー部に入ることにした。最初はゴールキーパーとフィールドプレーヤーを兼ねていた。さらにサッカー部の同級生に誘われて、地元のクラブチームで大学生や社会人に交じり、社会人リーグでプレーしていた。

「今はないんですが、横浜の山手クラブという名前でした。チームの代表の方たちがＦＣゴールと付き合いがありました。だから中学生ぐらいからヨコハマサッカークラブと付き合いはありましたね」

森が店長をしていた横浜ゴールで買い物をすることもあった。

身長一七四センチと小柄ではあったが、キックが正確な攻撃型ゴールキーパーとして将来を嘱望されるようになった。相模工大附属（現・湘南工科大附属）では二年、三年時に全国三位となり、中央大学に進んだ。大学一年生の終わりの頃だった。

「駒沢大学との練習試合でした。雨の日で土のグラウンドがぬかるんでいた。一対一になり、至近距離でシュートされた泥まみれのボールが右目に当たった。その瞬間、目に激痛が走って見えなくなり救急車で病院行きです。治療後一旦は寮に戻ったのですが、夜中に強度の頭痛と目の痛みに襲われて再び病院へ救急搬送され、外傷性緑内障と診断されました」

手術後は投薬治療を続けた。大学二年生時に再手術を受けたが視野の一部を失った。

「ボールが右下に来るとき一瞬、消えるんです。見えていたボールが見えないときがある」

それからはボールが消えることを予測してシュートに対応するようにした。死角があることは親しい人間以外には言わなかった。

「医師からは再び外傷を受ければ失明の可能性があり、サッカーをやめるよう言われました。そのときはここまでやっていたのだからサッカーを取ろうと決断しました。ただ、もう一度、ぶつかったらという怖さはありました」

大江は日立製作所サッカー部の合宿練習に参加したこともあった。瀬田龍彦が日本代表に招集され、その穴埋めとして声がかかったのだ。望めば、卒業後は日立製作所の社員選手となることも可能だったかもしれない。しかし、眼に加え膝や腰に故障を抱える中では高い水準でサッカーを続けることは難しいだろうと、日本リーグでのプレーは断念した。就職が決まらない中、四年生の正月が過ぎた。就職浪人を覚悟しているとサッカー部卒業生を介して伊藤徹から声を掛けられた。仕事を主に活動するという条件で全日本空輸に入った。

「このとき全日空はまだ国際線はチャーター便のみで定期便を飛ばしていませんでした。とはいえ、企業としては急浮上していました。ぼくたちが入った七九年は、ジャンボ機を導入するということで、地上職を一〇〇〇人ぐらい採っているんです。大量採用の年にうまくひっかかったんです」

入社してから、全日本空輸の社内でサッカーと野球のどちらかをやるのかという議論が起こったことを耳にした。

「ぼくが入社したときは、伊藤さんは広報部から移って、営業本部の課長でした。伊藤さんが（全日本空輸の社長だった）若狭さんを説得してサッカーをやることになったという話です。伊藤さんがいなかったら、チームは存在していなかった。ただ、伊藤さんはサッカーをやると決まった後は自分で一線を引いておられたのか、表には出てこなかった」

若狭得治は運輸省事務次官から全日空に入社、七〇年から社長に就任。政治力を駆使し、国際チャーター便をはじめ、ホテル事業に手を広げた、全日空の中興の祖である。ロッキード事件でも名前が出ている。

李がトライスターに加入したのは、大江の入社から一、二カ月後だった。李とは中学生時代から面識があった。

「その頃の中学生レベルだと、（李のいた）朝鮮学校は、強豪中でないとなかなか試合をしてくれなかったんです。中学二年か三年のときに試合をしたら完敗でした。（李は）断トツで上手かったですね」

大江は李の加入を歓迎した。

「（神奈川）県リーグ一部でも、レベルの高いチームではなかった。本当にサッカーが好きで集まっているという感じでした。李というゲームメーカーが来て、（チームの）柱ができた」

李は選手兼実質監督という立場になった。七九年、八〇年とトライスターは県リーグ一部で足踏みをしている。経験ある選手が必要だと判断した李は、ある男に接触した。

木口茂一である――。

七

木口は五一年八月、東京都江戸川区で生まれた。旋盤工の父親は、従軍経験者だった。

「中国で、夜歩いていたら、角を曲がったところで、がさがさって音がした。敵だと思って銃剣を突き刺したら、女の人だった。横に子どもがいた。それがトラウマになって、帰ってきてから酒に走った。親父自身も（躯に）銃弾受けていたからさ、戦争の犠牲者みたいなところがある」

忌まわしい記憶を消すためか、父は連日、酒をあおり、家庭は壊れた。小学生だった木口は父親と二人で、日本全国を回ることになった。

「親戚や戦友のところに行ったり。新潟にひと月いたと思ったら、次はたかちほ号に乗って宮崎にひと月いたり。もう親父と流浪の旅だよ。二年間、まるっきり学校に行っていない。親父が仕事に行っているときは孤独だよ。友だちがいないから、拾ってきた猫とか犬を可愛がったな」

ある寒い日だった。木口と父親は浅草駅に向かった。東武線に乗って日光方向へ行くのかなと木口は思っていたという。

「切符買ってくるぞと言ってから、全然帰ってこねぇんだ。どうしたのかなと思っているうちに夜になった。それで駅にいたおばちゃんみたいな人が警察に連れていってくれた。児童施設入りだ。親父は男所帯（で生活すること）に疲れたんだろうな」

上野にあった児童施設で木口は父親が現れるのを待った。捨てていったんだから迎えに来ねぇよな、と吐き捨てるように言った。

「親父と別れていたお袋が来てくれるかなぁって思っていたけど、いつまで待っても来ない。お袋が来たのは半年後ぐらいだった。（職場として）飲み屋を見つけて、（文京区で）ちっちゃなアパートを借りたから引き取るって。お袋はまだ三〇代だったから女として勝負できる年だったたんだろうな。それで大塚中学に入った」

しかし、小学校に通っていなかった木口は学力に問題があった。一学年下に編入、そこでサッカーと出会った。

「もう、腹が減って腹が減って仕方がなかった。弁当くれるっていうからサッカー部に入った」

サッカー部では部員集めのために弁当を支給していたのだ。

「サッカーするっていっても、まず靴がなかった。スパイクじゃないよ、貧しいから（日常に使用する）月星《つきほし》の靴がない。体育館のみんなが着替えるところがあるじゃない？　授業の終わった頃に行くと、靴下がいっぱい落ちている。それを三枚ぐらい履くと靴とそんなに変わらんのよ。一日中ボールを蹴っていると破けるから、捨ててまた被せる」

人の靴下を拝借することに罪悪感はなかったのですか、と問うと「気にしていなかったね」と素っ気ない答えが返ってきた。

「最初のうちはボールも受けられないし、何やっているのか分からなかった。一年生の秋を越えて、ぐんと上手くなった。二年生の新人戦のとき、あれよあれよという間に東京のトップに立っちまった」

中学卒業後は、サッカー部の特待生として授業料免除で帝京高校に進んだ。背番号は「9」、センターフォワードである。

「二年生のときにインターハイ、長崎国体にも出た。城北との決勝は再々延長（戦）までもつれた。先制点と再延長（の得点）は自分が決めた。特待としての仕事は一個果たしたかなと」

高校二年生の夏、『ヤンガースポーツ用品』の紹介で古河電工サッカー部の練習に参加している。

「古河の人と仲が良かったヤンガーの人が帝京にこういうのがいるよって教えたんだろう。コーチの川淵（三郎）さんが見てみようということになった。帝京は山中湖で合宿をしていたので、ヤンガーの人の車で、（帝京高校サッカー部監督の）古沼（貞雄）さんと一緒に（千葉県の）検見川のグラウンドまで何時間もかけて行って、東大との練習試合にポンと入れられた」

六対〇で古河電工が圧勝、木口は二得点一アシストだった。試合終了後、古沼は木口を呼び、決まったぞ、お前、古河だ、と言った。

「うれしいというか、これで食いっぱぐれはなくなったかなというぐらいだったね。あのときの帝京なんかバカ学校だから、就職も大変だった。（進路が）決まってからは試験日以外、ほとんど学校に行かなかった。練習時間に間に合うように学校へ行って、練習が終わったらぱっと帰ったよね」

それ以外は何をしていたのですかと口を挟むと木口はにやりとした。

「（北区十条にある帝京高校は）池袋に近いじゃない。パチンコやっていたね」

俺、どうしょうもねぇ奴なんだよと笑った。

古河電工サッカー部の同期は浦和南高校の永井良和、寮の同部屋は一年先に加入していた奥寺康彦だった。入社直後の七一年五月二日、木口は京都の西京極陸上競技場で行われたヤンマーディーゼル戦でフォワードとして出場、一得点を決めている。ただし、この年の出場はこの一試合のみ。木口がポジションを掴んだのは中盤に下がった七三年シーズンからだった。その後、最後列のディフェンスを任されるようになった。

七六年シーズン、古河電工は鎌田光夫監督の下、日本リーグ一部で初優勝。翌年、木口はブラジルのパルメイラスに約二カ月間、短期留学している。前年、奥寺がパルメイラスに留学していた。木口に対するチームの期待の表れだったろう。パルメイラスにはブラジル代表の名手、アデミール・ダ・ギア、後に清水エスパルスの監督となるエメルソン・レオンが所属していた。

「アデミール・ダ・ギアは身体が大きかったからボールを獲るのは難しかったけど、まあ、驚くほどすごい選手はいなかったな。レオンは生意気で（日本人を）相手にしないという態度だった。奴がびっくりするようなことをしてやろうと思って、PK練習のとき、左足で蹴るステップで入って、（軸足である）右足のアウトにボールを当ててゴールに入れた。レオンは一歩も動けなかった。ブラジルで得た成果はそれぐらいかな」

八

長編ノンフィクション作品を書き始める際、まず取材リストを作る。ヨコハマサッカークラブ時代を描く上で欠かすことができないと考えたのは、木口だった。

何人かのサッカー関係者に木口の連絡先を聞くと知らないと首を振った。ある全日本空輸関係者は彼とは関わりたくないと、露骨に嫌な顔をした。調べるうちに彼の現住所と思われる場所が分かった。そこで、横浜フリューゲルスの単行本を書くため、前身であるヨコハマサッカークラブについて調べている、是非貴方に話を伺いたいという手紙を郵送した。ただ、いきなり面識のない人間から連絡が来ても返事はないだろうとも思っていた。するとしばらくしてぼくの携帯電話が鳴った。木口だった。俺に何を聞くんだとぶっきらぼうな口調だった。少し話しているうちに、横浜の元町に来てくれれば会うと言った。

ぼくは取材と並行して年表を作る。取材対象者が辿った縦軸に、関連する人々、社会の流れを横軸として並べると、浮かびあがってくるものがあるからだ。木口の資料を集め、年表を眺めているうちにはっとした。ぼくは子どもの頃、彼に会ったことがある、と。

ぼくは小学校三年生から三年間、父親の仕事の都合で鳥取県鳥取市に住んでいた。そこでサッカーを始めた。小学四年生のとき、初めて芝生の上でボールを蹴った。東洋工業対古河電工戦の前座で、鳥取市選抜と姫路市選抜が試合をしたのだ。大人のグラウンドは広く、ボールが芝生の上で滑るように動くのだと思った記憶がある。そして出場していた全選手にサインをもらいに行った。木口が古河電工に所属した時期に重なる。木口にそのことを伝えると、ああ、鳥取には毎年行っていたなぁと言った。

その後、大学生から東京に住んでいたぼくにとって横浜は近くて遠い街だった。その横浜を発祥とするフリューゲルスとはあまり縁がないと思い込んでいた。やがて、ぼくはこのクラブに関係した多くの人間を知っていた、あるいは取材していたと気がつく。ずいぶん前からフリューゲルスに引き寄せられていたような錯覚に陥った。

さて、木口である——。

木口は新しく監督となった内野正雄と反りが合わず、八〇年シーズンを最後に現役引退した。この年に早稲田大学から入ったディフェンダー、岡田武史に押し出されたのだ。このとき木口はまだ三〇歳だった。岡田に負けたとは思っていなかった。最後の総会のとき、悔しくて涙が止まらなかったという。その後は古河電工の横浜事業所でパラボラアンテナの組み立て、船舶レーダーの調節などをしていた。一人で物を作るのは性に合っているようだった。古河電工に居続ければ将来の不安はない。すでに結婚して横浜の元町に家を構えていた。飲み屋も近くに沢山ある。気楽に仕事をしながら酒を飲んで生きていくのも悪くないと思うようになっていた。

再び木口をサッカーの世界に戻したのは、李の電話だった。二人は山下公園に近いファミリーレストランで会うことになった。

「グッス（国秀）は横浜のサッカークラブを強くしていきましょう、力を貸してくださいって、熱く語ったんだよな。県リーグの（将来）どうなるか分からないみたいなクラブ。週一回ぐらい、遊びでサッカーができるんだったらいいかなという軽い気持ちだった」

八一年シーズンから木口に加えて、唐井直が加わっている。

唐井は一九五七年六月に母の実家がある神戸の病院で生まれた。その後は神奈川県の鶴見、磯子に移り住んだ。汐見台中学二年生のとき、ＦＣゴールと同じリーグ戦に参加し、横浜ゴールとの接点ができた。

「中二の夏休み、西伊豆で静岡ゴールと合同合宿をしたんです。そのとき小学生たちが平気で（ボール）リフティングを一万回ぐらいやっていた。それに衝撃を受けたんです。（静岡の選手たちは）もうべらぼうに上手かった」

中学卒業後は横浜緑ケ丘高校から早稲田大学政治経済学部に進学した。岡田武史はア式蹴球部の同期にあたる。大学卒業後は、日本リーグ一部の実業団チームからの誘いもあったが、二部の東芝を選んだ。これから成長していくチームで自分の居場所を見つけようと考えたからだ。

ところが――。

「自分でいうのも口はばったいんだけれど、（早稲田大学）政経（学部）を出ていたので、幹部候補生として見られていたのかもしれない。社業を優先しろという空気を感じた。自分のサッカーの能力を買ってくれているのか、曖昧でした」

そんな唐井を横浜に引き寄せたのはトライスターのマネージャー、森豊だった。唐井は中学生のときから森を知っていた。

「森さんから（早稲田大学ア式蹴球部の先輩にあたる）久田さんが何年後かにＪＳＬ一部を目指しているよと教えられた。悪魔のささやきですよね」

そして東芝に勤務しながら、ヨコハマトライスターでプレーすることになった。

同じ横浜出身である李のことは名前だけ知っていた。自信満々で世慣れている彼のことを年上だと思い込んでいたという。同じ歳だと気がついたのは、トライスターに加入してからしばらくしてからのことだ。

「まあ、（プレーは）天才だったね。日本代表の司令塔だった（三菱重工サッカー部の）森孝慈さんよりも（ピッチ全体を把握する）俯瞰の目を持っていた。ただ、フィジカルは子ども（並）。一〇代の後半から二〇代にかけて、きちんとフィジカルトレーニングをしていなかったせいだから仕方がないだろうけど」

八一年シーズン、木口、唐井を加えたトライスターは神奈川県一部リーグで優勝、関東リーグ昇格を決めた。

翌八二年シーズンからはブラジル人のジョアン・ディクソン・カルバリオが加入している。五二年生まれのカルバリオは、セルジオ越後から誘われ七五年に藤和不動産サッカー部に入った。同年後期から藤和不動産はフジタ工業クラブと名前を変えている。七七―七八年シーズン、フジタは日本リーグと天皇杯の二冠を制し、カルバリオは得点王になっている。

トライスターへ移籍した経緯を加部究の『サッカー移民　王国から来た伝道師たち』でこう語っている。

〈最優秀選手、得点王、それにチームのタイトル、獲れるものはすべて獲って、もういいや、と思っちゃったんだ。だからオフは30日間で日本に戻る予定だったのに45日間も帰らなかった。僕の奥さんのお父さんがお医者さんでね。資金を出してもらって代々木に喫茶店を開いたんで、もうそっちに専念しようと思った。日本に戻ると、すぐにフジタの人が来て、どうするの?って。僕は、もう（サッカーは）止めます、って答えたんだ。でもそれからすぐに、トライスター（全日空の前身）のリー（李国秀＝元ヴェルディ監督）たちが、チームを作るんだけど面倒みてくれませんか、ってやって来た〉

李によると事情は違う。

「カルバリオはフジタ工業を舐めていて、（合流）予定の二月一日に戻ってこなかったので、クビになった。それで俺のところに泣きついて入れてくれっていうんだ。いくら欲しいんだって聞いたら、（月）三〇万（円）あればいいって言う。まだ（チームの）予算が残っていたから、四月から契約することにした」

カルバリオは李が同席した場では大人しくしていたが、密かに全日本空輸人事部の担当者にもっと金が欲しいと駆け引きした。しかし、李から聞いている条件と違うと担当者は突っぱねた。

李は当時の戦い方をこう振り返る。

「前にサッカーができるカルバリオがいて、中盤の柱がぼく。センターバックに木口さんがいた。ぼくとしては（前に）ボールを出すところが二つ必要だった。それでカルバリオの回りに動く選手を置いた。ボールが収まらなくても、足が速かったり、忍者みたいに動く選手でいい。（選手全員が連動するのではなく）いわば局地戦法みたいなことしかできなかった。それでも関東リーグならば、個の力でいけるわけです」

ディフェンダーには李鉄泰という頑丈な選手がいた。彼の息子は後年、日本代表となった。李忠成である。

試合が終われば居酒屋に直行して、酒を酌み交わす。遠征帰りの列車では飲み終わった缶ビールの空き缶が積み上がる。そんな気楽なチームだった。

ピッチの外では、横浜中区スポーツ少年団、ＦＣゴールからヨコハマサッカークラブへと繋がる〝横浜側〟と〝全日空側〟の齟齬がぽつぽつと現れていた。

唐井によると、ある時期までトライスターの主導権は〝横浜側〟にあったという。

「トップチームの名目上の監督は久田さん、実質的には李監督、そして私がキャプテン、裏方は森豊さんという建て付けでやっていた。森豊さんは横浜（サッカー）協会から出向扱いだった。横浜側は〝横浜ユナイテッド〟と呼んで、ヨーロッパ型のスポーツクラブを作ろうとしていた」

関東リーグに昇格した八二年四月一日にはヨコハマトライスターサッカークラブ会則が発効している。この第三条でこう謳っている。

〈本クラブは、日本サッカーの向上と普及を希い、サッカーを通じ会員の心身の発達と会員相互の親睦をはかるとともに、地域におけるサッカーの振興をはかり、かつ青少年の健全な心身の発達に寄与することを目的とする〉

純然たるクラブチームであるという宣言である。この会則の発効直後、唐井は東芝を退社している。

「森豊さんから、〈六月からスペインで開催される〉ワールドカップに行こうって誘われたんです。

やはり悪魔のささやきです。ワールドカップを観るために上場企業である東芝を辞めるなんて大馬鹿野郎だって言われましたよ。三週間ぐらい向こうに滞在したのかな。ブラジル、アルゼンチン、イタリアの死のグループの試合を観ました」

あんなの観たら、運の尽きだよね、と笑って付け加えた。もうサッカーの魅力からは逃れられないという意味だ。

全日空側が、サッカーに踏み込めなかったのは社業の事情もあるようだ。

社員選手である大江の証言である。

「七九年入社はぼくと丹野（裕氏）と桑田（幸治）。八〇年に高橋（要二）と本橋（春彦）、八一年に平林（良章）と川崎（三喜男）と連続して大卒選手が入っていた。その後、景気が悪くなり、地上職の採用がなくなったりして、大卒選手として社員を八四年まで採れなかった」

見栄えのいい女性キャビンアテンダントを揃える航空業界は、一見派手に映る。しかし内実は違い、練習グラウンドの確保さえままならなかった。

「（練習）グラウンドも一生懸命探しましたけど、全日空って資産がないんです。土地はあってもサッカー場、クラブハウスを建設するまでの広さのところはなかった。中途半端な土地ばかりだったんです」

航空業界は水商売みたいなもので、良いときは良いけど内部留保はほとんどないんですと大江は言う。内部留保とは、企業が収益から税金、配当、役員賞与などを差し引いた残りの資金のことを指す。

八二年シーズン、ヨコハマトライスターは関東社会人サッカーリーグで四位で終わった。

シーズン終了後の八三年一月、唐井は李とともに西ドイツのサッカークラブ視察に出ている。旅費は李が全日本空輸と交渉して工面した。現地では李の読売クラブ時代の同僚で、ドイツに留学していた祖母井秀隆が案内した。

「ケルン、ミュンヘン、そしてベルリンを回った。（1・FC）ケルンのトップチームには（西ドイツ代表のピエール・）リトバルスキーがいた。彼は怪我をしていたのでユースと一緒に練習していたんです。下部組織、施設、地域に根付くスポーツクラブについてレポートを書きました」

唐井たち――横浜側の人間は世界を見据えていた。八二年にはBチームを立ち上げ、神奈川県三部リーグに参戦した。下部組織、女子チームを合わせて二〇〇人を超える会員数になっていった。

こうした現実から全日空側は目を背けているように唐井は感じていた。

「ぼくたちは横浜ゴール（FC）からの慣例で、毎年正月にはYC&ACで初蹴りをする。そこに（下部組織の）子どもたち、父兄たちも集まっていた。そういう行事に全日空の社員（選手）は来ないわけです」

八三年七月、横浜文化体育館内にある平沼記念レストハウスで、トライスターの会合が開かれている。主たる議題は〈練習グラウンド〉の確保だった。

クラブ側は下部組織も使用できる常設の練習グラウンドを要求している。全日空側は横浜市神奈川区菅田にある全日本空輸所有のグラウンドを使用、あるいは羽田空港近くの東芝跡地にグラウンド建設を検討していると答えた。トライスターを〈どういう方向づけするのか〉という質問も出た。これに対しては〈最終的にはＡＮＡスポーツクラブをつくり、その中のサッカーとする〉と前提とした上で〈現在はヨコハマトライスターサッカークラブで活動してくれてよい〉という玉虫色の回答をしている。

関東社会人サッカーリーグの二年目、八三年シーズン、ヨコハマトライスターは一四勝三分一敗という圧倒的な成績で優勝すると、全国地域リーグ決勝大会に進んだ。この大会は各地域リーグを勝ち抜いた一二チームが参加、一位が日本リーグ二部へ自動昇格、二位は入れ替え戦に回る。

トライスターは予選リーグを突破、四チームの決勝リーグに進んだ。

大会前、李はにんじんをぶら下げたのだと笑った。

「（全日空の）本社に行って、返さなくてもいいお金を貰ってきた。カルバリオが一番多くて三〇万円。残りを主力選手に渡した」

カルバリオたちは金銭を渡せば、発奮すると見抜いていたのだ。

「二試合連続で勝って、（入れ替え戦なし）昇格圏内の一位をほぼ確定させた。もうパーティだ、飲もうって言ったら、カルバリオは俺は勝つって。そんなの馬鹿馬鹿しいってぼくは思ったんだけれどね。（日本リーグ二部に）上がればいいんだから。（最終戦の）相手はどこだったかも覚えていない」

最終戦でトライスターは松下電器サッカー部――後のガンバ大阪に一対二で敗れている。二位に滑り込んだ松下電器は、入れ替え戦で勝利、トライスターとともに二部へ昇格している。

九

日本リーグ二部への昇格直後、横浜側と全日空側の亀裂が深くなったと唐井は証言する。

「昇格したとき、全日空（本社）がパーティを開いたんです」

パーティを開くよりもグラウンドを作るほうが先だろう、全日本空輸の派手好きな体質を苦々しく思ったという。

「壇上にあがったのは、久田さん、李、キャプテンの唐井、中心選手のカルバリオ。そのパーティに社長だった若狭（得治）さんが来ていた。若狭さんは、壇上に全日空の社員が誰もいないじゃないか、お前らは何をやってるんだって激怒した。それで全日空側は自分たちが主導権を取ろうという話になったんです」

可能な限りの資料を渉猟したが、パーティの記録を見つけることはできなかった。李と木口は「記憶にない」と首をひねった。大江は「あったかもしれないが、そもそも社員選手は呼ばれていなかったと思うので、若狭さんが出席したかどうかの詳細は分からない」と答えている。

ともかく日本リーグ昇格を機に、横浜側と全日空側の緊張が高まったことは間違いない。その間にいたのが木口だ。

木口はトライスターに加入した当初、趣味程度にボールを蹴ればいいと考えていた。FCゴール出身者がしばしば口にする、地元に根付いたサッカークラブという理想にも冷ややかだった。

「俺は横浜出身じゃないし、FCゴールの人間でもないから、最初はちょっと離れたところにいた」

李やブラジル選手、社員選手以外のトライスターの選手は、他に職業を持っていた。やがて木口はサッカーにひたむきな彼らの熱意にほだされるようになった。

「一緒にやっていれば、そりゃそうなるでしょ」

照れ隠しか、鼻で笑った。

木口は古河電工を退社してトライスターに専念するようになった。チーム練習以外の日も有志を集め、体育館で一対一の勝負を繰り返した。自分をドリブルで抜くことができれば日本リーグで通用すると叱咤激励したのだ。

金銭的な見返りはわずかだった。木口によると加入一年目から二年目までは月二万円、三年目から月六万円。金額には頓着しなかった。サッカーの好きな人間と一緒に過ごす時間が心地良かったのだ。

ただ、全日本空輸からの支援が弱いとは感じていた。常設の練習グラウンドがないことに加えて、社員を除けば、ほとんどの選手に支給されたのは交通費のみだった。

「関東リーグに上がりました、二部に上がりました、だから次こうしてくださいって（全日本空輸側に）言えたはずなんだ。おそらく、李から（部長の）伊藤（徹）や（監督の）久田（英夫）に言っていたんだと思う。その声が本社に届いていたのかは分からない。たぶん届いていないだろう」

木口はこうした疑念を理路整然と指摘する種類の男ではなかった。漠然とした不満がどんどん蓄積していった。

八四年四月、日本リーグ二部参戦に合わせて、『全日空横浜サッカークラブ』（以下、全日空SC）と改名している。

日本リーグは読売クラブを除けば、古河電工、三菱重工業、日立製作所、日本鋼管といった右肩上がりの経済成長を担ってきた、鉄鋼、重化学工業の〝重厚長大〟産業を後ろ盾としている。その後、ヤマハ発動機、日産自動車といった消費者を顧客とする企業が加わり、やや雰囲気は柔らかくなったが、一部上場企業中心であることに変わりはなかった。地域のスポーツ少年団から発展してきた、トライスターのようなクラブチームは異物だった。

マネージャーだった森はこう振り返る。

「(日本リーグは)企業優先なわけです。お前らなんかに運営できるのか、という視線を感じました。ちゃんと（運営費などの）金を払えるのかみたいな」

担保となっていたのは、全日本空輸という企業の存在だった。こうした空気を感じていた一部の社員選手から、李が仕切る属人的なクラブ体制を一新しなければならないという声が上がっていた。彼らは木口を頼った。

「(李に対する）防波堤というか、あぶさんしかいねぇだろうって、俺に近づいてきたのかもしれない。俺を慕ってくれたメンバーも多かったからね」

酒を愛する木口は、水島新司の野球漫画の主人公「あぶさん」という渾名で呼ばれていた。日本リーグ二部へ昇格決定後、一緒に練習していた選手たちが戦力外になったことで木口の不満が爆発した。

「自分の力不足を認めて辞めていった奴もいたけど、残りたいと思っても残れない選手もいた。それまで交通費だけ貰ってプレーしてきた、クラブに思いのある子たちがクビになった。彼らのことを少しは考えてやってくれって」

怒りの矛先は、李、部長の伊藤、監督の久田に向かった。

「それなのに（日本リーグ）一部をクビになった使えない選手が入ってきた。そんな選手を獲ってきたのはグッス（国秀）だろう。伊藤も久田も李にへいこらしている。グッス（国秀）に言われっぱなしなんだ。チームが二つに分かれた。李を残すか、木口を残すかっていうところまで行った。ただ、正面切って（李と）喧嘩するという感じではなかったかな。グッスは、あぶさん分かってくださいって、家に来たことがあった」

木口の認識には誤解が含まれている。選手獲得はすべて李の指示ではない。人事部が相談なしに、新卒の社員選手を決め、李が声を荒らげたこともあった。彼の評価基準に達していない選手だったのだ。

李に木口の言葉を伝えると、少なくとも木口の前で年長者である伊藤や久田に高圧的、失礼な態度をとったことはないと憤然とした表情になった。

「ぼくは在日朝鮮人として育ってきた。そんなことをしたら後ろ指をさされることは分かっている。絶対にない」

そしてこう続ける。

「ぼくは神奈川県リーグから日本リーグまで最短距離で上げた。そんなクラブは今もない。（同時に二部に昇格した）松下電器と比べたら、何十分の一の予算でしょう。限られた予算、限られた時間の中で最大の結果を残した。日本リーグに上がったら、全日空も捨てておけなくなるんですよ。それで自分たちでやりたいというのが出てきたんだと思う。（自分の影響力を削ぐため）自分よりも年上の木口さんに色々と吹き込んだ人がいたんじゃないかな」

李は地縁的には横浜側である。同時に一七歳で読売クラブとプロ契約を結び、プロとしてサッカー人生を歩んできた彼は、社員、下部組織出身者であっても実力の足りない選手には情をかけるべきではないと考えていた。

商売人の母親に育てられた李は極めて現実的な人間である。全日本空輸から好条件を引き出すには、しかるべき役職の人間と話をつけなければならない。そこで自腹を切って、役員をゴルフで〝接待〟することもあった。こうした行動が面白くなかった人間もいたようだ。

双方、チームのことを思いながら木口と李の視座はまったく違う。そこで全日空側は折衷案として、日本リーグ経験者を監督に据えることにした。藤和不動産、フジタ工業のゴールキーパーだった栗本直である。

一〇

栗本は五〇年に三重県で生まれた。サッカーを始めたのは中学生のときだ。上野工業高校二年生のときにフォワードからゴールキーパーに転向している。

「高校の練習がきつかったんです。突然走れなくなって病院に行ったら赤血球が足りないとかなんとか言われた。要は栄養不足。貧乏だったからちゃんと食べていなかった。休めということで一カ月か二カ月ぐらい、練習を見ていたんです」

一〇代の少年から夢中になっていたスポーツを取り上げることは酷である。ゴールキーパー練習を見学しているうちに、このポジションならばあまり走らなくてもいいことに気がついた。

「キーパーをやっていた選手よりも絶対上手くできるって監督に言いました」

小柄ではあったが、俊敏な栗本はゴールキーパーの適性があった。ゴールキーパーの練習が、孤独で過酷であることを知ったのは、しばらくしてからだった。

「キーパーになってすぐに試合に出て、インターハイ、国体、ほぼ行きました。明治（大学）とか関東の大学から誘いが来ましたよ。学費無料、お小遣いをくれるという学校もあった。特に大商大（大阪商業大学）の上田（亮三郎）先生から熱心に来いと言われました。確かキャプテンだった小嶺（忠敏）先生が家まで来ましたよ。ただ、ぼく五人兄弟の長男なんですよ。（家に）金もなかったし、就職することにしたんです」

高校卒業後、大阪府高槻市に本社を置く湯浅電池に入社した。湯浅電池は一九一八年設立の湯浅蓄電池製造から始まっており、自動車用電池「ＹＵＡＳＡバッテリー」でその名を広く知られていた。

湯浅電池サッカー部は、住友金属工業蹴球団（現・鹿島アントラーズ）、田辺製薬サッカー部などと並ぶ関西地区の強豪だった。後に名古屋グランパスの監督を務める平木隆三も関西学院大学卒業後、湯浅電池に入社している。関西学院大学サッカー部とは繋がりが深く、加茂商事を立ち上げたばかりの加茂建もしばしば顔を出していた。関西学院大学サッカー部出身の加茂は、七一年にサッカー専門店「サッカーショップ加茂」を立ち上げることになる。

「広報課に所属して関西リーグに出て、ユース代表にも選ばれました。そうしたら、（加茂）建さんが（日本リーグの）ヤンマーに話してくれることになったんです」

湯浅電池は、六五年に始まった日本リーグには加盟していなかった。選手として上を目指そうという欲が出てきたのだ。

「ところがヤンマーには赤須陽太郎さんというぼくと似たタイプのキーパーがいた。選抜に呼ばれているうちに、石井義信さんと知り合いになった。石井さんから藤和不動産というチームが日本リーグを目指しているから来ないかと誘われたんです」

藤和不動産サッカー部は、栗本が高校卒業した六八年に設立されている。藤和不動産社長の藤田正明が欧州や南米型のサッカークラブを目指して那須高原の藤和那須リゾート内に施設を建設、東洋工業（現・サンフレッチェ広島）の石井をコーチ兼選手として招聘した。

「那須に芝生が三面もとれるグラウンドと寮があった。一〇年で日本一になるって選手を集めていたんです」

七〇年一月、栗本は藤和不動産に入社した。藤和不動産サッカー部は関東リーグを勝ち抜き、七二年に日本リーグに昇格している。このシーズン、ブラジルから日系ブラジル人の選手がやってきた。この男に日本代表のディフェンダーたちはまったく歯が立たなかった。

「もうカルチャーショックだったね」

セルジオ越後である。

「彼を見てからボールをピタっと止めて、バチンと正確に蹴れる選手しか駄目だという信念になりましたね」

七五年シーズン後期から、サッカー部は親会社であるフジタ工業の管轄となり本拠地が東京都渋谷区に移った。フジタ工業サッカー部として、七七年に天皇杯初優勝、日本リーグ初優勝を達成した。栗本は七九年シーズンを最後に引退し、コーチに就任。その後は現場を離れて社業に専念していた。

栗本は読売クラブの練習場があるよみうりランドの近くに住んでいた。それを知った読売クラブの千葉進からコーチを頼まれた。全日空SCは、しばしばよみうりランドのグラウンドを使用していた。そこで全日空SCの関係者が栗本の指導する姿を目にしたと思われる。

「ぼく、最初に監督向いていないって言ったんですよ。それでもやってくださいって。日本リーグ二部に上がったばかりだったし、失うものはない。やってみるかと思ったんです」

栗本はフジタ工業サッカー部の部長だった下村幸男に相談した。下村は藤和不動産の監督、そして日本代表監督を務めたこともある。

「下村さんがおっしゃったのは、これからプロの時代が来る、ただプロは結果が出なかったらすぐにアウトになる。嘱託という形でも同じ。ぼくはすでに家族もいた。給料は（同年代の）社員と同じでいい。その代わり一〇年間、何があっても面倒をみるという約束にしてもらうことにしたんです」

木口とは古河電工サッカー部時代に対戦したことがあった。カルバリオはフジタ工業時代の同僚である。

「あとは誰も知らなかった」

木口と李が周囲の選手を巻きこんで一触即発状態になっていることは耳にしていた。

「（事務局の人間から）李が全日空に色々と注文を出しているという話も聞かされた。選手側から注文が出るのは当然。ただ会社側もすぐに対応できなくて困っていると。どちらの言い分も分かる」

全日空ＳＣは読売クラブと同様に、プロ契約選手と社員選手の混合チームである。ただ、社員選手と同等かそれ以上の契約を結んでいたのは李など数人に過ぎなかった。大切なのは、異なった背景を持つ選手たちをチームとして機能させることだった。

「(日本リーグ)二部のレベルだったら、上手い選手を一一人揃える必要はないんです。カルバリオ、李、木口。そして唐井（直）が対応できる。あとはキーパーの大江（武史）がしっかりしていた。五人いれば、なんとかなる」

一一

栗本への監督交代の詳細は選手たちには知らされなかったと大江は語る。

「フロント(全日空側)による、李の権限が強まることを懸念したチーム編成だと感じました。ただ、彼自身は選手としての立場はわきまえていたように思います。それでも李の影響力は大きく、彼を慕う選手は多かった」

李は木口との対立について「そんな大した話ではなかったんですよ」と言う。サッカーという共通項で集まった仲間たちのほんの小さな行き違い、どこの集団でもあることでしょうと鼻で笑った。

八四年シーズン、全日空SCは残り二節の段階で住友金属、松下電器と同じ勝ち点の首位で並んだ。第一七節で松下電器を二対〇、最終戦でトヨタを三対一で下し、住友金属に続く二位に入った。

　久田が目指した、日本リーグ一部への自動昇格枠に滑り込んだのだ。なお、カルバリオが九得点、李が八得点で得点ランキングの二位と三位に入っている。

　八四年一二月、全日空スポーツ株式会社が設立された。所在地は、全日本空輸本社と同じ千代田区の霞が関ビルディングとなった。正式にクラブを〝認知〟したことになる。

　六月一六日、『全日空横浜サッカークラブ1部リーグ昇格記念、古河電工対全日空招待試合』が横浜スタジアムで開催されている。〈ゲストプレーヤー〉として、西ドイツリーグ一部のベルダー・ブレーメン所属の奥寺康彦と、元イングランド代表のケビン・キーガンが、それぞれ古河電工と全日空SCに加わるという演出だった。

　しかし、直前まで中心選手である李は来季の契約を結んでおらず、パンフレットの集合写真にも入っていない。

　李はこううそぶく。

「女房が出産を控えていて、ずっと病院にいた。練習していなかったし、全然、やる気がなかった」

　契約はしていなかったけど、九〇分試合に出て、一アシストしたと付け加えた。李は背番号「7」をキーガンに譲り、自らは「30」番をつけた。

「カルバリオがキーガンに張り合おうとするんですよ。李、俺とキーガンのどちらがいいって聞いてきたこともあった。キーガン自身はものすごくジェントルマンだった」

すでに李の心は全日空SCから離れかけていた。

「もう（全日空SCを）辞めようと思っていたんだ。（JSL）二部に上がったときから、ぼくには指揮権がないんだもの。それまではお金、人事を握っていたけれど、木口さんとのいざこざで結果的に喧嘩両成敗になった。自分の力で一部まで上げたという自負があった。ところが上がってみると、全日空側が主導権を持つようになった。これまで崇められていた人間であったのに、上から目線で見られているような感じがした」

それならばそれでいいじゃないですか、自分の中で一つのことをやり遂げたという気持ちもあったしね、と冷たく笑った。

試合直後に配布された社内報『ぜんにっくう』七月号では全日空スポーツの営業課長である雁瀬耕一が司会を務め、五人の社員選手による〈座談会　仕事とサッカーを両立させて頑張ります〉が掲載されている。文中では中心選手であるブラジル人のカルバリオ、李、木口、唐井には一切触れていない。日本リーグ一部の開幕時点で全日空SCの登録全二七人のうち、社外選手は七人だった。〝仕事とサッカーを両立する〟社員選手を表に押し出していきたいという全日本空輸の本音が透けて見える。

一二

八五年九月八日、日本リーグ一部の開幕戦、読売クラブ対全日空SCが国立競技場で行われた。開幕戦ということもあったろう、日本リーグの試合には珍しく二万人を超える観客が集まっていた。李にとって初めての日本リーグ一部の試合である。読売クラブには李のかつてのチームメイト、与那城ジョージ、小見幸隆、親友の松木安太郎などがいた。しかし気持ちは高揚していなかった。

以下は李の証言である。

「開幕戦の直前に栗本さんから呼びだされた。そして先発メンバーから外してもいいかと訊ねられたんです。ぼくは〝お好きにどうぞ〟と返しました。そしてこう言ったんです。〝選手というのは、少なくともぼくは開幕に合わせて調整してきた。その選手を開幕試合に出さないという。それならば、（このシーズン）もうずっと出ませんよ〟と」

その場は平静を装っていたが、後から怒り、悲しみが湧き上がってきたという。

「相当な屈辱ではあった。人生の中で一番涙を流したかもしれない」

その後、栗本が翻意したのか、自分の名前は開幕戦の先発メンバーリストに入っていたと李は振り返る。

試合の記憶はほとんどない。後に日本人に帰化してラモス瑠偉と名乗ることになる、ブラジル人のフイ・ハモスから、こっぴどく蹴られたことだけを覚えている。試合は一対三で敗れた。

気持ちが切れていたのは李だけではなかった。一部昇格を決めた後、クラブはFCゴール出身の選手たちを中心に戦力外通告をしていた。それに反発した木口たちが練習参加を拒否。木口をなだめるため、助監督という肩書きが与えられた。

木口は皮肉っぽく笑った。

「黙らせようとしたとしか考えられないよな。だって助監督なんていらないんだもの」

ゴールキーパーとして最後尾からチームを見ていた大江は開幕前から一部リーグでやっていくのは難しいだろうと感じていた。

「二部ならばカルバリオが一点獲って、勝てたんです。相手のチームにミスも多かった。一部はそうはいかないだろうと分かっていました。李は運動量が少ない。それをカバーしていたのが唐井でした。唐井が入ったことであのチームは安定した。あぶさんは経験がありますから、自分の前でボールを追わせていた。しかし、一部リーグのチーム相手にはそれでは通用しない、彼らはミスをしない。走るスピード、ボールのスピードも違う」

李によると第二節のフジタ工業戦の直前、栗本は最後列に『スイーパー』を二人置くと言い出したという。守備専用の選手を二人も置くことは通常考えられない。負けを覚悟して試合に臨むのか。李は思わず、「貴方が（スイーパーを）やればどうですか」と口を挟んだ。試合は一対三で敗れた。大江の分析はこうだ。

「哲学の違いなんですよ。栗本さんはずっと実業団でやっていた方なので、泥臭い形でも勝ちたい。だから守備的にしようとした。一方、李は勝つよりも綺麗な（パス）サッカーをやって勝ちたい、というのがあったと思うんです。とはいえ、（栗本の言うように）守備的なサッカーをやっても勝てなかったと思います。そういう経験豊富で身体的に優れたメンバーは多くはいませんでしたから」

この年の四月に同志社大学から社員選手として加入していた岸田洋は、チーム内の微妙な力関係に戸惑っていた。

「高校、大学では監督の言うことが絶対でした。ところが全日空では、そうじゃない。新人のぼくが言うのもなんだけれど、栗本さんという監督には頼りないところがあった。李さんや（主将の）唐井（直）さんが上にいて、栗本さんはどう位置づけしたらいいのか、という感じでした」

その後、全日空SCは負け続け、第五節のヤンマーディーゼル戦でようやく初勝利を挙げた。

「何連敗かしたとき、紅白戦をやって勝ったほうが試合に出ようなんて話になったこともありました」

岸田は冷ややかな口調で言った。第九節の住友金属戦でようやく二勝目を上げた。他のチームとの力の差は明らかだった。

そして、クラブ側は来季に向けてチーム刷新に動き出す。これが選手たちから怒りを買うことになる。

一三

唐井の記憶によると冬の日だった。

その夜、唐井は全日本空輸の幹部社員から食事に誘われた。酒を飲みながら、話をしたいというのだ。彼はこう切り出した。来年は契約しない。Bチームの監督をやってくれないか、と。下部組織である『トライスターBチーム』は八四年に県リーグ一部へ昇格していた。

「まあ、引導を渡しに来たんでしょうね。契約しないことは分かりました。じゃあBチームの監督で契約してくれるんですかと聞いたんです。そうしたら、しない、と。君ほどの人間ならば自分で仕事を見つけられるだろうって」

その言葉を聞いて、ふざけたことを言いやがってと、暗い怒りが湧き上がってきた。

東芝を退社した後、唐井は家庭教師で糊口を凌ぎながらサッカーを続けていた。日本リーグ二部に昇格してようやく嘱託社員として月約二〇万円を手にした。それでも全日本空輸の社員選手と比較するとずいぶん少ない。そして自分たちが全日本空輸から目障りな存在になりつつあることも感じていた。

唐井と同時期、木口も戦力外通告を受けている。木口は第七節の対日本鋼管戦以降、試合に出場していない。

「そういうのが来ることは想像できたね。もう今シーズンで（選手として）終わりだなって。それで（全日空SC部長の）伊藤（徹）さんに、誰と誰を切るんですか、分かる範囲で教えてくださいって言ったんだ。そうしたら木口、唐井、ジャイール、小池（典幸）、栗田（保）って、一〇人の名前を教えてくれた」

伊藤によると〈チームの若返り〉のため、二八歳以上の選手と契約を結ばないことにしたという。三三歳の木口、二八歳の唐井はそこに含まれる。ただしなぜ二八歳なのか。うがった見方をすれば、唐井、そして同じ年の李を切り捨てるために、二八という数字を選んだとも取れる。しかし彼らは一部昇格の功労者ではないか。木口は全日空SC、そして全日本空輸に一矢報いてやろうと考えるようになった。

唐井はこう振り返る。

「木口さんは契約更新しないということで、言葉は悪いけれど、その腹いせで、なんかやってやろうと。でも、私を含めて、若い選手たちは絶対嫌だと言っていた。現役終わってもサッカー界に残って指導者をやりたかったからね。冷静に考えれば、（前監督の）久田（英夫）さんに相談しておけば、他のクラブを紹介してくれたかもしれない」

でも、と言った後、一拍置いて「できなかった」と大きく息を吐いた。

木口はある社員選手に唐井をチームに残すことはできないかと相談したという。

「このクラブの歴史を考えたら、唐井は必要な人間だと思った。俺やグッス（李）は離れるとしても唐井だけは残してくれ、もう一回、本社に掛け合ってくれと。それで返ってきたのが、無理です、という言葉だった。家の黒電話から唐井の家に電話したのを覚えている。唐井、駄目だった、助けてくれねぇ、やるしかないぞって」

また木口は、古河電工サッカー部の先輩にあたる木之本興三とも会っている。木之本は古河電工を退社し、日本サッカーリーグの事務局長となっていた。

「木之本興三は（戦力外通告を受けたことに対して）なんだよ、お前らはプロなんだろって話だったね。力がなくなってクビ切られるのなんて当たり前じゃないかって言い方だった。そうじゃなくて色々とクラブに問題があって、そういうところに不満を持っているのも沢山いる。私ものっぴきならないところまで来ていると言った。そうしたら、俺の友だちの新聞記者がいるから話をしてみろよって。その記者と一時間ぐらい話したかな。唐井のように理路整然と話ができたかは分からない。クラブに対する熱い思いっていうのも、唐井よりも少し劣っていたかもしれない。それでも精一杯、自分なりには言った」

一四

ノンフィクション、ドキュメンタリーを語る文脈で「事実」という言葉が出て来るとやや抵抗を感じることがある。

日時という数字、場所や人名という絶対不変な固有名詞を除けば、「証言」は被取材者による一つの見方に過ぎない。人はしばしば自分の都合のいいように記憶を書き換える。「事実関係」の錯誤もある。そのため、良心的な書き手は、可能な限り複数の当事者への取材を繰り返す。ちょっとした見逃しで、波が砂の山をさらって行くように積み上げた取材が消えていく怖さを知っているからだ。複眼的取材のみが、全知全能の神のみぞ知る「事実」らしきものに近づくことができる。

栗本の証言は李とかなり違う。

日本リーグ一部開幕前、栗本に呼びだされて先発起用しないと通告されたと李は言った。これについて栗本は、それは絶対にない、俺はそういうことはしないと断言した。李はその一年前、日本リーグ二部開幕前のことと混同しているのではないかと首を捻った。

監督就任直後、栗本は李を呼びだしたという。それまで実質監督を兼ねていた李は、練習のときから選手に、強い調子で指示を出していた。

「グッス（李）は、ボールタッチ、パス（のセンス）、視野の広さ、いいものを持っていた。ただ、他の選手にああしろ、こうしろって言うのは違う。一選手じゃないですか。李にこう言ったんです。お前は上手い。お前からしたら他の選手は下手くそ、というのは分かる。でも下手くそで一生懸命やっている。お前、上手いんだから、チームのためにやりゃええやないかと。一選手にならなかったらもうええって」

李はそれを受け入れ、栗本は彼を中心にチームを作った。

「グッスは一生懸命走るんだけれど、体力がなかった。（ブラジル人の）ジャイールは足が遅いけどスタミナは抜群。グッスが上がったときに穴ができないように、ジャイールが埋める。センターバックには（ボールを）跳ね返せと指示した。そしてこぼれたボールを李とカルバリオに集める」

そんなサッカーだから大量点は取れないですよと自嘲気味に言った。

フジタ工業にいた栗本も、この戦力では日本リーグ一部で通用しないことは分かっていた。

「でもみんな一部に上がるのを目標にしていた。何千万円（もの資金を投入して）選手半分代えるなんてことはできないでしょ。だからほとんどの選手は残したはず」

守備的な戦術に李が反発したのは、第一〇節の本田技研戦だったと振り返る。

「本田には関塚（隆）と佐々木（雅尚）という足の速いウイングがいたんです。あいつらにかき回されたら四点か五点取られる。だったら徹底的に守って〇点に抑えれば、一対〇で勝つ可能性がある。選手が攻めたいのは分かります。選手の立場からしたら守ってばっかりでもしゃーないですよって。でも監督からすれば、奇策を講じないと戦えない相手だった」

粘り強く守って、カウンター攻撃を仕掛けるつもりだった。しかし、早々に失点し、〇対四で敗れた。

折り返しとなる一一月末の第一一節を終えて、二勝九敗という散々な成績だった。中でも第七節の対日本鋼管戦では〇対六で敗れている。一シーズンでの二部降格はほぼ確実だった。

そんな中、栗本は全日空スポーツの営業課長、雁瀬耕一と長期的な強化計画を話し合うようになった。雁瀬は全日本空輸からの出向者である。雁瀬自身にサッカーの経験はない。

「雁瀬とは同じ年だったこともあって、色んな話をした。栗さん、どうしたら強くなるんですかって。ぼくはまず人。そしてモノ、つまり設備、そして（資）金だと答えた」

全日空SCは、元読売クラブの李、元古河電工の木口、元東芝の唐井、元日立製作所の横谷政樹、そして元フジタ工業のカルバリオ、元読売クラブのジャイールという寄せ集め集団だった。香港リーグで登録できず帰国した李はともかく、他は皆、元の所属クラブで戦力外通告を受けた〝疵物〟である。

「全日空というのは就職したい企業の上位に入っている。全日空という名前を使えば大学の有望な選手を獲れるんです。強いチームを作れるという確信はありました」

俺がチーム作りを任されたわけではなかったと栗本は念を押すように言った。栗本の言葉を元に雁瀬たちが、社員選手中心のチームに舵を切り、李、木口、唐井たちとの契約を打ち切った。「（成績が低迷し）彼らは自分が危ないっていうのを分かっていたと思う。何もかも上手くいかない。練習していても、（選手の）目がもう腐っている。そしてああ言えば、こう言う。こっちもやりたくなくなる」

折角好きなサッカーなのにと呟いた。

一五

八六年三月二二日は、分厚い雲が空を覆う寒い日だった。李は妻を伴って、西が丘サッカー場の観客席に座っていた。この日行われる日本リーグ一部最終節、三菱重工業戦を観戦するためだった。

全日空SCの二部降格はすでに決まっていた。前節の試合後、李は日産自動車の監督だった加茂周に「この試合で全日空を辞めます」と挨拶していた。このクラブでの選手生活は終わったのだと、さばさばした気分だった。

サッカーには未練があった。

「まだ、もう少しやれるかなとは思っていた。何人かに他のチームでやれないかと相談したんだよね。マツダと日産だったかな。やはり韓国籍というのがひっかかって、入れてもらえなかった」

試合前のウォーミングアップが終わり、選手たちは控室に引き揚げた。その後、ピッチの中に戻ってきた全日空SCの選手の数が明らかに少ない。

「あいつら本当にやりやがった」

李は思わず呟いた。木口、唐井たち六人の選手が試合放棄したのだ。

全日空横浜SCボイコット事件である。

最終節直前、木口はこの試合に出場させてくれと監督の栗本に掛け合った。

「俺は助監督として文句も言わず大人しくやってきた。最後の一試合だけは、私にとって思いのあるメンバーで戦いたいので任せてくれ、と。分かったというので、一一人のメンバーを書いて、控えのメンバーも少なくして出した。そして試合前の練習をして、一〇分前か一五分前にシャワーを浴びて帰った。（試合放棄を知らない）周りの奴らは、あれれ、あぶさん何やっているのって感じだよな」

李にはあらかじめ計画を伝えていたという。

「確か前日にグッスには電話した。もうどうにもならない、試合ぶっ壊してやるよ、人数は集まったんだ、って」

李は試合放棄に反対だった。

「（全日空ＳＣは）自分で作り上げた組織だから、後ろ足で砂を掛けることなんてできない。そもそも（木口たちには勝負できる）カードがない喧嘩なんですもの。唐井にも、勝ち目のない喧嘩はやめろって言いましたよ」

ゴールキーパーの大江は、この試合で現役引退するつもりだった。

「一カ月ほど前からチーム内でボイコットがあるのではないかという噂がありましたが、栗本さんが間に入り収めたということになっていたと思います。当日ピッチに立った選手たちは何が起こるのかまったく知らされていなかった。我々から全日空に漏れることを懸念したのか、あるいは事前に知っていたら黙認できないだろうという気遣いだったのかもしれません」

岸田はこう振り返る。

「ぼくは一年目の選手であったこともあるでしょうけれど、まったく知りませんでした。集まって（ピッチに）出ようとしたら、なんかいないなって。えっ、何、これって」

この日、共同通信の小山敏昭は記者席にいた。日本リーグの事務局長である木之本興三の紹介で木口が会いに行った新聞記者である。

小山はこう振り返る。

「会いに来たとき（木口は）脱走するなんてことを一切言わなかった。全日空の待遇や対応が最悪だという話だった」

小山がこの試合の取材に来たのは、カルバリオの引退試合だったからだ。

「西が丘（サッカー場）にはサウナがあったんです。ぼくはカルバリオとサウナ仲間だった。それで最後の試合を見に来てよって言われていた。そうしたら（試合前）選手がいないらしいって。ルールみたら八人いれば試合が成立する。なんとか試合だけはやろうと全日空の人間が動いていた」

試合開始直前、記者席の電話が鳴った。木口だった。

「試合開始ぎりぎりだったと思う。あぶ（木口）に、一時的にいなくなったぐらいならば大した問題にならない、とにかく試合に出ろ、逃げちゃうのは駄目だぞって言った」

しかし、彼らがピッチに戻ってくることはなかった。

木口たちは西が丘サッカー場近くの中華料理店にいた。

「いつも行く居酒屋のはす向かい。いつもと違う店にした。一応、乾杯したなぁ。献杯っていうかな。やってきちゃったなぁ、サッカー人生終わったなぁって」

会話が弾むはずがなかった。苦い酒だった。

「小一時間ぐらいで本蓮沼の駅から電車に乗って帰った。試合ができるとは思っていなかった。成立させないためにそれだけの人数をなんとか集めたんだから」

これは木口の計算違いだった。

『日刊スポーツ』（一九八六年三月二五日付）を引用する。

〈◇事件　22日のリーグ最終戦、全日空―三菱戦（西が丘）のキックオフ午後2時直前、スタメン発表されていた全日空の唐井主将ら5人と、サブの大竹が荷物をまとめて姿を消し、サブのメンバー二人を加えて8人（ルールで決められた最低人数）で試合を行った。最終的にはさらに二人を加えて10人でゲームを行ったが、1―6で大敗した〉

全日空SCの唯一の得点は、急遽フィールドプレーヤーのユニフォームを着た、控えゴールキーパーの大澤浩司が挙げている。

第2章

日本リーグの“アウトサイダー”から「オリジナル10」へ

1987-1992

写真：時事通信社

1991年11月1日、「Jリーグ」の法人設立を発表するチェアマンの川淵三郎。

一

全日空SC対三菱重工業戦の翌日、関東地方は夜明け前から冷え込み、雪が舞った。

この日、一人の男が地球の裏側、南米大陸のアルゼンチンからサンパウロを経由して成田空港に戻っている。男は三〇時間を超える飛行時間でぐったりと疲れ切っていた。真夏の南半球から戻った身体に寒さが身にしみた。成田空港では妻が待っているという約束だった。しかし、彼女の姿がない。自宅に電話すると、大雪で交通が麻痺しており、空港まで行けないという。それよりも、と妻は慌てた口調で「新聞を買って読んで」と言った。何のことだろう、首を傾げながらキオスクでスポーツ新聞を買った。そこには全日空SCの選手たちがボイコットを起こしたという記事があった。自分の関わるサッカークラブはいつも潰れるのかと、塩澤敏彦は目の前が真っ暗になった。

四七年生まれの塩澤は、東京、板橋区の城北高校でサッカーを始めた。

「中学校にサッカー部がなかったので高校から。関東大会は毎回出ていました。全国大会は一回、国体は二回。それで明治に入りました」

最初の躓きは、卒業に必要な単位を取得できず明治大学を四年で卒業できなかったことだ。

「もう一年か二年（大学に）いることを覚悟していたんです。その頃、学生運動が盛んで校舎が一つ、バリケードで封鎖されてしまった。授業も試験もできない。レポートを出せばいいということになり、友だちが手伝ってくれて、九月に卒業できたんです」

内定していたトヨタ自動車は九月入社を認めなかった。そんなとき、アジアユースで同じチームだった選手から電話があった。行き場所がないのならば、自分のいる名古屋相互銀行に来ないかというのだ。そして翌七〇年四月、名古屋相互銀行に入行した。

名古屋相互銀行サッカー部は六五年の日本リーグ（ＪＳＬ）創設から参加している。ただし、常にリーグの底にへばりついていたチームだった。

塩澤が入った七〇年シーズンは最下位、入れ替え戦で踏みとどまり残留。翌七一年シーズンも最下位、やはり入れ替え戦に回った。藤和不動産との第一戦は〇対〇の引き分け、二戦目は〇対一で敗れた。ちなみに藤和不動産のゴールキーパーを務めていたのは、栗本直である。降格が決定すると名古屋相互銀行はサッカー部の休部を発表した。

サッカーを諦めるという選択肢はなかった。

「（コーチだった）大久保（賢）さんのところに、永大産業という会社が選手を探している、みんな連れてこないかという話があった。それで（大久保を含めて）七人で行ったんです」

永大産業は材木業から始め、住宅建設に手を広げた。住宅が「三種の神器」の一つとされた高度成長期を背景に規模を拡大した。サッカー部を始めたのは創業者、深尾茂だった。本拠地は木材加工工場のある山口県熊毛郡平生町に置かれた。瀬戸内海に突き出た室津半島西側、瀬戸内海に沈む美しい夕陽で知られる静かな街だ。

「最初は県リーグの二部か三部です。山口県サッカー協会もこの地域から日本リーグに上げたかった。それで県内のカップ戦に優勝して入れ替え戦に勝てば（県リーグ）一部という特例を作った。（名古屋相互銀行から移った日本リーグ）一部の選手が六人もいたら圧倒的に強いわけです」

七二年に日本リーグ二部、翌七三年に一部に昇格した。塩澤は大学時代からの古傷である右膝の調子が悪く、七五年に現役引退、七六年には監督となった。

ところが七七年、永大産業の経営が悪化、サッカー部は廃部となった。塩澤にとっては二度目のクラブ消滅となる。

「もう会社が非常に厳しい状態になってやめざるをえないというか、色々と整理する中で最初にサッカー部が切られた。もう寝耳に水って感じでね。なんでうちがっていう感じですよ。全員で大阪の社長に会いに行ったりしました」

選手たちには、感情にまかせて汚い言葉を使わないようにと釘を刺した。

「結局、どうにもならなかった。（日本リーグ一部リーグの）東芝とかヤンマーに連絡をとって選手を獲ってもらった」

みんなばらばらになっちゃったね、と呟いた。社員であった塩澤は永大産業に残り、系列会社で働いた。しかし、サッカーがなくなった会社に執着はなかった。妻の実家のある藤沢市で『塩澤スポーツ』を始めることにした。

「人に使われるのが嫌になったんだよね。サッカーと流行だったテニス用品を置いた運動具屋。そうしたら（古河電工の）川淵（三郎）さんとか鎌田（光夫）さんとか来てくれてね。本当にありがたかったな」

スポーツ用品店経営と平行して母校、明治大学サッカー部の指導を始めた。

「一年目で（関東サッカー連盟）二部から一部に上げた。そして翌年、一部で二位になった。それを見て全日空が呼びに来たんです」

日本リーグ一部で成績が低迷、二部降格が決まっていた時期だった。栗本の後継監督として声を掛けられたのだ。

「全日空の試合は一試合も見たことがなかった。情報は何もない。（全日本空輸が）ちゃんとやるんだったらいいでしょうって引き受けることにしたんです」

二

八六年二月、塩澤は外国人選手視察のためアルゼンチンに出発している。

「ブラジルではすでに情報が回っていて、日本人が獲りに行くと（年俸が）高くなる。だったらアルゼンチンに行こうかと。レベル的には（ブラジルと）そう変わんないですから」

首都ブエノスアイレスの空港では北山朝徳が待っていた。

北山は四七年に現在の広島県呉市で蜜柑農家の次男として生まれた。拓殖大学を卒業後、アメリカ、南米大陸を放浪し、ブエノスアイレスに落ち着いた。まずは漁業関係、続いて運送業を立ち上げた。

七八年、アルゼンチンでワールドカップが開催された。北山は付き合いのあった加茂商事の加茂建から頼まれ、現地で日本サッカー協会関係者の面倒を見ることになった。これがサッカーとの繋がりの始まりだった。その後、インデペンディエンテの来日を手配した。招聘の際、クラブ会長だったフリオ・グロンドーナと親しくなっている。グロンドーナは後に、アルゼンチンサッカー協会会長となる南米サッカー界の顔役だ。北山は日本サッカー協会国際委員となり、南米大陸における日本の窓口となった。

塩澤は北山との初対面の日のことをよく覚えている。

「打ち合わせ中、話していたと思うと、突然、寝ちゃったんですよ。私はどうしたらいいか分からない。言葉も分からないし。海外でやっていくにはこれぐらい図太くないとやっていけないいんだって思いました」

時差ぼけで眠気を必死にこらえていた自分も寝ることにしたと笑った。

塩澤は外国人選手以外、来季のチーム編成に関与していない。

「(社員選手以外のプロ契約)選手をある程度、切ることは分かっていた。誰を残せとかは言っていないです。そもそも知りませんから。そのとき考えていたのは中盤でボールをきっちりキープできる(アルゼンチン人)選手がいたら獲ろうと。それだけでした」

アルゼンチンの特徴は、首都ブエノスアイレス近郊にクラブが密集していることだ。その中の一つ、デフェンソーレス・デ・ベルグラーノに足を運んだ。デフェンソーレスは一九〇六年設立、ブエノスアイレス北部、ヌニェス地区のクラブである。

そこで一人の選手が目についた。

「あ、これはなんかすごい選手がいるな、っていう感じで。それで、話をして獲ることにした」

六二年生まれのミッドフィールダー、ホルヘ・アルベーロである。ホルヘに加えてディフェンダーのミンドラシオとも契約を結び、日本に向かった。そして成田空港で、全日空SCの一部選手がリーグ最終戦をボイコットしたことを知ったのだ。

「(日本リーグから)どういう処分が下るか、分からない。リーグから引き上げてくれと言われる可能性もあるじゃないですか。私は待つしかなかったんです」

事態を深刻にしたのは、試合の相手が三菱重工業サッカー部であったことだ。日本を代表する製造業である三菱重工業はサッカー協会、リーグに大きな影響力があった。また、リーグの責任者、総務主事は三菱重工業の森健兒だった。全日空スポーツの社員が謝罪に行くと、天下の三菱に何をしてくれたのだという怒りが森の顔に浮かんでいたという。一部に昇格したばかりの新参者が重鎮の顔に泥を塗ったのだ。重い処分が下される可能性もあった。

このとき、全日空スポーツの社長を務めていたのは長谷川章だった。彼は若狭得治の側近で、後に全日本空輸の副社長となる。長谷川はチームを残すためにできることはすべてやれと部下に命じた。サッカー協会会長は新日本製鐵の社長でもある平井富三郎だった。平井は通産省事務次官を務めた経済界の実力者である。たまたま新日本製鐵の秘書室に全日本空輸の秘書室の女性の大学の同級生がいることが分かった。長谷川は彼女を通じて平井との面談をとりつけた。そして穏便に事を収めるよう、専務理事の長沼健への口添えを頼んだ。

四月一七日、日本サッカー協会は理事会を開き、試合を放棄した木口、唐井、栗田、小池、大竹信之、崔海鎮の六選手を無期限登録停止、全日空SCは三カ月の公式戦出場停止処分となった。八月から始まる二部リーグ開幕に全日空SCの処分は明ける。表面上は一部からの降格扱いである。

ただし、現場は穴だらけだったと塩澤は振り返る。

「一五、六人しか選手がいないんですよ。バックが足りないからフォワードの選手をコンバートしたりしましたね」

唯一の光が、ホルヘだった。日本に到着した日、読売クラブとの練習試合が予定されていた。塩澤が軽い気持ちで出てみるかと声を掛けるとホルヘは頷いた。

「もうラモス（瑠偉）がびっくりしちゃった。こんな奴がいたんだっていう顔をしていたんです。ホルヘが一人いるだけで、結構できちゃうんじゃないかって思いましたね」

八六―八七年シーズン、全日空ＳＣの選手登録、三一人のうちホルヘなど八人が新規登録選手となった。四分の一が入れ替わったことになる。

監督の塩澤が心を砕いたのは、ホルヘたちアルゼンチン選手の力を十分に発揮させることだった。

「私の家の道路を挟んで反対側にあった一軒家を借りたんですよ。そこに彼らを住まわせて、朝飯と夕飯はうちの女房が作りに行った。日常生活が不安だとグラウンドに集中できないじゃないですか」

塩澤の自宅がある神奈川県藤沢市は、海が近く開放的な空気が流れている。この雰囲気をアルゼンチン人選手たちは気に入った。ホルヘたちは塩澤の妻の買い物に付き合い、率先して荷物を運んだ。塩澤の次男が通う中学校のサッカー部の練習に参加することもあった。彼らの家族がアルゼンチンから来ると寮に泊まった。そして塩澤の妻は、彼女たちからアルゼンチン料理を教わった。アルゼンチン人はアサドと呼ぶ、バーベキューを好む。アルゼンチン風の味付けで肉を仕込み、庭先で塩澤が焼いた。

「ホルへの家族たちを連れて、（藤沢から近い）島や箱根に行ったりしてね。ぼくのやり方はだいたいそんな感じなんですよ」

塩澤はふふふと楽しそうに笑った。練習場までは塩澤が運転するホンダのワゴンに同乗させた。

「ぼく、英語も何もできないからね。よかったのは、ホルへが一生懸命、日本語を覚えようとしたこと。練習場に行く車の中で、一日に三つずつ（日本語の）単語を教えることにした。そしてぼくもスペイン語を三つ覚える」

当初は選手をやりたいと売り込みに来た日系パラグアイ人を通訳に雇ったが、ホルへの日本語が上達すると不要となった。

八六―八七年の日本リーグ二部は一六チームが東西二つのブロックに分けられていた。前期のそれぞれ上位四チームが後期は上位リーグに進出する。全日空ＳＣは前期リーグで東ブロック五位。後期の下位リーグ・東ブロックで四チーム中、二位に終わっている。

三

塩澤の前任者である栗本直は、ボイコット事件の後、現場を離れている。

そもそも自分は監督に向いていなかった、得意とするのは、育成、目利きであると自覚していた。東京ガスの深川サッカースクール立ち上げを手伝い、運営と指導部門を全日空スポーツが受け持った。スクールコーチとして東芝や読売クラブ、東京ガスサッカー部でプレーした川勝良一、元読売クラブのカルロス・ニコトラらと契約している。現在のFC東京アカデミーの源流である。

関東近辺を中心に大学サッカー部を訪ね、選手たちへの指導も行っている。

「東海大学の宇野（勝）先生たちに、これから（全日空SCを）立て直しますからって話をしましたね。分かった、栗さんがやるならば手伝うって言われました。明治（大学）や専修（大学）も行きました。ぼくは大学出ていないから、どこでも来てくださいって感じなんですよ」

そして、これはと思う選手がいると、全日空スポーツの雁瀬耕一に報告した。

「関東、関西の大学のサッカー部のキャプテンの中で、欲しい選手は全部見に行きました。キャプテンをやっているということは、人徳があるはず。彼らを集めれば二階建て、三階建て、四階建てのチームができるんです。あとは代表候補になっている選手も獲りに行きました」

二階建て、三階建てのチームとは栗本の造語である。

自主的に他の選手を束ねるリーダーがいれば、自然とチームはまとまる。ボイコット事件前、全日空SCには個性的で破天荒な選手が集まっていた。彼らの対応に手を焼いていた栗本らしい発想だった。中区スポーツ少年団を祖とするクラブチームから一部上場企業の社員中心の日本リーグの〝間尺〟に合わせようとした全日本空輸の意向に沿ったという見方もできる。

入れ替え戦の準備のため合宿に来て欲しいと専修大学から頼まれたこともあった。

「一〇日間ぐらい合宿したのかな。それで（入れ替え戦の対戦相手である）慶応（大学ソッカー部）を分析しました。そうしたら、いい選手がいて、これはあかん、きついなと」

専修大学は、歯が立たず〇対一で敗戦した。

八七年四月、全日空ＳＣに大学を卒業した社員選手が三人加わった。東海大学のゴールキーパー、石末龍治、早稲田大学のディフェンダー、堀直人である。二人は栗本が誘った選手たちだった。もう一人に栗本は声を掛けていない。ただ、面識はあった。専修大学の入れ替え戦で対戦チームである慶応大学にいた反町康治である。


反町は六四年三月に埼玉県浦和市で生まれた。サッカーを始めたのは小学校二年生のとき、静岡県清水市に移ってからだった。

「（サッカーの盛んな）清水だからみんなサッカーやっているわけよ。当時、サッカーはマイナースポーツだった。親父は野球好きのジャイアンツファンだった。キャッチボールをしたことはあったけど、一回もボールなんか蹴ったことはなかった。最初は野球をやろうと思ったけど、野球部がなかったのでソフトボール部に入った」

ライパチだったね、と笑う。八番打者で、守備位置はライト。先発選手の中で冴えない選手だ。

「サッカー部の先生にかわいがられたこともあって、サッカーのほうが楽しくなって、それからはサッカー三昧」

静岡ゴールの支店、清水ゴールにしばしば通った。店内のビデオデッキで流しているサッカーの試合を観るためだった。

サッカーは好きではあったが、自分に才能があるとは思わなかったという。

「だってまったくスポーツに縁のない家庭だったもの。親父が清水に転勤になっていなければ、サッカーボールに触れることもなかったと思う」

清水東高校から一年間の浪人生活を送り、一般入試で慶応大学法学部政治学科に進み、ソッカー部に入った。卒業が近くなり、監督だった藤口光紀から「就職はどうするつもりだ」と尋ねられた。日本リーグ所属のサッカー部を持つ企業に就職して、サッカーを続ける気があるのか、という意味だった。

もうサッカーは辞めるつもりです、と答えると藤口は「実力的には厳しいだろうな」と頷いた。ソッカー部の先輩にあたる大仁邦彌から自分が監督を務める三菱重工業でサッカーをやってみないかと打診があったが、やんわりと断っていた。大学卒業と共に現役を終えるつもりだった。

偉そうですけれど、そのときは世界を股に掛けた仕事をしたいと思っていたんですと、反町は振り返る。

「銀行員になることも考えましたが、自分には向いていない。そこで（サッカー部推薦ではない）一般入社で商社などを受けましたね。航空業界で一社だけ受けて合格したのが就職人気ランキング一位だった全日空でした」

入社前年、八六年三月にグアム線の運航を開始していた。全日空にとっては初めての国際定期便だった。先行する日本航空を追いかけ、高く飛び上がろうとしていた時期だった。

とはいえ、サッカーから心が離れたわけではない。卒業旅行には欧州を選び、イングランド、イタリア、そしてスペインで試合を観戦している。すると入社直前、全日空ＳＣのコーチだった高橋要二から電話が入った。高橋もまたソッカー部出身だった。

「お前、なんか（全日空に）入ったらしいなって。それで練習に来いって言われたんです」

こうして反町は羽田空港の『東京乗員室業務部乗務管理課』に勤務しながら、サッカー部に所属することになった。

「サッカー部だから仕事を大目に見るなんてことはなく、一年目からがっつり働かされました。（サッカー部で）羽田空港に配属されていたのが、（同期のゴールキーパー）石末（龍治）と一つ上の浜田（秀樹）さんと松永（誠吾）さんの四人だったかな。半ドン（午前中の勤務）が終わったら、空港の駐車場にある定食屋でぱっと飯を食って、浜田さんの車で練習場に行くんですよ」

自前の練習場を持たない全日空ＳＣは、横浜市港北区にあった出光興産の総合グラウンド、町田市鶴川の日商岩井のグラウンド、杉並区久我山のＮＨＫグラウンドなどを日替わりで使用していた。

「週に二日ぐらいは練習の後、会社に戻って仕事をするんです。横浜駅からモノレールやバスで羽田空港に戻る。練習で疲れてしまい、バスの中でずっと寝ていて、気がついたら羽田空港ということもありました」

チームにはボイコット事件の余韻が残っていた。

「ゴールキーパーの大澤（浩司）さんが、キーパーなのに点を取っちゃったんだよって、酒の席で自慢するんです」

監督の塩澤は反町を高く評価し、ホルへと共にチームの中心に据えた。

「反町を先発から外そうと考えたことは一度もない。あれだけ努力した奴はそういない。（全体）練習が終わってからも一人で一生懸命練習している。あいつは本当に努力家ですよ」

塩澤の監督二年目となる八七―八八年シーズン、反町たちに加えて、アルゼンチンのリーベルプレートからフォワードのネストール・オマール・ピッコリ、そして沖縄生まれアルゼンチン育ちの川上靖らが加わった。登録二六人のうち、実に九人が新規登録選手だった。二年連続して選手が大幅に入れ替わったことになる。

全日空ＳＣは前期リーグ、東ブロックで二位に入り、後期は上位リーグに回った。一部再昇格が視野に入っていた。

その頃、栗本は東海大学の有望選手を誘っている。これまで全日空ＳＣにいなかった水準の選手だった。大学生ながら日本代表に招集されていた前田治だ。

四

前田は六五年に福岡県福岡市で生まれ、少年時代を調布市で過ごした。帝京高校時代に高校選手権で優勝、大学は関東リーグ二部だった東海大学を選んだ。一年生から先発起用、得点王となっている。二年生でも得点王となりチームを一部に引き上げた。翌シーズン、関東大学リーグ一部で優勝、前田は得点王となった。四年生時は優勝を逃したものの、連続得点王となっている。

「ユース代表、（大学生中心の）Ｂ代表に選ばれて南米遠征などに行っていました。大学三年生のときに、西が丘（サッカー場）で日本代表と練習試合をしたんです。（木村）和司さん、（加藤）久さんとかも出ていたと思います。その試合で東海大学が三対一で勝ってしまった。ぼくも一点取りました。そこからフル代表に声が掛かるようになったんです」

このとき、日本代表は先の見えない闇の中にいた。

前田が大学四年生だった八七年九月からソウルオリンピックアジア地区最終予選が行われた。この予選には開催地枠で出場権を得ていた韓国代表が不在だった。六八年のメキシコ大会以来、出場権を逃してきた日本代表にとって千載一遇の好機だった。ネパール、タイを退け、中国代表との初戦も一対〇で勝利。国立競技場で行われる第二戦、引き分け以上で出場権獲得まで漕ぎつけた。ところが、〇対二で敗戦し、またも出場権を逃している。

予選後、監督が石井義信から横山謙三に代わった。年が明けた八八年一月、前田はアラブ首長国連邦とオマーン遠征の日本代表に選出され、三試合すべてで先発出場している。

そんな前田には、日本リーグのチームから多くの誘いがあった。

「日本リーグ一部では読売（クラブ）と日産（自動車）以外は全部、話をもらったんじゃないですかね。日立（製作所）は二度も合宿に参加しています。あとは古河（電工）、ホンダ（本田技研）、マツダ、トヨタ自動車が熱心でした」

前田はプロ契約を結ぶことを望んでいた。

「トヨタやホンダは自動車レースをやっていますよね。だからトヨタの方に、レーシングドライバーと同じ契約にしてくれればいきますよって、ぼく言いました。そうしたらサッカーはまだ、って言葉を濁されました」

前田の提案には裏付けがある。

八六年四月、日本リーグは「スペシャルライセンスプレーヤー制度」を導入していた。西ドイツ一部リーグのヴェルダー・ブレーメンに所属していた奥寺康彦が帰国、古巣の古河電工サッカー部に戻った。日本リーグでは社員選手の実業団クラブに配慮して、プロ契約選手を正式に認めていなかった。そこで奥寺を受け入れるため、スペシャルライセンスプレーヤーという制度を作った。奥寺と日産自動車の木村和司がこのスペシャルライセンスプレーヤーとなっていた。

すでに外国人選手の他、読売クラブと全日空SCではプロ契約選手が存在していた。この二つのクラブは日本サッカー協会にとっては〝アウトサイダー〟だった。スペシャルライセンスプレーヤーにより、古河電工、そして日産自動車という〝本流〟もプロ契約を正式に認めた形となる。

選手のプロ契約に前向きだったのは、読売クラブと日産自動車であった。しかし、この二つからは誘いがなかった。

「（攻撃陣として）読売には、ラモス（瑠偉）さんやジョージ与那城さん、戸塚（哲也）さん、武田（修宏）がいました。日産も柱谷幸一さん、水沼（貴史）さんがいて、ウイングとして同期の長谷川健太を獲っていた。ぼくに興味がなかったんでしょう」

そこで前田は欧州に眼を向けた。前年、東海大学サッカー部の一学年先輩にあたる行徳浩二が西ドイツに留学していた。

「日本リーグでプロ契約が結べないならば、向こうでチャレンジしてプロになれればいいかって。そこで監督に、日本リーグからの話を全部断ってもらうことにしました」

前田の記憶ではその二、三日後のことだった。監督の宇野から全日空SCの栗本がプロ契約を提示してきたと聞かされた。

ゴールキーパーコーチとして東海大学に出入りしていた栗本とは面識があった。

「キーパーコーチってなかなかいませんよね。栗本さんは東海大学の合宿によく来てくださっていた。ぼくは練習嫌いだったんで、終わったらすぐに引き上げるタイプでした。そうしたら、栗本さんから〝治、生のボールじゃないと練習にならないから(キーパー練習用に)蹴ってくれ〟って」

嫌々、蹴っていたんですよと前田は笑う。

栗本、そして全日空スポーツの雁瀬と関内駅近くで食事をしながら話をすることになった。

「栗本さんは、細かい契約は後で決めるとして、プロでやりたいならばプロでいい。うちは二部。しかし、必ず一部に上がるように会社がサポートする。雁瀬さんは、こう言いました。本業で全日空はJALの後塵を拝している。しかし、これから海外路線をどんどん飛ばしていく。ヨーロッパではサッカーチームを持っていることはステータスなんだ。だから全日空はサッカーに力を入れていく。是非、力を貸してくれって口説かれました」

東海大学も入学したときは関東リーグ二部だった。自分の力で日本リーグ一部に上げればいいと前田は考えた。そして後期リーグ第一一節松下電器戦、栗本と鹿児島県の鴨池陸上競技場に足を運んでいる。

「勝つか引き分けで二位以内に入るというんです。試合結果は忘れましたけど、負けなかった。これで一部でできるって喜んだのを覚えています」

全日空ＳＣは松下電器を押さえて優勝、一部に復帰した。

このシーズンを最後にＢチームであるヨコハマトライスターが解散している。中区スポーツ少年団、ＦＣゴールが掲げていた欧州、南米型クラブチームの看板の半分を下ろしたことになる。

五

五月から六月にかけて日本代表はブラジル代表のジーコがいたフラメンゴ、八月にはアルゼンチン代表のディエゴ・アルマンド・マラドーナを擁するイタリアのナポリと対戦している。代表に選ばれていた前田はこの後、千葉県の検見川総合運動場で行われていた全日空ＳＣの合宿に合流した。

前田は「全日空ではみんなが適当でした」と苦笑いしながら振り返る。

チームには前田や外国人選手のプロ契約選手と社員選手が混在していた。大学卒業後、プロ選手になるため欧州に渡ることまで考えていた前田とは温度差があった。そんな中、舌を巻いたのはホルへの足技だった。

「半端ないんですよ。あんな奴、なかなかいない。当時の芝って、今みたいに良くない。薄くて雨が降るとぐちゃぐちゃになるんです。そんな中で試合をやって（ボールを持っているときに）相手が来たら足の裏を使って、ひょいって股を抜いたりする」

何より驚いたのは、足元の悪い雨の日でもトレーニングシューズに近い、凸凹の少ない靴で楽々とボールを操っていたことだ。ホルへには卓越した技術とバランス感覚があった。

「ホルへとサッカーをするのは楽しかったです。あいつのパスは本当にピンポイントで来る。反町（康治）さんも、ものすごく感心していました。一番うめぇって。もっと真面目にプレーしていれば、ものすごいプレーヤーになりましたよ。いつもアルゼンチンに帰ると太って戻ってくる」

（体重を）八キロ落とさないと試合に出さないって言われて走らされていましたと、おかしそうに笑った。

前田の加入一年目となる八八―八九年シーズン、全日空ＳＣは前期六位。後期は一九節まで五勝一分け一敗と好調を維持し、三試合を残して優勝の可能性があった。しかし、二〇節で首位を走る日産自動車に惜敗。結局、日産自動車が初優勝、全日空ＳＣは二位で終わった。昇格一年目としては十分な成績だった。

前田はヤマハ発動機のアジウソンの一一点に続く一〇点を挙げて得点王ランキング二位。最終節で二得点を挙げたアジウソンに逆転されたのだ。全日空SCではペナルティキックは別の選手に任されていた。もし前田が蹴っていれば、得点王になっていた。アシストランキングではホルへが二位、前田が七位に入っている。

六

ここで話をピッチの外へ、そして時計の針を少し戻す。

代表チームとリーグはその国のサッカーの両輪である。日本代表がオリンピック、ワールドカップの出場権を逃し続けている間、日本リーグ――JSLの観客数も底辺に沈んでいた。そこで八四年頃から、危機感を持った人間たちが動き出している。

日本リーグは、評議委員会、実行委員会、運営委員会の三層構造で運営されていた。この三層は、親会社の役職が平行移動している。

年に一度開かれる最高意思決定機関である評議委員会に参加するのは、親会社の取締役たちだ。ここでは波風が立つ議論はほとんどなく、予算の承認が主たる役割だ。運営を実際に仕切っているのは、毎月開催される〝部課長〟クラスの実行委員会である。その下、運営委員は最も選手、現場に近い若手社員たち、といった具合だ。

日本のサッカーをなんとかしなければならないという危機感を持った実行委員、運営委員たちの熱に引き寄せられ、神田小川町にあったＪＳＬ事務局には、同年配の新聞記者、広告代理店の人間たちが集まり、日本サッカーの未来について議論を交わした。その中の一人、日産自動車の運営委員だった佐々木一樹はこう振り返る。

「『キャプテン翼』の漫画が始まっていて、世の中の子どもたちはサッカーに興味を持つようになっていたのに、それが（日本リーグに）繋がらない。高校サッカーも盛り上がっているけど、その先がない。なんとかしなきゃいけない。そのためにみんながいろんなアイデアを出し合った」

この会はやがて「茶話会」と呼ばれるようになった。中心にいたのは腎臓病を患い古河電工を退社、ＪＳＬ事務局の事務長に転じていた木之本興三だった。ボイコット事件前、全日空ＳＣの木口が相談に行った人物である。彼の著書『日本サッカーに捧げた両足～真実のＪリーグ創世記』にはこう書かれている。

〈茶話会は大体、午後6時ぐらいに用意された弁当を食べながら始まった。議長として会議を差配したが、テーマを決めると参加者が自由闊達に議論を重ねた。（中略）午後10時くらいに茶話会が終わると「酒話会」に切り替わった。メンバーは決まって近くの居酒屋、蕎麦屋、寿司屋などに足を運んだ。後年、プロリーグ構想を推し進める際、茶話会で飛び出したアイデアは、とても貴重なものばかりだった。（中略）メンバーの誰もが今の日本サッカーに絶望していた。しかし、誰もが未来の日本サッカーに大きな夢を抱いていた〉

前田が全日空ＳＣと結んだプロ契約――スペシャルライセンスプレーヤーもこの茶話会から出た案を元にしている。

茶話会は関東近県のクラブの人間が中心だった。興味深いことに、全日空ＳＣの人間は含まれていない。八六年のボイコット事件で二部に降格したこともあったろう。サッカー界で全日空ＳＣはまだ〝アウトサイダー〟だったのだ。

八八年三月、ＪＳＬ内に茶話会を発展させた「第一次活性化委員会」が立ち上がっている。議題はプロリーグ化だった。委員長は古河電工の小倉純二、委員に木之本、佐々木、サッカー協会理事の村田忠男、三菱重工業の森健兒、森孝慈、読売クラブの浅野誠也、ヤマハ発動機の杉山隆一、フジタの石井義信の九人。名称にプロリーグという言葉をつけなかったのは、評議委員会を刺激しないためだった。

第一次活性化委員会では〈チーム名を地域と愛称とする〉〈地元密着〉〈ユースチーム設置〉など後のＪリーグが採用する基本方針が網羅されていた。しかし、答申には実効性、拘束力はなく、実行期限も記されていない。

そんなとき、実行委員会の議長である総務主事を務めていた三菱重工業の森健児が名古屋文社の次長から部長に昇格することになった。名古屋勤務の森は、活性化委員会など重要会議には早退し、新幹線に飛び乗り東京まで来ていた。部長になるとその自由はなくなるという。

後任として名前があがったのは古河電工の川淵三郎だった。川淵の名前を聞いて、木之本は暗い気持ちになった。木之本にとって川淵は選手時代の監督だった。川淵は日本でプロリーグが成り立つはずがないという考えだと伝え聞いていたからだ。

七

川淵は一九三六年に大阪市高石市で生まれた。サッカーを本格的に始めたのは三国ヶ丘高校に入学した後のことだ。高校三年生のとき全国高校サッカー選手権大会に出場、二年間の浪人生活の後、早稲田大学商学部に入学し、サッカー部に入った。大学二年生のときに日本代表に選ばれ、大学卒業後は古河電工に入社、六四年の東京オリンピックに出場している。七〇年に現役引退、古河電工サッカー部監督、日本代表監督を務めた。

川淵は自著『虹を掴む』で企業チームの選手、指導者の置かれた立場を率直に書いている。

〈一般社員と同じように働き、仕事が終わってみんなが飲みに出かける時間にわれわれはサッカーをしていた。そうやって競技生活とサラリーマン生活を両立させると、やがて引退の時がやってくる。そこで選手は選択を迫られる。チームに残って監督、コーチの仕事をするか、サッカーから足を洗って社業に専念するかである。ここで監督、コーチになっても大学や高校の名物監督のように死ぬまで続けられるわけではない。社内のサッカー部OBが、ほぼ3年サイクルで入れ替わり立ち代わりそのポジションに就くだけで、監督、コーチになっても遅かれ早かれ社業に戻る〉

監督やコーチで結果を残すとサッカー協会から理事、あるいは日本代表の監督やコーチの声が掛かる。

〈これらの仕事は基本的に無給である。あくまで建て前としては、会社の仕事以外の時間を使って、好きでそういうことをしているにすぎない。選手として活動しようが、企業や代表チームの監督になろうが、協会の理事や委員になろうが、それらはすべてボランティア。(中略)代表監督になっても、日本サッカー協会に雇われるわけではない。日本サッカー協会は監督としてほしい人材がいると、その企業に頭を下げて「3年ほど、ウチに貸してもらえませんか」と頼みにいくのである。企業としては名誉なことなので「いいですよ」となる。協会は給料を払わない。払うのは企業。企業からすれば3年ほどの間、給料なしで関連会社（協会）に出向させたような感覚だったろう〉

そのため負けが込んだとしても、代表監督の首をすげ替えることはできない。彼らは企業から預かっている人材であるからだ。

川淵は八一年に日本代表監督を退任、八二年六月から古河電工名古屋支店の営業部長となった。兼任していたサッカー協会の強化部長は八四年四月に退任している。退任の理由は、ロサンゼルス五輪の出場権を逃したことだった。このとき、川淵は代表強化の予算、責任体制を問うべきだという報告書を提出した。サッカー界に良かれと書いたこの報告書が、曲解されたという。そこでサッカー界とは距離を置いた。サッカーはもういい、東京本社の営業部に戻り、古河電工の役員になるという出世階段を上っていく腹づもりだった。ところが、八八年五月に関連会社である古河産業への出向を命じられる。

古河産業は古河電工が全額出資する子会社で、主に素材を扱う商社である。古河産業では役員待遇で迎えられることになっていたが、古河電工の本流から外れる。そんなときJSLから森健兒の後任にならないかという打診があった。川淵は「プロ化に向けて走り出しているサッカー界の大改革に賭けよう」とJSL総務主事を引き受けた。八八年八月のことだった。

日本サッカー協会と日本サッカーリーグ、共にサッカーという競技を司る組織であるが、その役割は微妙に違う。

サッカー協会は各都道府県のサッカー協会の上部組織として、チーム、選手、審判、指導者の登録の他、日本代表をはじめとした各年代の代表チームを組織する。一方、実業団によるリーグ戦を運営するＪＳＬはイベントを仕切る興行会社に近い。それまで川淵は代表監督、強化委員と一貫してサッカー協会の人間だった。やや毛色の違う世界に飛び込むことになったといえる。

この時期、日本サッカー協会側では新たな動きが起きていた。八八年九月、理事会で専務理事だった村田忠男が日本でワールドカップ開催を目指すと発言したのだ。日本代表はワールドカップ出場経験がなく、国内にはサッカー専用のスタジアムも存在しない。荒唐無稽な話だった。国際サッカー連盟の会長、ジョアン・アベランジェはアジア、アフリカへサッカーの普及、市場拡大を考えていた。経済大国となっていた日本はその主たる対象だった。村田はアベランジェの意向に乗ったのだ。

一〇月、ＪＳＬ総務主事となった川淵は第二次活性化委員会の設置を命じている。新たな委員に、日本鋼管の阿部豊、ヤンマーの有村宏三郎、そして全日空ＳＣの泉信一郎が加わっている。日本鋼管とヤンマーはプロ化に消極的だった。「ぼくは積極的なプロ化論者ではなかったし、まだやれることはあるという考えだった」と川淵は振り返る。敢えて反対意見を述べる人間を委員会に入れて議論を深化させることを目論んだのだ。

全日空SCの泉信一郎は川淵の早稲田大学ア式蹴球部の同級生である。

「大学の四年間、同じ釜の飯を食べた仲。彼の家は資産家だったから、旨そうな弁当を持ってくるんだ。ぼくたちは大学生で金がないからそんなに旨い物は食べていなかった」

あいつの弁当を半分くらい食ったこともあったなと笑う。

「ヨコハマトライスターとして日本リーグ二部に昇格したとき、ぼくはサッカー界には関わっていなかった。全日空のような企業がサッカーに力を入れるというのはサッカー界、JSLにとっていいことだとは思っていた。泉はプロ化推進派だった。だから委員会にいれた」

第二次活性化委員会では、日本リーグ一部の一二チームを〈①福利厚生型〉〈②独立部門型〉、〈③企業型〉に分類している。
①は企業の人事、総務部門が主体となって社員の福利厚生を目的としてサッカー部を運営するチームである。古河電工、日産自動車、ヤンマー、日本鋼管などほとんどの日本リーグの実業団チームが該当する。②は関連企業、保険組合などから援助を受けて運営されており、社内の一部門として独立採算を求められているクラブチームである。読売クラブ、ヤマハ発動機、フジタがここに入る。そして③は法人格を持った会社として独立、運営しているチームである。すぐにでもプロ化に対応できるチームと言い換えてもいい。③に該当するのはたった一つ、全日空スポー

ツが運営する全日空ＳＣだけだった。

八九年三月一四日の第二次活性化委員会の第八回会議でまとめられた答申は一二三ページ、「スペシャル・リーグ」への参加要件はこう記されている。

①日本サッカー協会への登録が終了していること。
②一二人以上のライセンスプレーヤー（プロ契約選手）を置く。
③十分な照明施設の整った一万五〇〇〇以上収容の競技場を所有または自由に使用できるようにしなければならない。
④日本サッカー協会、スペシャル・リーグ、地域協会、都道府県協会の規定、決定に従わなければならない。
⑤監督、コーチは日本サッカー協会の上級コーチ資格を取得した者、もしくは同等の資格を有すると認められた者でなければならない。
⑥スペシャル・リーグ参加のチームはほかに一九歳以下、一六歳以下、一三歳以下のチームをそれぞれ持ち、それらのチームはその所属する地域協会、もしくは都道府県協会の主催するリーグ、大会に参加していなければならない。
⑦チームは日本サッカー協会登録審判員（一級）を最低一名役員として登録しなければならない。

第一次活性化委員会の答申をより具体化した内容だった。何よりの前進はこのスペシャル・リーグを九二年秋から始めると明記したことだった。この答申は激しい摩擦を引き起こすことになった。

川淵はこう振り返る。

「第二次活性化委員会の答申を評議委員会に出すと全反対だった。ごく一部の方が賛成していたんだけれど、そうした人の声は小さいんだよ。そんなのをやっても成功するはずないって、反対する人の声のほうが大きい」

特に反対していたのが、読売クラブの為郷恒淳だった。

読売クラブは「将来のプロ化」を目指すため、読売新聞、報知新聞、日本テレビ、よみうりランドが出資して設立されたサッカークラブだ。活性化委員会に参加していた日本テレビの浅野誠也もプロ化に前向きだった。しかし、読売新聞の為郷はそうではなかった。

「読売クラブは（グループ内から）四社から八億円ぐらいを集めて運営していた。よみうりランドの社長が銀行出身の人だった。彼の調査によると日本にサッカーは根付かない、将来性はないと言うんだ。だから、（プロ化という）いらんことをしてくれるなという感じだった」

よみうりランドの社長は、正力松太郎の次女をめとった関根長三郎だった。東京帝国大学（現・

東京大学）法学部から日本興業銀行に入った俊英である。ニューヨーク駐在の経験があった彼は、アメリカ合衆国のサッカー事情、アメリカとカナダにかつて存在した『北米リーグ』を調査していた。六七年に始まった北米リーグの立ち上げは華々しかった。ブラジルのペレ、オランダのヨハン・クライフ、西ドイツのフランツ・ベッケンバウアー、イングランドのジョージ・ベストなどの著名選手を世界中から集めた。しかし、野球やアイスホッケーなどの人気スポーツに押され、八四年シーズンで消滅していた。日本も同様の結果になるだろうと関根は結論づけていた。

川淵たちに運が残っていたのは、評議委員会の議長が日産自動車の副社長である細川泰嗣だったことだ。

「前のシーズンで優勝したチームの評議委員が議長になる。もし読売クラブが優勝していて為郷さんが議長だったらプロ化の話はなくなっていた」

細川は技術者出身らしい控えめで温和な男だった。彼は川淵にこう言った。貴方たちが考えているプロ化が正しい道かは私には分からない。ただ、若い人たちがやりたいならば応援する、と。

評議委員会では前に進まないと判断した川淵は、議論の場をサッカー協会に移すことにした。川淵はサッカー協会の理事でもあった。八九年六月の理事会に活性化委員会の答申を提出、プロリーグ準備検討委員会の設置を提案した。

しかし、サッカー協会にも反対派の手が回っていたと川淵は言う。

「それまで理事会で一度も発言をしたことがなかった人がプロ化は非常に難しいということを言い出した。それまでぼくはその人の声を聞いたことさえなかった。そこで、ぼくはこう言ったんだ。プロを作るとは言っていない、検討するのがどうして駄目なんですかと。そうしたら、川淵が言うんだからしょうがねぇなあってなった」

川淵の押しの強さで乗り切ったのだ。評議委員会では細川が為郷たちをやんわりと抑える形でプロリーグ準備検討委員会は走り出した。

八

全日空ＳＣに話を戻す。

八九―九〇年シーズンから、全日空ＳＣに前田の高校と大学の後輩が加入している。東海大学の岩井厚裕だ。

高校時代から脚光を浴びてきた前田と比較すると、岩井の歩みはずいぶん控えめだ。

川口市で生まれた岩井は地元の中学から東京の帝京高校に進んだ。帝京には一学年上の前田、広瀬治、平岡和徳などの有望選手が集まっていた。

「中学時代、無名だった自分はもう全然、箸にも棒にもかからない存在でした。先輩たちはすごかったし、まさかそんなところで出られるなんて思っていなかったです」

球拾いに追われていたある日のことだ。

「センターバックの先輩が（練習）試合中に怪我をしちゃったんです。すると、（監督の）古沼（貞雄）先生が、たまたま近くで球拾いをしていた自分に、お前出ろって。他にディフェンダーがいなかったんだと思います。帝京って上下関係が厳しいんです。ぼくが出て点を取られたら大変だと思って、とにかく必死にやりました」

ひたむきなプレーが評価されたのか、そこから試合に起用されるようになった。二年生時の全国高校サッカー選手権では清水東を下して優勝している。高校卒業後、東海大学を選んだのは上下関係が緩やかだったからだ。

「一つ上に前田さん、二つ上に矢藤（敏則）さんと帝京のラインもありましたし。せっかく大学に行くんだから体育の教員免許を取ろうと思って」

東海大学では二年生から試合出場、最上級生になると主将に選ばれた。卒業が近づき、全日空SCを含めた日本リーグの数チームから誘われた。全日空SCには前田の他、ゴールキーパーの石末と東海大学出身者がいた。

「そのとき、他のチームには先輩がいなかったんです。先輩がいれば心強いじゃないですか。その流れに上手く乗ったっていう感じですかね」

八九年四月、岩井は全日本空輸に入社した。配属先は新富町の予約センター、電話応対のオペレーターだった。まだコンピュータは一般的ではなかった。努力家の岩井はキーボードに慣れるために、紙にキーボードを書きタイピングの練習をした。一〇月から開幕した日本リーグ一部では、筑波大学から入った田口禎則とセンターバックに入り、全試合先発出場。このシーズン、全日空SCは日産自動車、読売クラブに続く三位に入った。

九

八八―八九年の二位、そして八九―九〇年の三位と二シーズン連続で好成績を残した全日空SCの中で、チームの顔ともいえる前田は浮かない表情だった。

八九―九〇年シーズンでは第八節までに三点を挙げたものの、それ以降は得点がない。先発しても途中交代、先発を外れることもあった。

「靭帯を伸ばしたり、鎖骨をやってしまったりというのもありました」

前田を悩ませていたのは怪我、そして日本代表と求められる役割が違うことだった。

「帝京（高校）って基本的にドリブルをあまりしちゃいけないんです。とにかくダイレクトで繋いでシュート。一方、（東海）大学ではのびのびとやらせてもらった。矢藤さんからパスをもらってディフェンダーを抜いてシュートとか。逆に言うとそれほど強くなかったから個で打開しなければならなかった。全日空も比較的自由なサッカー。南米的ですね。ところが代表ではそうではなかった」

監督の横山謙三が標榜していたのは、〝モダンサッカー〟だった。

「横山さんは（イタリアの）ACミランみたいな『三―五―二』。リベロに（当時、筑波大学の）井原（正巳）、サイドにウイングバックとして足の速い選手を置く。ワンタッチ、ツータッチでパスを速く繋ぐサッカーです。ぼくはドリブルでリズムを作りたいのにパスが来ない。ボールが来ても自分のところでノッキングしてしまう。自分のサッカーがまったくできなかった」

それでも八九年五月から始まったワールドカップイタリア大会アジア地区一次予選では全六試合のうち最後の北朝鮮戦を除く五試合で先発出場している。しかし、日本代表はまたもやワールドカップの切符を手にすることができなかった。その後、前田は八月一三日に三ツ沢球技場で行われたアルゼンチンのボカ・ジュニアーズ戦との親善試合を最後に日本代表に招集されなくなった。代わりに重用されるようになったのが、読売クラブの武田修宏、九〇年七月にブラジルから帰国する三浦知良だ。

全日空SCでのプレーも行き詰まっていた。

「（監督の）塩澤さんは結果がすべてというか、少なくともぼくには、やりたいサッカーが見えなかった。結局はアルゼンチン人選手頼みで、彼らと仲良くしないと試合に使われない。ぼくの場合は（日本）代表選手ということである程度、彼らはリスペクトしてくれた。でも同じポジションの（ネストール・オマール・）ピッコリとはまったく（息を）合わせることはできなかった。そんな感じだから、もう全日空（スポーツ）もこれじゃ駄目だと判断したんじゃないですかね」

翌九〇―九一年シーズンから、全日空ＳＣに〈顧問〉として加茂周が加わった。

加茂は一九三九年に大阪府豊中市で生まれた。父親は大阪毎日新聞の記者で、四人兄弟の三番目にあたる。これまで度々名前が出た加茂建の弟だ。

芦屋高校でサッカーを始め、関西学院大学へと進んだ。大学卒業後はヤンマーディーゼルに入社、二八歳で現役引退してコーチとなった。日本代表の釜本邦茂、ネルソン吉村らが所属した時代である。七四年、三四歳で神奈川県サッカーリーグ一部の日産自動車サッカー部の監督に就任。常勤嘱託の一年契約を結び、日本初のプロ契約指導者となった。日産自動車を県リーグから日本サッカーリーグ一部の強豪クラブへと引き上げ、八八―八九年シーズンを最後に退任していた。

八九年夏、加茂に声を掛けたのはゴールキーパーコーチの栗本だった。

「加茂さんが日産を辞めるという話が聞こえてきたんです。（全日空ＳＣ強化担当者の）雁瀬（耕一）は加茂さんと同じ関学（関西学院大学）だけど、まったく面識がなかった。栗さん、加茂さんのことどう思うっていうから、来てくれるんだったらいいんじゃないって答えた。そこで三人でご飯を食べることになった。確か銀座に行ったんじゃないかな」

栗本には加茂が全日空ＳＣに興味を示すという確信があった。

「全日空の提示した（金銭的な）条件は悪くない。さらにぼくは加茂さんが好きそうな選手を集めていた。岩井、田口、前田治、反町、キーパーの石末、そしてこの年から真田（雅則）も入った。東海大学四年生の（山口）素弘にも声を掛けていた。このとき、誰も素弘に目をつけていなかったんです。東海の一学年下には澤登（正朗）がいた。いずれ澤登も獲って、二人に中盤を任せるつもりでした」

加茂は翌九〇年三月にサッカー部を管轄する長谷川章と会い、六月に全日空スポーツと「顧問」契約を結んだ。ボイコット事件の後始末を担当した長谷川は全日本空輸の常務取締役となっていた。加茂が顧問という不思議な役職となったのは、九〇―九一年シーズンまで塩澤との契約があったからだ。

加茂は顧問就任直後、ＮＨＫの解説者としてワールドカップイタリア大会へ向かっている。加茂と同じようにＮＨＫから招かれていたのが川淵だった。

一〇

前年の一〇月、プロ化検討委員会は、日本リーグ一部、二部の全二八チームにプロリーグ参加の意思を問うアンケートを実施している。一一月末には一〇チームから参加希望という回答があった。翌九〇年三月に正式な参加条件を決定し、四月に日本リーグ一部、二部の全団体と都道府県サッカー協会を通じて各地の団体にプロリーグの参加意思確認文書を送付している。企業単体だけではなく都道府県のサッカー協会、自治体と話し合った上で、正式に参加表明するように促したのだ。ワールドカップのためイタリアに滞在していた川淵に日本から連絡が入った。六月半ばの段階で二〇もの参加希望の回答が届いているという。せいぜい一〇団体という川淵の予想以上だった。

帰国後の八月一三日、広告代理店の博報堂が所有する東京駅に近い会議室を借りて、参加希望団体へのヒアリングを始めた。

「電通と博報堂にプロ化するのを手伝ってくれと頼みに行ったら、電通はサポートはできないという返事だった。博報堂は若手社員がやりたいと話を上げたらしい。上の人はサッカーなんて分からない。社長だった磯邊（律男）さんが、若手が新しいものに取り組むのはいいことだ、思い切ってやりなさいとおっしゃってくれた。それから博報堂には全面的に世話になった」

始まりは手探りだったと明かす。

「こちら側は俺と長沼（健・サッカー協会会長）さんと村田（忠夫・サッカー協会専務理事）さ

んの三人。会社の中でどこの段階、取締役会などで参加決定をされていますか、などと聞いていく。選考基準とか、絶対に譲れない条件をヒアリングで掴んでいった」

プロリーグで大切なのはチケットを買ってスタジアムまで足を運んだ観客が満足する試合を続けることだ。質の担保と継続である。一二チームの日本リーグ一部リーグから二つ削った一〇チームが適正な数であると考えるようになった。

参加希望の二〇団体のうち、一つは実態がなかった。ペレの日本での引退試合に関わったペレスポーツの青山ヨシオが商機になると手を上げていたのだ。残った一九からどのようにして一〇に絞るか。

九月六日までに全二〇団体のヒアリングを終え、一二月三日から一二日に掛けて二度目のヒアリングが開催されている。ここでは赤字になった場合、親会社の補塡体制の確認が中心となった。

「プロリーグ参加は責任企業の取締役会などで決定されていますかと。日立などは上（層部）の決断がなかった」

この頃から〝責任企業〟という単語が使われるようになった。二度目のヒアリングの分水嶺となったのがマツダだった。マツダは前身の東洋工業サッカー部時代から日本リーグに加盟していた。しかしバブル経済崩壊で経営が悪化、主力銀行である住友銀行が経営に介入していた。

「マツダは、プロではやりません、申し訳ないけれどアマチュアのチームでやらせてくださいという返事をするために二回目のヒアリングに来た。理由を聞くと自動車業界の社長の集まりでサッカーのプロ化のために一〇年間は一〇億を（運営資金として）確保しなければならないという話を聞いたからだと。マツダは銀行の管理下に入っているので、そんなお金は出せない。広島にチームは欲しかったけれど、（マツダの）トップの決断だっていうから、やってくれとは言えない。フジタ工業に広島でやるならば（加盟を）認めるという打診をしたけれど、フジタのシェアは圧倒的に関東で、広島に行ったとしても市民のサポートが得られない、自分たちは東京でやりたいと」

応募してきた団体は関東圏が中心だった。広島のマツダが欠ければ、大阪以西が空白となる。地域密着を謳うプロリーグにとっては痛手だった。

しばらくして、川淵の早稲田大学サッカー部の後輩で東洋工業サッカー部出身の松本育夫から連絡が入った。マツダの経営陣が加盟したいと言い出したという。

「馬鹿野郎、大会社が一度結論を出したのに、簡単に変更するのかよって。社長の（正式な）承認を持って来たら考えてやるって言った」

内心はうれしくて仕方がなかったんだよと川淵は弾けるように笑った。

「日本リーグの企業チームで一番お金を出していたのが読売（クラブ）で、約八億円。日産（自動車）が五億円ぐらい。古河（電工）や三菱（重工業）は二、三億円、（責任企業は）年間四、五億円ぐらい負担してくれれば御の字だった。年間一〇億円かかりますとぼくは口に出したことはないんだ。ただ、その金額を念頭に置いて話ができるようになったので気持ちに余裕が生まれた」

一〇億儲かったという感じだったなと笑った。そしてすぐに笑いを収めてこう付け加えた。

「初めは一〇億円かかるけど、企業のPRになる。Jリーグが発展していくとこの金額はどんどん減っていき、最後はゼロになる。ゼロになったとき、一銭も出していないのに、このクラブはこの企業が作ってくれたんだと地元の人たちから感謝されますよと説明した。ぼくもそうなると信じていた」

二

プロ化検討委員会と並行して川淵は、地方自治体の首長と面会を重ねている。最初は、横浜市長の高秀秀信だった。高秀は北海道大学を卒業後、建設省に入省、事務次官を経て横浜市長となっていた。横浜市では全日空SCと日産自動車が立候補していた。

「高秀さんに三ツ沢（公園）球技場の観客席を一万五〇〇〇人にして欲しいと頼みに行った。するとプロが使うために観客席を増やすことは市民の納得を得られないという答えだった。そこで、我々が進めているのは単なるサッカーチームではなく、地域密着のスポーツクラブなんです、将来は地元の方々が色んなスポーツを楽しめる施設を日本中に作りたい、その中心になるのがプロのサッカークラブなんですと、後のJリーグの理念となるものをこんこんと説明した。そうしたら高秀さんは大賛成してくれた。高秀さんを説得したことがぼくの自信となった。それから色々と回っていくことになった」

実行委員の泉が川淵と近い関係であり、プロ化に理解があった全日空SCはプロ化検討委員会で優等生的な存在だった。そんな中、本拠地移転案も出た。

川淵の証言だ。

「神戸の市長がプロのチームを欲しいと言っているという話が聞こえてきた。神戸（市）には川崎製鉄のサッカー部があったんだけれど、製鉄会社はどこもプロ化をする気がなかった。神戸は日本におけるサッカー発祥の地の一つで、サッカーの街というイメージがある。泉に神戸へ行く気があるかと聞いたら、是非という話になった。神戸（移転）の方向で進めているときに、高秀市長から電話があった。横浜市に二つのクラブを置くということで三ツ沢球技場の増築に動いている、その前に全日空が移るという話が広がると困ると言われた」

一体どこから聞いたんだろう、誰にも言っていないのに漏れたんだよと苦笑いした。

兵庫県サッカー協会の会長だった高砂嘉之は運輸業を本業としており、〝ハマのドン〟こと港湾業を仕切る藤木幸夫と付き合いがあった。藤木を通じて高秀に情報が伝わったようだ。高秀の頼みを断ることはできないと、神戸市移転は消滅することになった。

翌九一年一月二一日に三回目のヒアリングが行われ、二月一四日、九三年春から始まるプロリーグに参加する一〇団体が発表された。「オリジナル10」である。その中には全日空スポーツの名前もあった。

目を引くのは全日空スポーツのみ本拠地が〈神奈川県横浜市、九州地区〉と二カ所になっていることだ。

茶話会のメンバーであり、日産自動車からJSL事務局長に転じていた佐々木一樹はこう振り返る。

「一番西がマツダの広島。九州には高校サッカーで強いチームがあるのに一つもない。（プロリーグ検討委員会では）なんとか九州エリアをカバーしたいというのがあった」

川淵は自分が泉に掛け合ったのだと言う。

「ホームタウンが一カ所だけならば客が入らない可能性がある。九州に一つもチームがないから、鹿児島に半分フランチャイズ（本拠地）を置かないか、飛行機で行けばすぐなんだからって話をした。泉は、いいよ、検討するって」

オリジナル10――一〇団体の中で七つは製造業の企業サッカー部を元にしている。残り三つは、全日空スポーツ、メディアの読売サッカークラブ、そして完全なクラブチームである静岡県の清水FCの三つである。これまで触れてきたように、ヨコハマトライスターは読売クラブのグラウンドを借りていた。清水ＦＣの静岡とはＦＣゴールからの関係だ。この三つがオリジナル10に入ったのは不思議な縁だった。

日本サッカーリーグ総務主事でプロリーグ化の実質を担っていた木之本興三は興味深い感想を自著に残している。

〈メーカーの基本的な考え方として明日、明後日に利益を得ようとするのではなく、10年、20年、30年と長いスパンで物事を推し進めていくというのがある。

荒れた土地の石を拾い、草をむしり、木の根を抜き、更地にして工場を建てる。原材料を仕入れて、製品を作り、それを売っていく。ヒット商品となっても、莫大な額の初期投資を回収するのに何年も掛かることが珍しくない。サッカーのチームと同じである。日々の地道な努力でチームをレベルアップさせ、長い年月を掛けて強豪、名門と呼ばれるチームに育て上げる。

メーカーの本業とサッカーのチームを強くすることは「よく似ているな」と思っていた〉（『日本サッカーに捧げた両足』）

製造業では工場などを建設する際、土地買収を含めた初期投資が必須で、かつ、雇用等で地元に責任を負う。地域密着を謳うスポーツクラブと親和性があったということだろう。

その点から考えると、各地に飛行機を飛ばす航空会社は根無し草のようなものだ。クラブの始まりが横浜市中区スポーツ少年団にあったにもかかわらず、神戸に心が傾いたこと、縁の薄い九州地区を第二フランチャイズとしたことは、リーグの意向だったとはいえ、いささか軽く感じられる。

二

前田治によると、九〇―九一年シーズンの途中から顧問の加茂周が、しばしば練習見学に来たという。

「チームの雰囲気を把握したいということだったようです。俺たちも、ああ、（来季から）加茂さんが監督になるんだという感じになってました。加茂さんが、こんな練習量じゃ勝てないと言っていると栗（本）さんから聞いていました。栗さんと加茂さんはすごく仲が良かったんです。午前午後で二部練（習）するという話だったのに、午前中ちょっと長めに練習したら、今日はもういいかと午後練（習）がなくなったり、ということもあった」

ある日、前田たち主力選手は加茂、栗本、そしてヘッドコーチに内定していた木村文治の三人から呼びだされた。

「（横浜市）関内のふぐ料理屋でしたね。選手は反町さん、石末さんたち五人ぐらいいたのかな。酒を飲みながら、色んな話をしようということでした」

前田が酌をしに行くと加茂は「ここに座れ」と隣りの席を指さした。そしてこう続けた。

「治のことは（帝京）高校から見ていたよ。全日空の一年目も良かった。でも最近、全然良くないな、お前、このままでいいのか」

前田は即座に「もちろん、これで終わりたくないです」と答えた。

加茂は前田の顔をじっと見た。

「わしはな、お前のためにこのチームに来たんだぞ」

お前を復活させるために来たんだと繰り返すと、「お前もそう思うんならば、やれ」とぶっきらぼうに言った。

「もしかして、みんなに言っていたのかもしれません。でも、この人がそこまで言ってくれるんだったら、ひと頑張りしたいって思うじゃないですか。ぼくはおだてられると木に登ってしまうタイプ。そんな風に言われて何もしないなんてありえないです」

加茂は新たな試みを温めていた。

この年代の例に漏れず、加茂は七〇年ワールドカップで優勝したブラジル代表に魅せられた人間だった。円熟期に入っていたペレ、爆発的な突破力のジャイルジーニョ、華麗な足技のリベリーノ、頭脳的なポジショニングのトスタン、キャプテンで右サイドバック、カルロス・アウベルト・トーレスなど才能ある選手を揃えた史上最強のブラジル代表である。ブラジル人の愛する、強くて華麗なフッチボウ・アルチ——芸術サッカーと同義になるチームだった。ところが四年後の七四年ワールドカップ、ブラジル代表はオランダ代表に敗れている。優勝はそのオランダ代表を決勝で破った西ドイツ代表だった。この大会から欧州の組織的なサッカーが主流になった。その流れが欧州に限らないと実感したのは、ずいぶん後の八九年七月のことだった。

日産自動車サッカー部監督を辞した後、加茂はコパ・アメリカが開催されていたブラジルを訪れている。そこでセバスチャン・ラザロニが監督を務めるブラジル代表に感銘を受けた。

〈ブラジルが勝った七〇年以降はスピードが上がる一方で、中盤がどんどん狭くなってきていた。七〇年のブラジルのような芸術的な技術をもってしても、それだけでは通用しないようになっていた。速く、シンプルで正確な技術を使い、速いサッカーをしないと通用しない。（中略）当時はまだ「コンパクト」という言葉は使っていなかったが、チームの最前線から最後尾までを一定の幅に保つプレーは、まさにコンパクトそのものだった。攻撃ではダイレクトパスを使って前に行くのがものすごく速かった。こうした戦術はヨーロッパでとくに発達したものだったが、ブラジルはそれを完全に消化し、しかもテクニックの高さはブラジルそのものだった〉（『モダンサッカーへの挑戦』)

加茂は日産自動車での最後のシーズン、リーグ、カップ戦、天皇杯の三冠を獲得している。しかし、自分のやってきた個人技頼みのサッカーは世界の潮流の中で時代遅れであることを改めて自覚した。全日空スポーツの雁瀬から誘いを受けたのはその直後だった。

加茂の理想とするサッカーを具現化しているチームがあった。イタリアのACミランである。

ACミランはロンバルディア州の州都ミラノを本拠地として一八九九年に設立された。五〇年代に賭博スキャンダルに関与し二部へ降格、その後は長らく低迷していた。八六年、実業家で後に首相となるシルヴィオ・ベルルスコーニが会長に就任し、クラブを大きく変えた。八七年にオランダ人選手のルート・フリット、マルコ・ファン・バステンが加入、監督にアリゴ・サッキを招聘した。この年、一〇年ぶりのリーグタイトルを獲得している。

ミランのサッカーの特徴は、最終ラインと最前線の距離を三〇から五〇メートルに保つことだ。そして相手ゴールに近い場所でボールを奪い、得点に繋げる。

加茂は顧問という助走期間を利用して、選手たちに助言を与えた。ディフェンダーの岩井厚裕はヘッドコーチとなる木村から、フランコ・バレージのプレーを見習えと言われたという。

イタリア代表のバレージはACミランの守備の要だった。一七歳で、ACミランの下部組織からトップチームに昇格。サッキ監督就任後は最後列で守備を統率し、攻撃の起点にもなっていた。

「今みたいにテレビで国外のサッカーが沢山観られる時代ではなかったんです。とにかく自分の目で確かめるしかないって、国立競技場までトヨタカップを観に行きました」

九〇年一二月九日、ヨーロピアン・チャンピオン・クラブズ・カップの勝者とリベルタドーレス杯の勝者によるインターコンチネンタル杯、通称「トヨタカップ」が行われた。この年はACミランとパラグアイのオリンピアの対戦だった。

このときミランはファン・バステン、フリットに加えて、もう一人のオランダ人、フランク・ライカールト、そしてイタリア代表のロベルト・ドナドーニ、アレッサンドロ・コスタクルタ、パオロ・マルディーニなどを擁した世界最強のチームだった。試合は三対〇でミランが勝利している。

翌九一年、四月から全日空SCに加入する二人の選手がアルゼンチンへ留学している。順天堂大学の大嶽直人、そして東海大学の山口素弘である。

山口は一九六九年一月に群馬県高崎市で生まれた。前橋育英高校から東海大学に進んだ。岩井の二学年下にあたる。一年生と四年生時に東海大学は全日本大学サッカー選手権で優勝、ユニバーシアード日本代表に選出された。卒業が近づくと多くのクラブからの誘いを受けた。

「新橋の焼肉屋で、加茂さん、全日空（スポーツ）の人と会いました」

それまで加茂と面識はなく、日産自動車サッカー部の黄金期を作り上げた監督という知識だけだった。

加茂の口から出たのは意外な言葉だったという。

――読売（クラブ）と日産（自動車）を倒すサッカーをする。やりたかったら来い。

山口はこう振り返る。

「他のチームの人は、みんな来てくれ、すぐにレギュラーになれると。来て欲しいから、良いことを言いますよね。でも加茂さんは違った」

最初は、なんやこのおっさんと思いましたと笑う。

「面白いことを言う人だと加茂さんに興味を持ちましたね。勝負師の怖さ、迫力を感じました。それが加茂さんの手だったのかもしれませんけど」

約一カ月のアルゼンチン留学から帰国、全日空SCに合流した。

「大学卒業前の三月から試合登録できたんです。監督は塩澤さんで、明るいチームだなという印象でした。一回だけベンチ入りしましたが、試合には出ていないです。その後、ぼくと大嶽はユニバーシアード（代表）に行きました」

九一年五月、シーズンが終了した。優勝は読売クラブ、全日空SCは七位だった。その後、加茂の監督就任でチームの雰囲気が一変したと山口は言う。

「加茂さんに、プロとは何かを叩き込まれました。お前らのプレーには生活がかかっているんだ、プロなんだから自分の足で金を稼げと」

練習を仕切ったのは、ズデンコ・ベルデニックだった。

ベルデニックは一九四九年に旧ユーゴスラビア、現スロベニアで生まれた。ユーゴスラビア二部リーグでプレーしたのち、指導者に転身した。ドイツ体育大学ケルンで知り合った祖母井秀隆の誘いで、彼が監督を務める北摂蹴鞠団の短期コーチを務め、加茂の誘いで全日空ＳＣのコーチに就任していた。

前田治は加茂＝ベルデニックのサッカーは、相手がボールを持ったときの守備が特徴的だったと評する。

「一人目がボールを奪いに行く。その空いたスペースに別の選手がスライドして、追い込んでいく。その選手の場所はまた別の選手が埋める。一人でもやらない選手がいたら機能しない。だから規律が大切だと口酸っぱく言われるようになった。練習時間でも一分一秒遅れても駄目だという風になった。当たり前のことなんですけれど、それでさえこれまでは徹底されていなかった」

組織での守備は今日では当然のことである。しかし、当時の日本のサッカー界はそうではなかった。

この頃、日本で初めて有料放送を行った衛星放送局『ＷＯＷＯＷ』がイタリアの一部リーグ、セリエAの中継放送を始めている。ベルデニックはACミランのサッカーを例にとり「ゾーナプレス」と選手たちに説明した。これを英語に直訳した「ゾーンプレス」は加茂のサッカーを象徴する単語となった。

岩井厚裕はこう振り返る。

「(相手ボールになったとき)まずディフェンスはサイドに追い込んでいく。そしてボールを持った選手を囲い込んで、プレスをかけて奪う。奪ったら縦に速くボールを出して攻める」

守備から攻撃への速い切り替えである。

ベルデニックは練習中、笛を吹いてプレーを止め、動き方に細かく指示を出した。一部のアルゼンチン人選手がベルデニックの手法に激しく反発した。彼らは東欧を格下だと考えており、ベルデニックに細かく指示を出されることが許せなかったのだ。

「(ぼくは)不満はなかったです。それをやらないと試合に出られないので」

岩井の印象に残っているのはベルデニックに「時に長いパスを狙え」と指示されたことだ。ボールを奪ったあと、近くにいる中盤の選手に渡すだけではなく、状況によって前線の選手にパスを出せというのだ。

守備の選手も攻撃を意識しろという指示を受けたのは初めてだった。見本はやはりバレージだった。テレビ映像で最後列のバレージの動きを確認するのは限界があった。後に岩井はバレージの一挙一動を確認するためにイタリアまで足を運ぶことになる。

日本サッカー全体が動き出していた。

九一年六月、二〇〇二年ワールドカップ日本招致委員会が立ち上がっている。翌七月、プロサッカーリーグの正式名称は「Jリーグ」と決まった。

九月一五日、最後の日本リーグが開幕した。全日空SCは第一節で松下電器に一対一で引き分け、その後、ヤマハ発動機に三対四、日産自動車に〇対一、読売クラブに〇対一で敗れた。ようやく初勝利を挙げたのは、第五節の日立戦だった。

選手はプロとアマチュアの間で揺れ動いていたと反町は言う。

「読売クラブはもうみんなプロだった。大学に通いながらプロ契約を結んでいた菊原（志郎）のような選手もいた。日産（自動車）も全員の選手とプロ契約を結ぶという方針だった。一方で、プロ契約の選手に加えて、暫定的に社員選手を認めるというクラブもあった。試合前、松下（電器）の永島（昭浩）や三菱（重工）の福田（正博）とか社員選手と、お前、どうするんだって話をした。永島はプロでやる、福田は最初、社員選手でやると言っていたのかな」

反町は前年の九〇年七月に行われたダイナスティカップで日本代表に選出されており、永島や福田たち、他のクラブの選手と付き合いがあった。九月に北京で行われたアジア競技大会から、日本代表に読売クラブのラモス瑠偉、そして三浦知良が呼ばれている。

「知良はだいたい同じ時期に代表に入ったから、よく話をしたね。あっ、こういうのが本当のプロなんだなっていう感じだった。彼の家にも遊びに行ったけど、良いマンションに住んで、良い車に乗って。芝生の上では同じ立場だけれど、他の境遇は俺とはまったく違うなって見ていた」

反町自身はプロ契約に移行する気はなかった。

「うちの親父もサラリーマンで定年退職するまで同じ会社にいた。それが普通だという固定観念があったんだろうね。全日空は風通しのいい会社で、バブルの真っ只中だったので待遇も良かった。仕事でも信頼されているという感覚もあった。辞めてプロになるという気は毛頭なかった」

すでに二〇代半ばを超えており、現役生活はそう長くない。俺はそのまま会社員としてサッカーを続ける気だと永島たちに言うと、そうだよな、全日空いい会社だもんな、という答えが返ってきた。

九二年三月、第二二節のトヨタ自動車戦を〇対〇で引き分け、最後の日本リーグは一二チーム中八位で終了した。四月、チーム名が全日空SCから「横浜フリューゲルス」となっている。

この年の九月からJリーグの前哨戦にあたるヤマザキナビスコカップが始まった。Jリーグに参加する一〇クラブがリーグ戦を行い、上位四クラブが決勝トーナメントに進出する。フリューゲルスは予選リーグ、二勝七敗で最下位に沈んだ。

加茂の導入した決まり事が消化不良だったと前田は考えている。

「ゾーンプレスって立ち上がりの一〇分ぐらいまで機能しても、だんだん運動量が落ちるので、守備のずれが大きくなっていく。特にヴェルディはパスを繋ぐのが上手い。（集団でプレスを掛けて）ボールを取りに行っても、いなされる。チンチンにやられましたものね」

九月五日、茨城県の笠松運動公園陸上競技場で行われた鹿島アントラーズ戦では二対四と惨敗、観客席から「金返せ」と罵声を浴びせられた。

「チーム内でもゾーンプレスは無理じゃないかという声は出てました。加茂さんはミーティングで、これをやり続ける、できるようになれば五年、一〇年勝てるチームを作れると言っていた。ぼくらはこの言葉を信じるしかなかった」

そして翌年五月のJリーグ開幕を迎えることになった。

第3章

ブラジル人トリオ獲得の「裏側」

1993-1994

写真：Getty Images

加茂周は編成にも深く関与し、中長期的視点でチームを作り上げようとした。

一

九三年五月一五日夜を前田治は鮮明に覚えている。

この日、横浜フリューゲルスの選手は三ツ沢公園球技場で行われる清水エスパルスとの試合に備えて、新横浜プリンスホテルに宿泊していた。チームで食事を済ませた後、前田は部屋に戻った。開幕節の五試合のうち、ヴェルディ川崎対横浜マリノス戦だけが一日前倒しで先行して行われることになっていた。その試合を部屋のテレビで観戦するためだった。

国立競技場は五万九〇〇〇人以上の観客で満員になっていた。観客席では、ヴェルディのチームカラーである緑色、マリノスの青と赤と白の旗が振られて、歓声が地鳴りのように響いた。いよいよプロリーグが始まるのだと鳥肌が立った。試合前のセレモニーではピッチに壇が置かれ、クラブの大きな旗が並べられていた。Jリーグチェアマンの川淵三郎が壇上で開幕を宣言した。前田の頬に涙が流れていた。

日本リーグ最後の二シーズン、前田は鎖骨骨折、靱帯損傷により満足な結果を残せていなかった。大学時代まで捻挫の経験さえなかった。九一―九二年シーズンに靱帯を痛めたときは、なぜこう怪我が続くのかと天を仰いだこともあった。開幕に間に合ったという喜びを噛みしめていたのだ。この夜は興奮してなかなか寝付けなかった。

「他の選手も落ち着かなかったでしょうから、マッサージの部屋に集まっていたかもしれない。ぼくは部屋に一人でいました。気がついたら一時になっていた。やばいと思って、ベッドに入るんですけれど、眠れない。うとうとして少し寝て、朝かと思って時計を見たらまだ二時半でした。何回もそんな風に目が覚めるんです」

翌五月一六日、三ツ沢公園球技場には一四一二六人もの観客が集まっていた。観客席がエスパルスのチームカラー、オレンジ色で埋め尽くされていた。

「七割ぐらいエスパルス（のサポーター）。おいおい、ここはどこのホームだよっていう雰囲気でした」

どこかで同じ体験をしたことがあると思った。八四年一月八日の高校選手権決勝の清水東戦だった。清水東は前年度、高校選手権を優勝しており、国立競技場の観客席の九割は清水東の連覇を望んでいた。強気な前田はここで点を獲れば目立つと自らを奮い立たせた。帝京高校は前田の得点により一対〇で勝利している。清水東のフォワード、武田修宏を押さえたのは二年生の岩井厚裕だった。エスパルスにはあのときの清水東の主力選手だった長谷川健太、大榎克己、そして堀池巧がいた。

フリューゲルスの先発メンバーは以下の通りだ。

ゴールキーパーは森敦彦、ディフェンダーに薩川了洋、渡辺一平、岩井、高田昌明、ミッドフィールダーに山口素弘、モネール、反町、そしてエドゥー・マランゴン。フォワードは九番をつけた前田とブラジル人選手のアンジェロ・カルロス・プレティ。ベンチにはサングラス、銀色のネクタイの加茂周が座っていた。

先手を取ったのはフリューゲルスだった。左サイドから前田がボールを持ち込み、ゴール前のアンジェロにパスを出した。アンジェロは右足で軽く合わせ、ゴールへボールを流し込んだ。前半終了間際にエスパルスのエドゥー・マンガのゴールで同点に追いつかれたが、後半にモネール、そして前田が決め、三対二で勝利した。

三点目、前田の得点は加茂＝ベルデニックが目指していた形だった。複数で相手選手を囲み奪い、すばやくゴール前まで運ぶ。お前のためにここに来たと言ってくれた加茂の期待に応えることができたと前田はほっとした。

岩井もこの開幕戦をよく覚えている。

「（ピッチの中で）右行け、左行けって指示を出すんですが、観客席の声がすごくて、その声が聞こえない。まずいなって思いましたね。ポジショニングは、我々のサッカーの生命線でしたから」

岩井たちは身振り手振りで意思疎通することで、なんとか乗り切った。

二

ベンチに座っていたフィジカルコーチのエルシオ・ミネリ・デ・アビラも手応えを感じていた。

エルシオはシーズン前の記者会見で、前年のナビスコカップで最下位だったことを受けて、加茂の掲げるゾーンプレスに懐疑的な質問があったことが印象に残っている。成績が振るわなかったことでゾーンプレスがやり玉にあげられたのだ。

「選手たちは加茂さんがやりたいサッカーを理解していた。しかし、身体がついていかなかった。ヨーロッパや南米では一四歳ぐらいから筋力トレーニングを練習に取り入れている。しかし当時の日本はそうではなかった。だから、特にキャンプのときは激しく選手を追い込んだ」

そもそも日本人選手には、近代サッカーに耐えうる走力がなかったとエルシオは言う。足元の高い技術、即興性に目が行きがちであるが、ブラジル代表の選手たちには高い走力があった。心拍数を計測する機器を導入し、サイドバックのカフーたちの走行距離の数値と比較した。

ほとんどの選手は熱心にトレーニングに取り組んだが、元ブラジル代表のエドゥー・マランゴンだけは違ったという。

「ランニングで後ろにいたはずなのに、いつの間にか一番前を走っている」

走るのが嫌いな彼は近道をしていたのだ。セレソン（ブラジル代表）経験のあるお前がそんなことをするのかって、口喧嘩になったこともあったとエルシオは苦笑いした。

カルロス・エドワルド・マランゴンは一九六三年にサンパウロで生まれた。八四年にポルトゲーザとプロ契約、八七年にブラジル代表に選出され、アルゼンチンで行われた南米選手権に背番号一〇をつけて出場している。このときのブラジル代表にはドゥンガ、ロマーリオ、ジョルジーニョ、ライー、ミューレル、カレッカなどがいた。九四年アメリカワールドカップで優勝するチームの骨格となる選手たちである。層の厚いブラジル代表でエドゥー・マランゴンの出場は九試合に限られていたが、左利きの名手として一目置かれる存在だった。特にフリーキックの技術は世界屈指だった。

エドゥー・マランゴンはイタリアのトリノ、ポルトガルのFCポルト、そして母国ブラジルのフラメンゴなどを経て、Jリーグ開幕に合わせて横浜フリューゲルスに加入した。九四年四月、ジュビロ磐田戦とベルマーレ平塚戦では、四〇メートルの距離からのフリーキックを決めている。彼の左足から放たれたボールは糸を引くようにゴールに吸い込まれた。

山口素弘はこう振り返る。

「エドゥーは喜怒哀楽が激しくて、気難しい面がありましたね。試合中にレフェリーに怒ったり。左足一本で生活しているというか、フリーキックへのこだわりがすごかった」

全体練習が終わった後、エドゥーがフリーキックの練習をしていた姿が印象に残っているという。

「あれだけのクオリティのキックを持っているんだから、練習の必要があるのかと思うんですけれど、違うんですよね。ルーティンとして毎日、フリーキックとPKの練習をしていた。だから信じられないようなキックができる」

フリーキックの練習をしようという気はなくなったと肩をすくめた。

「もし、ぼくが蹴れるようになったとしても、彼は絶対に譲ってくれないでしょう」

エドゥーのキックを間近で観察することで学びもあった。

「あれだけすごいキックが蹴れるというのは、足が太かったり、下半身ががっちりしているというイメージがありますよね。でも彼はそうではない。身体も細くて優男という風情でした。フリーキックというのはパワーではなく、（ボールを蹴る瞬間の）インパクトなんだって思いました」

三

Jリーグが始まった直後、九三年六月に週刊ポスト編集部に配属となったぼくにとってもエドゥー・マランゴンは強い印象を残した選手だった。

週刊ポストを発行する小学館はJリーグのオフィシャルスポンサーだった。会社として想定していたのは週刊『少年サンデー』の読者など若年層への訴求だっただろう。加えて、中高年のビジネスマン向けの週刊ポストでも『Jリーグ沸騰コラム』という二頁の連載が始まっていた。ぼくが編集部へ異動すると、上司から「サッカーのルールを知っているか」と訊ねられた。小学校から高校の頭までサッカー部でしたと答えると、「じゃあ、お前でいい」と連載担当となったのだ。

Jリーグは社会現象となっていた。まず人気となったのは、鹿島アントラーズに所属する薄毛のフォワード、アルシンド・サルトーリだった。アルシンドの取材申請のため、鹿島の広報に電話したが、試合翌日だったせいか、繋がらない。問い合わせが殺到していたのだ。そのうちに彼の取材謝礼が一〇万円だと伝わってきた。報道では基本的に謝礼は発生しない。日本ではフジテレビ系の『プロ野球ニュース』が選手の歓心を買うため現場で出演料を払っていた。テレビで報道と娯楽番組の区分があいまいだった。その流れがJリーグに及んでいた。

ずいぶん後になって、パラグアイ国境に近いブラジルのイグアスにあるアルシンドが経営する牧場を訪ねたことがある。「昔、君に取材を申し込んだら一〇万円払えと言われたんだ」と冗談めかして言うと、「俺はそんなこと一度も要求したことがないよ」と怪訝な顔をした。取材の数を絞るため、広報がわざと金銭的な要求をしていたのかもしれない。

編集部の人間から、チケットを取ってくれないかと頼まれることもあった。首都圏で最も人気のないクラブ——ジェフユナイテッド市原の試合でさえ、手に入りにくいプラチナチケットになっていた。関係者に頼めば手配可能だったのかもしれないが、当時のぼくにはそうした人脈はなかった。

あるとき、フリューゲルスの練習の見学に出かけた。その日は二チームに分かれてミニゲームを行っていた。中心はエドゥー・マランゴンだった。彼は中盤の下がり目でボールを受けると、左右のタッチラインぎりぎりに走る選手の足元に長いパスを通した。後年、モネールと食事をする機会があり、エドゥー・マランゴンのパスの精度に驚いたという話をした。するとモネールはそうなんだよ、彼はすごかったね、と目を見開いた。

スタジアムでエドゥー・マランゴンがフリーキックを決めたのを目の当たりにしたこともある。ぼくは大学生時代から、欧州と南米のクラブチームの世界一を決めるトヨタカップを観るために国立競技場に行っていた。エドゥー・マランゴンはその中に入っても遜色ない選手だった。Jリーグが始まり彼のような選手を日常的に観ることができるようになったと思った。

そのエドゥー・マランゴンにようやく会えたのは、二〇一〇年三月のことだった。


九九年末、ぼくは出版社を退社した。まず世界を自分の眼でみようと決めていた。会社員として編集部にしばりつけられる生活に辟易としていたのだ。主たる行き先は南米大陸だった。一年間を掛けてすべての国を回ったとはいえ、知らないことだらけであることを認識していた。中でもブラジルは乱雑で生命力に溢れた、様々な意味で日本とはさかさまな国である。そこにぼくは惹かれた。

二〇〇〇年代の十数年間、ぼくはほぼ毎年、ブラジルを取材で訪れている。中には三度行った年もあった。ブラジルで使われているブラジル・ポルトガル語の抑揚は、日本語と似てゆったりとしている。フランス語のように単語と単語が繋がることもなく、英語ほど各国の強い訛りもない。ブラジル滞在はのべ二年以上となり、日常会話で困ることはなかった。ただ、取材は別だ。人は大事な話になると興奮し、早口で聞きとりにくくなる。

また、質問の言葉の選択は難しい。相手に失礼がないよう、かつ的を外してはならない。とはいえ通訳を挟み込むと会話の流れが途切れ、熱が落ちてしまう。そこで友人である日系二世の写真家、西山幸之たちに質問を翻訳してもらい、答えは聞き取れない部分だけ説明を加えてもらうことにした。取材全体は後日、録音を聞き返して起こす。この手法はスペイン語圏、英語圏でも使うようになった。

異なる言語、文化背景を持つ人間に対して、質問意図を的確に伝えるのは難しい。まずは質問の日本語を研ぎ澄ませることだ。西山たちにきちんと伝わる言葉を選んだか、録音を聞きながら自分の質問を反芻することになった。こうした取材経験が取材者としてのぼくの足腰を鍛えることになった。

エドゥー・マランゴンの取材にも西山が同行した。このとき、彼はブラジルの海沿いの街、サントスに住んでいた。サントスの海岸は、リオ・デ・ジャネイロのように五つ星のホテルが建ち並ぶきらびやかさはなく、のんびりとした素朴な空気が流れている。エドゥー・マランゴンの自宅は白いタイル張りのビルだった。最上階には小さなプールとシュハスコ、つまりバーベキューができる一角が設けられており、プードルが寝そべって小さなボールを囓っていた。

階段の壁にはフリューゲルス時代のポスターが額に入れて飾られていた。当時の話になると、彼は顔をほころばせた。

「ぼくはあのチームで最も才能を買っていたのは山口だった。彼は真面目な男でいつも練習していた印象がある。印象に残っているのはレゲエの森（敦彦）。彼は現役引退後、レゲエをやっているんだろ」

ドレッドヘアのゴールキーパー、森敦彦は「レゲエ君」と呼ばれていた。

「もう一人、サテライトにすごくいい選手がいた。ぼくが面倒を見るからトップチームに上げたらどうかって加茂さんに言った。前園（真聖）だ。彼にはぼくのフリーキックも教えた。ただ、彼はちょっと練習すると、疲れたって言うんだ。まだまだって練習させた思い出がある」

前園は一九七三年に鹿児島県で生まれた。鹿児島実業時代は三年連続で全国高校サッカー選手権大会に出場、二年生のときには準優勝という結果を残している。高校卒業後の九二年にフリューゲルスに加入。Jリーグ開幕前、アルゼンチンのヒムナシア・ラ・プラタに二カ月の短期留学をしている。五月二一日にトップチーム登録、直後の第四節の名古屋グランパス戦にベンチ入りした。その後、第七節、六月五日のヴェルディ川崎戦で途中出場、第九節から先発に名を連ね、主力となっていく。

四

岩井は九二年四月に全日本空輸を退社、プロ契約を結んでいた。

「(ヘッドコーチだった木村)文治さんから、お前、そろそろサッカーに専念しないかと言われました。入社当時にいたオペレーションセンターは、派遣(社員)の方たちがやるということで、東京駅の目の前、ヤンマービルにあった本社の総務課に移っていました。自分が会社に行ってもやる仕事はあまりなかった」

加茂が監督に就任してから、一日に二度の練習——二部練の日も増えていた。

「来たり来なかったりするんで、会社としては継続性のある仕事は任せられない。このままでいいのかなと思っていました。一方、サッカーのほうは比較的上手くいっている。それで親を含めて色んな人に相談しました」

あと何年現役をできるんだ、人気ナンバーワン企業の全日本空輸の社員でいたほうがいいのではないかと助言する人もいた。岩井はこのとき二五歳だった。安定を考えれば全日空に残ったほうがいい。しかし、サッカー選手として勝負してみたいという気持ちがあった。最終的に背中を押したのは帝京高校の恩師、古沼貞雄の言葉だった。

「古沼先生に今、プロ契約しないかと誘われて迷っているんですって相談したんです。そうしたら古沼先生は、俺たちぐらいの年だったら、もう先がないけど、お前はまだ二〇代だろう、これから先が長い。サラリーマンは安泰だっていう人もいるかもしれないが、そうとも限らない。折角サッカー頑張って来たんだから、やってみたらいいじゃないか、と」

Jリーグが開幕すると、それほど親しくなかった人間から連絡が来るようになった。

「チケット取ってくれというんです。もうびっくりしましたね。特にヴェルディ戦が欲しい、チケットが取れないっていうんです。それまでの日本リーグの閑散とした観客席を知っているから驚きでした」

練習グラウンドに行くと若い女性が待ち構えており、サインを求められた。自分ではない人間になったかのようだった。

「とはいえ、ぼくはすでに結婚して家庭もありましたし、生活は何も変わりませんでした」

この熱狂はいつまで続くのだろうと冷めた目で見ている自分がいた。

「(モータースポーツの)Ｆ１がすごく流行りましたね。しかし、長く続かなかった。そのとき日本人が盛り上がるのは三年だけだって言われていたんです」

全日本空輸の社員選手の道を選んだ反町も、この渦に引き込まれた。

開幕時点で社員選手だったのは、反町の他、ゴールキーパーの石末、ディフェンダーの堀直人の三人だった。

反町はこう振り返る。

「(ヤマザキナビスコ) カップ戦はやっていたけど、そんなに客は入っていなかった気がする。翌年からJリーグが始まるけど、あまり上手くいかないんじゃないかって思っていた。プロ選手になったとしても、リーグ自体がなくなったら路頭に迷うなと考えたことを覚えている」

慶応大学に一般入試で入り全日本空輸の社員である反町は、爽やかな外見も相まって、フリューゲルスの都会的で軽やかな印象を体現していた。愛車であるサーブのカブリオレに乗った写真を何かの雑誌で見たことがあるとぼくが言うと、反町は「あれ、見栄張って買ったんだよ」と照れ笑いした。

「(独身、都心に住む)サラリーマンなんだから車なんか必要なかった。でも(プロ契約をしている)周りがどんどんいい車に乗るようになる。すると、なんだよって風になるよね。当時は車のローン(の利率)も高かったので、親父にお金を借りて買った」

一部上場企業の社員とはいえ、年俸が一億円に届こうとする選手たちとは収入が違う。あるとき、反町の日常にテレビカメラが密着した。彼は世田谷区の等々力渓谷に近い六畳のワンルームマンションに住んでいた。荷物が入りきらず、洗濯機用の電源に繋いでベランダに置かれていた冷蔵庫がテレビに映し出された。窓からの景色で場所が特定されてしまい、マンション前に反町を待つ人が集まるようになった。

「サインくださいとか写真撮ってくださいとか。ああ、家まで突き止められてしまったかと。結局、引っ越すことになった」

反町が初得点を挙げたのは第一三節、六月二六日のサンフレッチェ広島戦だった。その二日後、二八日に全日本空輸のポスター撮影が行われた。反町のポスターは四〇〇〇枚刷られ、全国の空港に貼られた。

やがて反町は社員選手として取りあげられることに嫌気が差すようになった。

「社員選手ということで、下駄を履かせてもらうんじゃなくて、同じ舞台に立ちたい。二〇代後半に差し掛かっていたけれど、一年でも二年でもいいからプロでやってみたいと思うようになった。最初はJリーグ（の将来）は不透明だと思っていたけれど、肌感覚として間違いなく成功するなと。引退後もサッカーに関わる仕事、ビジネスチャンスがあるんじゃないかなと思うようになった」

Jリーグ一年目の九三年シーズンはファーストステージとセカンドステージという二シーズン

制を採用していた。七月一四日に終了したファーストステージ、フリューゲルスは七位で終わった。

この年、日本のサッカー界にとって大切な大会が予定されていた。翌九四年にアメリカで行われるワールドカップのアジア地区最終予選である。

初めてのワールドカップ出場権を手に入れることはプロリーグ化の大きな成果となる。並行してサッカー協会が進めていた日本でのワールドカップ開催に弾みがつくはずだった。このアジア地区最終予選のためにJリーグの中断期間が短縮され、七月二四日からセカンドステージが始まった。

セカンドステージ途中の八月二五日、ラウル・アマリージャがフリューゲルスに加入している。アマリージャは一九六〇年、パラグアイの首都アスンシオンの衛星都市の一つであるルケで生まれた。銀細工で知られる静かな街である。地元のクラブ、スポルティング・ルケーニョとプロ契約、その後、スペインリーグ一部のラシン・サンタンデール、レアル・サラゴサ、FCバルセロナでプレーした。FCバルセロナ時代にはスペインリーグ優勝経験もある。

八八年に母国のオリンピアに移籍、九〇年の南米大陸のクラブ王者を決めるリベルタドーレス杯の優勝に導き、南米年間最優秀選手に選ばれた。一二月、トヨタカップで欧州クラブ王者であるACミランと対戦、〇対三で敗れていた。フランコ・バレージのプレーを参考にするため岩井が国立競技場まで足を運んだ試合である。ここで全日空SCの強化担当者の目に留まったのだ。

ブラジル代表だったジーコ、西ドイツ代表のリトバルスキー、あるいはイングランド代表だったリネカーたちと比較して日本での知名度が低いのは、ワールドカップ出場がないからだろう。彼はパラグアイとスペインの二つの国籍を持ち、サラゴサ時代に二一歳以下のスペイン代表の試合に出場した。この経歴により、パラグアイ代表の権利を喪失することになった。

アマリージャ獲得に動いていることを聞いた加茂は「いい選手であることは分かっているが、本当に獲れるのか」と半信半疑だったという。代理人として動いたのは、アルゼンチン在住の北山である。アマリージャは金銭的条件より、監督がどのようなサッカーを目指すのかを聞いてきた。そして拍子抜けするほど、すんなりと契約に進んだ。アマリージャは九三年九月二五日のヤマザキナビスコカップの磐田戦から先発出場している。

一〇月、カタールのドーハでアジア地区最終予選が行われた。

フリューゲルスからはディフェンダーの大嶽直人が登録メンバーに入っていたが、ベンチ入りはしていない。日本代表は最終戦のイラク戦のロスタイムで失点し、得失点差でワールドカップ出場権を逃した。いわゆるドーハの悲劇である。

セカンドステージ終盤の一二月に始まった天皇杯では一回戦でJFLの田辺製薬サッカー部を、二回戦で浦和レッズ、そして準々決勝でヴェルディ川崎、準決勝でサンフレッチェ広島を下して、決勝に進出した。セカンドステージを七位で終えていたフリューゲルスにとって、存在価値を示す絶好の機会だった。

決勝戦の相手は、ファーストステージを制した鹿島アントラーズだった。

五

九四年一月一日、国立競技場には五三五四〇人もの観客が詰めかけた。

ゴールキーパーは出場停止の森に代わって石末龍治、ディフェンダーは大嶽直人、岩井厚裕、薩川了洋、中田一三、中盤に山口素弘、高田昌明、前園真聖、そしてエドゥー・マランゴン。フォワードは前田治とアマリージャである。

前田はアマリージャを、あんなに素晴らしい相棒はいないですよと絶賛する。

「(一八九センチという)身長、技術はもちろんですが、サッカー選手としての器が大きい。人間的にも素晴らしい。自分で突破するときもあれば、上手くぼくを使うときもある。一流だから余裕があるんですよ」

アマリージャが真ん中でボールを収め、俊足で運動量のある前田が彼の周囲を走り回る。

「九〇分、チームとしてプレスを掛けるのは体力的に無理。チームとしてプレスを掛ける時間とそうでない時間を使い分けなければならない。アマリージャが入った辺りから、ゾーンプレスが噛み合うようになった」

決勝の対戦相手、アントラーズはセカンドステージでも四位に入っていた。先発は、ゴールキーパーに古川昌明、ディフェンダーは秋田豊、大場賢治、奥野僚右、大野俊三、中盤が本田泰人、サントス、石井正忠、前戦にアルシンド、黒崎比差支、長谷川祥之。ジーコは怪我で欠場している。

先手をとったのは鹿島だった。

前半六分、アルシンドからこぼれたボールを黒崎が右足でゴールに蹴り込んで先制点を挙げた。

前半終了直前、鹿島のディフェンダーのクリアミスをエドゥー・マランゴンが拾い、ゴール前にボールを上げた。前田がそのボールを追いかけると、慌てて飛び出してきたキーパーの古川と交錯。前田は胸部を強打し地面に叩きつけられた。このプレーによりフリューゲルスはペナルティキックを獲得した。これをエドゥー・マランゴンが左足で決めて同点に追いつく。

さらに後半一六分、前園が勢いのあるドリブルでペナルティエリア内までボールを持ち込んだ。たまらず鹿島の大場がスライディングして足を掛けてしまう。レッドカード、退場である。このペナルティキックをエドゥー・マランゴンが左隅に決めた。

一人少ない鹿島に一点を先行するという圧倒的に有利な状況となった。定石ならばフリューゲルスは守りを固め、時間稼ぎで相手を焦らせて、じわじわと真綿で首を絞めるように勝利を確定させる。しかし、この頃のJリーグは観客席の熱気がピッチに伝わっていたのか、選手たちは無理をして得点を取りに行くことがあった。そこでめったにない展開がしばしば起きていた。この試合もそうだった。

後半終了間際、アルシンドがフリーキックでゴール前にボールを蹴りいれた。そのボールを両チームの選手が競っているうちに、左サイドにいた鹿島のディフェンダー、奥野の前に転がった。奥野が右足を振り抜くと、ボールは一直線にゴールの隅に吸い込まれて行った。二対二の同点となり、試合は延長戦に入った。

流れは追いついた鹿島にあった。フリューゲルスのシュートはことごとく古川にはじき返された。延長後半五分、アルシンドが左サイドからフリーキックを蹴った。ゴール前に走り込んだのは、またもや奥野だった。このときは奥野の頭に当たったボールを、フリューゲルスのキーパー、石末が弾き出した。

サッカーには箴言がある。その一つは、決めるべきときに決めておかなければ、流れが相手に傾く、だ。このヘディングシュートが外れたことで、鹿島にかかっていた魔法が霧散した。一人少ない鹿島の守備に隙間が目立つようになった。

二分後、エドゥー・マランゴンのフリーキックに途中出場の渡辺一平が頭に合わせてゴール。さらに前田のシュートをキーパーが弾き、アマリージャが押し込んで二点差、直後にアマリージャが二点目、終了間際には途中出場の反町が得点を決めている。六対二でフリューゲルスは全日空SC時代を含めて初めてのタイトルを獲得した。加茂にとっては四度目の天皇杯戴冠となった。

六

天皇杯決勝での六点目が反町のフリューゲルスでの最後の得点となった。

夏頃から反町の出場機会は減っていた。中盤のエドゥー・マランゴン、山口、高田が固定され、四人目を前園、桂秀樹と競っていた。途中起用、本来のポジションである攻撃的な中盤ではなく、守備的な中盤――ボランチで起用されることもあった。

「ボランチでも結構、点を取っていたので、自分なりに活路は見出してはいたんです。ポジションについて不満はなかったんだけれど、やはり最初から出たいというのが当たり前」

プロ契約ではない自分は、みなと対等ではないという負い目が次第に大きくなっていた。

「居場所がないという風には思ってた。試合後、悔しさでシャワーを浴びながら何度か泣いたこともあった」

天皇杯が終わったある日の練習後、反町は加茂がいつも立ち寄るファミリーレストランを訪れている。

フリューゲルスを辞め、他のクラブとプロ契約を結ぶことを考えていると反町は切り出した。

「移籍するチームは決まっていなかった。もう一年社員選手としてやってくれということはチームから言われていたんです。ただ、このチームでの自分の仕事は終わったような気がしていた」

加茂には意外な言葉だったのだろう、うーんと唸ると黙った。しばらく考えた後、「ソリのことを戦力の外には考えていない」と返した。

「できればうちのチームでやって欲しい。ただ、試合に出られるかどうかは来シーズンが始まってみないと分からない」

言外にフリューゲルスとのプロ契約は後押ししないという意図を反町は感じた。加茂は、お前のことを考えたら他所でやるのもいいかもしれないとも言った。この言葉で全日本空輸の退社を決めた。

「全日空スポーツへの出向扱いだったので、退社手続きはそんなに大変じゃなかった記憶がありますね」

移籍先はベルマーレ平塚となった。平塚は翌シーズンからのJリーグ入りが決まっていた。岩本輝雄など若手選手が多い平塚は、反町の経験を評価したのだ。

社員選手だった堀は一月末に現役引退し、社業に戻った。石末は二月二八日付で退社し、プロ契約を結んだ。これによりフリューゲルスは全選手がプロ契約となった。

加茂が反町のプロ契約に口を濁したのは、すでに来季の構想が固まっていたからだ。ブラジル人のバウベル・ダ・シルバ・コスタ、そして三浦淳宏が青山学院大学を中退して加入することになっていた。

バウベルは九一年、二〇歳で南部ヒオ・グランジ・ド・スールのサンタクルスとプロ契約した。翌九二年にサンパウロ州のモジミリンという小さなクラブに移籍している。モジミリンは九二年のサンパウロ州選手権で旋風を巻き起こした。バウベル、そして後にブラジル代表の中心となるリバウドを擁し、ファーストステージを首位通過したのだ。セカンドステージではパルメイラス、コリンチャンスといった名門クラブと同じグループに入り、四チーム中最下位となったが、バウベルは一七ゴールで得点王となっている。九三年にリバウドと共にコリンチャンスへ移籍、カルロス・アルベルト・パレイラ監督が率いるブラジル代表にも選出された。このバウベル獲得が、後に大きな意味を持つこととなる。

七四年生まれの三浦淳宏は国見高校時代に全国高校サッカー選手権大会で二度の優勝経験があった。バウベルはフォワードとミッドフィールダーをこなし、三浦もミッドフィールダーとして期待されていた。反町の居場所はなかったのだ。

この年の夏、ぼくは加茂に取材している。週刊ポストの『Jリーグ沸騰コラム』は『「J」に夢賭けた男たち』という連載に衣替えしていた。これはJリーグの常務理事だった木之本興三が聞き手となり、各クラブの経営陣、主力選手たちと対談する企画だった。木之本に対談を希望する人物を訊ね、取材対象者を決めた。清水エスパルスを運営するエスラップコミュニケーションズの社長である戸塚陽弍、サンフレッチェ広島取締役の今西和男、ヴェルディ川崎社長の森下源基といったクラブ経営の中枢に関わる人間だ。横浜フリューゲルスでは、全日空スポーツ球団本部長の中西久憲の名前が挙がった。中西は全日本空輸からの出向者だった。ぼくは中西に加えて加茂を呼べないかと木之本に相談した。木之本と加茂は親しい仲だった。木之本は、もちろん大丈夫だと頷いた。

中西は加茂と三年で優勝を狙えるチームを作ろうと約束していた、天皇杯の優勝はうれしい誤算だと言った。そしてフリューゲルスにいい選手が次々と加わっているのは、加茂がいるからだと持ち上げた。

一方、加茂は冷静だった。今もチーム作りの過程であると強調した。自身がコーチを務めていたヤンマーディーゼルサッカー部、監督だった日産自動車サッカー部を引き合いに出した。

「どちらも天皇杯を獲ってからリーグのチャンピオンになるには四年掛かっている。（リーグは）長い目でそれなりの戦略としっかりとしたマネージメントがなければ勝てない」

現場の監督から中長期的な戦略という言葉が出るのは意外だった。本来、監督は予算内で選ばれた選手でチームを組み立てる。クラブ側が望む結果が出なければ契約は切られる。加茂はチーム編成にも深く関与しているのだと思った。

中西は「チームの順位は中ぐらいでもフロントはトップクラスにならねばならないと」と軽い調子で言った。選手はプロ契約を結んでいる。次はフロント、つまり経営陣も責任企業に頼り切りではなく、プロに徹しなければという意見が出始めていた。中西の言葉はそれに沿ったものであった。ただ、上滑りしているように感じた。

中西に対するぼくの評価が正しかったと確信するのは、ずいぶん後になってからのことだ。現場は常に勝利を求める。そのため能力のある選手を可能な限り集めたいと考えるものだ。しかし、どこかで線引きしなければ経営は破綻する。誰が予算を立て、経営に責任を持つのか。フリューゲルスに限らず、経営陣の人材不足は、長く日本サッカーの宿痾《しゅくあ》となる。

七

佐藤工業の手嶋秀人が、フリューゲルスを運営する全日空スポーツへの出向を打診されたのは、九二年のJリーグ・ヤマザキナビスコカップ開始の約一カ月前のことだった。

手嶋は一九五一年に福岡県で生まれた。手嶋家は筑豊地方の田川市で炭鉱を営んでおり、少々荒っぽい川筋気質の中で育った。川筋気質とは筑豊を流れる遠賀川の川筋に生きる人たちの気性を指す。理屈をこねない、竹を割ったような性格、宵越しの金を持たない、などが特徴とされている。手嶋家が最も隆盛を誇ったのは、曾祖父にあたる寅助の時代だった。寅助の人脈は広く、右翼の大物である玄洋社の頭山満とも親交があり、本家には頭山の書が多数残されていた。

裕福な一族であったこともあるだろう、親戚関係は広く、複雑だった。日本放送協会出身のジャーナリストである手嶋龍一は二つ年上の叔父にあたる。手嶋の幼年期は石炭から石油への移行を背景に、炭鉱の老朽化、枯渇による衰退期と重なっていた。

「同じ小学校には生活保護の家庭の子、ニコヨン（日雇い労働者）の子どももいたし、ヨイトマケの唄の世界ですよ」

ヨイトマケの唄は、美輪明宏の作詞作曲の歌で、女手一つで育てられた息子を主題にしている。手嶋も両親が早くに離婚しており、父親の顔を知らない。福岡大学附属大濠高校から法政大学法学部へ進んだ。将来は弁護士になるつもりだった。

「当時の司法試験は択一試験と論文の二つ。択一試験は大学四年生と卒業の翌々年に受かったんだけれど、二度とも論文が駄目だった。もう経済的にも続かないし、精神的にも辛くなっていた。そうしたら先輩の弁護士が佐藤工業を紹介してくれた」

佐藤工業は幕末の一八六二年、初代佐藤助九郎がはじめた佐藤組が元になっている。富山藩で治水工事を手がけ、明治以降は鉄工所を所有するなど多角化を進めた。一九三〇年頃から北陸地方だけでなく、日本全国の工事入札に参加、三一年に佐藤工業株式会社となった。

五九年、佐藤工業は関西電力の黒部川第4発電所工事で〝日進25・1メートル〟のトンネル掘削の日本記録を樹立している。この工事は難航し、三船敏郎と石原裕次郎主演の『黒部の太陽』という映画になった。

手嶋は七七年に佐藤工業の臨時職員となり、後に登用試験を受けて正社員の職を得た。

「最初は経理。下請け（企業）への支払い、役所に出す（建築関係の）書類を作ったり。それから土木営業になった。文書課で総会屋対策もしていたこともある。総会屋対策が認められていた時代でその下っ端だった。その後は組合の仕事をすることになった」

会社の仕事を免除されて、労働組合の管理運営などを行う組合専従者である。佐藤工業の労働組合では組合専従は二年間、終了後は元の部署に戻ることになっていた。

そんなとき、全日空スポーツへの出向の打診があった。強制ではなく、あくまでも手嶋が受け入れるならば、という条件だった。佐藤工業が全日本空輸とJリーグに参戦するという報道は目にしていた。うちのように地味な会社にしては珍しいことをするな、と横目で見ていたという。

「深く考えずに、ああ、いいですよと答えたんです」

佐藤工業がフリューゲルスを運営する全日空スポーツに出資したのは、富山県出身の全日本空輸の若狭得治との関係であったといわれている。出資比率は全日空の「六」に対し佐藤工業が「四」だった。

全日空スポーツで働き始めて痛感したのは、質実剛健な佐藤工業との社風の違いである。

「製造業ならば朝九時出社となっていれば、絶対に九時には来ていなければならない。ところが九時半に、あるいは一〇時に来る奴がいた。全日空は飛行機を飛ばしている会社だから、時間にはきっちりしていると思っていたんです。本社のほうはそうなのかもしれないけれど、全日空スポーツは違った」

しばらくして手嶋は気楽な雰囲気にも慣れた。サッカーはスポーツであると同時にエンターテインメントである。自分たちが堅く構えていては、人を楽しませることはできないと思うようになった。

立ち上げ時点での全日空スポーツの社員は一〇人。そのうち佐藤工業の人間は手嶋を含めて二人のみ、残りは全日本空輸の社員だった。出資比率を鑑みれば、佐藤工業側の数が少ない。全日空横浜トライスター時代からサッカークラブ運営の経験がある全日空が主導権を握っていた。

手嶋に与えられた役職は管理部長だった。立ち上げの時点で全日空スポーツには「管理部」しかなかった。チケット販売や練習場所手配など現場運営以外、選手やスポンサーとの契約から広報までの裏方すべてを管轄することになった。

九三年のJリーグ開幕に合わせて、手嶋の肩書きは取締役となり、管理部長に加えて新設された広報部長を兼任した。Jリーグの人気は予想以上で、広報部の手が足りない。そこで佐藤工業に人を出すように頼んだ。

八

佐藤工業の今泉貴道が初めてJリーグの試合を観戦したのは、九三年六月九日に三ツ沢公園球技場でのジェフ市原戦だった。

「ぼくは東京支店で東京近郊エリア数カ所の工事現場の事務担当をやっていました。その日はたまたま、現場が横浜市内だったんです。工事部長に誘われて無理矢理連れて行かれたんです」

佐藤工業の社長である佐藤嘉剛は、フリューゲルス主催試合には必ず足を運んだ。彼はサッカーを気に入り、貴賓席ではなく観客席で社員と一緒に応援するのが常だった。そこで、横浜支店の社員が駆り出されたのだ。

「一〇〇人ぐらいの社員と一緒だったと思います。横浜支店の人たちは盛り上がっていましたね。世代的に（コミックの）『キャプテン翼』ですし、三菱ダイヤモンドサッカーやトヨタカップ、ワールドカップも観ていました。ただ、このときはまだまだ未熟で仕事を覚えなければならなかった。

正直、サッカーを楽しむどころではなかった」

今泉は一九六八年に東京都足立区で生まれた。高校までは柔道、東京学芸大学でアメリカンフットボールに没頭した。卒業後は教師になるつもりだった。大学四年生の春、教育実習に行った。生徒と向き合う教室は楽しかった。しかし、教師たちの集まる職員室の雰囲気に馴染めなかった。その直後、東京駅で改装工事のアルバイトをすることになった。

「ゼネコンの下請けで、職人さんに混じって見様見真似で天井のボードにビスを打っていました」

短期間のアルバイトが終わってしばらくした頃、東京駅に行く機会があった。

「その場所がレストランとして営業していたんです。そのとき自分がやったことが形になるっていいなと思ったんです。それでゼネコン業界に興味を持ちました」

ゼネコンとは設計、施工、研究の三つを自社で行う総合建設業者の意だ。今泉が大学を卒業する頃は、バブル景気の余韻が残っており、学生の売り手市場だった。中でもゼネコンは人を欲しており、複数のゼネコンから内定をもらった。

「あの時代はすごく派手なリクルート（求人活動）がありました。（豪華な接待をされて）一瞬舞い上がったときもあったんですが、冷静に考えればこれはまともじゃない。そこで一番まっとうで、堅い印象だった佐藤工業を選びました」

入社三年目となる九三年七月のことだった。職場の先輩から呼びだされ、「お前、サッカーに行け」と言われた。思わず「それは命令なんですか」と強い口調で言い返した。

「だんだんと大きな、そして難しい現場を任されるようになってきていました。俺じゃなきゃできないなっていう感覚を持ちはじめていたんです」

なぜサッカー経験者でない自分なのだと不満だった。

「先輩は悪い話じゃないからって。ずっと面倒をみてもらっていた方からの話だったので、渋々（出向を）受けることにしました」

佐藤工業の本社まで手嶋が迎えにやってきた。手嶋とは面識はなく、もう連れ去られたようなものでしたよと笑った。九月一日付で出向、広報を担当することになった。しかし、広報業務の経験は一切ない。当時のことを思い出すと冷や汗が出て来ると今泉は言う。

「それまで現場の取材対応は（選手に帯同する）マネージャーに任せていたんですが、それがものすごく不評でした。選手たちから、なぜ広報の人間がいねぇんだって」

まずは練習場所に足を運び、新聞記者たちに挨拶することから始めた。

「あの頃はサッカー専門誌だけではなく、一般誌もJリーグを取り上げていました。だから取材申請はものすごく多かったです。ただ、残念ながらフリューゲルスは人気のあるチームではなかった。他のチームから断られ続けたメディアが最終的にうちに流れつく。だから極力、取材にはノーと言わないようにしていました。だから現場の選手たちから嫌われていたんじゃないですかね」

取材対象となる選手は限られていた。

「最初はソリ（反町）さん、前田治さんが多かったですね。あとは、森、エドゥー、モネール。それから山口、そして前園が出てきた」

色紙にサインを貰うのも広報の仕事だった。最も希望が多かったのは、エドゥー・マランゴンだった。

「全日本空輸、佐藤工業からエドゥーのサイン色紙が欲しいという要望が来るんです。練習場に行くと彼もそれを察するのか、すっと逃げる。仕方がないのでチームが泊まっているホテルの食事会場で待ち伏せしていましたね。今から思えば、たぶん悪戯だったんですよ。人を困らせてにやにやしていた。もう冗談はいいからサインしてよ、と頼めば良かったのかもしれません」

やがてエドゥー・マランゴンとの付き合い方を今泉は会得した。一緒に夕食へ行った翌日に色紙を差し出すと、にやりと受け取るようになったのだ。

九

九四年二月一日、全日空スポーツは全日本空輸本社のある千代田区霞が関ビルディングから新横浜駅に近い新横浜WNビル三階に移転した。地域密着を謳うJリーグの理念に合わせて、約一〇年ぶりに横浜へ戻ってきたことになる。

Jリーグ二年目となる九四年シーズンはオーストラリアキャンプから始まった。二月二四日に帰国、二七日に沖縄県総合公園陸上競技場でブラジルのコリンチャンスと対戦している。新加入のバウベルが前年まで所属していたブラジル屈指の名門クラブである。コリンチャンスには後にガンバ大阪に加わるマルセリーニョ・カリオカ、フォワードのビオラ、そしてリバウドというブラジル代表が揃っていた。試合は〇対二。力負けだった。

三月五日にはリーグの前哨戦としてゼロックススーパーカップが行われている。これはJリーグと天皇杯の優勝クラブとの対戦だった。フリューゲルスはヴェルディ川崎に一対二で敗れた。

三月一二日、Jリーグ二年目が開幕した。

第一節の清水エスパルス戦は〇対一で惜敗。続く第二節でジェフユナイテッド市原に四対一で勝利、第三節でサンフレッチェ広島に一対二で敗れた後、第四節から第一一節まで八連勝。第一〇節では苦手としていたヴェルディに一対〇と粘り勝ちしている。延長後半に決勝点を挙げたのはアマリージャだった。この時点でアマリージャは八得点を挙げ、ヴェルディ川崎の武田修宏、清水エスパルスのトニーニョと並んで得点ランキング首位に立っていた。第一三節まで優勝争いに加わっていたが、その後は失速。ファーストステージは一三勝九敗の五位で終わった。

七月一八日、アマリージャがパラグアイに帰国、現役引退している。クラブは〈恥骨結合炎と腹直筋炎の合併症で長期療養が必要となった〉と発表した。

前田にとっては青天の霹靂だった。

「本当になんで帰っちゃうのって、思った。そっからぼくもチームもおかしくなっていった」

ファーストステージ、一九試合で一二得点を挙げ、得点ランキング上位にいた彼の退団は唐突だった。

八月一〇日に始まったセカンドステージでは、山口、岩井といった主力選手が怪我で離脱したこともあり波に乗れない。九月二一日の一二節まで六勝六敗という成績で中断期間に入った。広島で行われるアジア競技大会のためだった。

アジア競技大会はアジア・オリンピック評議会が原則四年に一度、開催する国際総合競技大会である。サッカー界では重要な大会ではない。ただし、この年は違った。三月から日本代表監督を務めていたパオロ・ロベルト・ファルカンの能力を見極める最終判断の場になっていたのだ。

ファルカンは一九五三年にブラジルの南部、サンタカタリーナ州のアルベラルド・ルスで生まれた。リオ・グランジ・ド・スール州のインテルナシオナルでブラジル全国選手権三度優勝、八〇年にはイタリア一部リーグのASローマに移籍、八三年の優勝に貢献している。七六年からブラジル代表に選ばれ、八二年、八六年のワールドカップに出場した。細身で優雅な身のこなし、正確な長いパスを自在に出すミッドフィールダーだった。

現役引退後の九一年にブラジル代表監督に就任、カフーなどの若手選手を抜擢し、この年に行われた南米選手権で決勝に進出した。しかし、決勝でアルゼンチン代表に敗れ、解任された。

Jリーグのチェアマン、サッカー協会の強化部長を兼任していた川淵三郎は、アジア競技大会に向けてチームを作ってくれという要望をファルカンに伝えたという。しかし、彼は違った捉え方をしていた。

一〇

九八年三月、ぼくはブラジルのポルトアレグレでファルカンに話を聞いている。

このときぼくは前述のように小学館の長期休暇制度を利用してブラジルに滞在していた。週刊ポストの兄弟誌である「SAPIO」の増刊号として、「スポーツ　SAPIO」というワールドカップ特集号を出すので手伝って欲しいという連絡が入った。過去の日本代表監督に話を聞くという企画でファルカンを取り上げたいというのだ。人を通じてファルカンに取材を申し込むと、結構な金額の取材謝礼を要求してきた。取材謝礼についてはメディアの特性など様々な要素が絡み合う。そのため、ぼくは純粋な調査報道以外では柔軟に対応すればいいと考える。しかし、常識的な金額がある。ブラジルのメディアに同じ要求をすれば、ジャーナリズムを理解していないと非難されたことだろう。彼はテレビ局の解説者でもあったのだ。この増刊号ではブラジル代表時代、ファルカンの同僚だったソクラテスにも取材している。ソクラテスとは彼の行きつけのショッペリア――ビアホールで四時間、ビールを飲みながら話を聞いた。取材謝礼の話は出なかった。帰り際、彼が勘定をしようとしたので、さすがに取材費で払うと止めた。

ファルカンは日本のメディアということで明らかに足元を見ていた。破格の謝礼を受け入れることで日本のメディアに対する悪しき前例になることは避けたかった。そもそもこうした相手に話を聞いたとしても通り一遍の答えしか返ってこない。やめたほうがいいと編集部に返信すると、お金はいくら掛かってもファルカンの取材をして欲しいという。結局、かなり値引きした金額でファルカンを納得させることになった。

ファルカンとは代理人のタデウ・オリベイラの事務所で落ち合うことになった。タデウの事務所は、ポルトアレグレの二つのビッグクラブ、グレミオとインテルナシオナルの中間地点にあった。ぼくたちの仕事はどちらとも付き合わなければならないからね、とタデウは冗談めかして言った。落ち着いた高級住宅地の中にある六階建てのビルの最上階で、遠くにジャクイー川が見えた。約束の時間より少し遅れて、メルセデスベンツに乗ったファルカンが現れた。広い額、ハンドルを指先でつまむように握る姿が印象的だった。

日本代表時代の話を聞くと「とにかく時間がなかった」と顔をしかめた。

「練習時間もほとんどない中で、新たにチームを作らなければならなかった。まず意識したのは、四年後の九八年のフランスワールドカップの時点で、キャリアのピークを迎える選手を選ぶことだった。岩本（輝雄）、城（彰二）、山口（素弘）、前園（真聖）、名良橋（晃）、ガンバの山口（敏弘）のような選手だ。そこに井原（正巳）、カズ（三浦知良）、柱谷（哲二）のような経験ある選手を組み合わせる」

通常、ブラジル人は饒舌で話が止まらない。しかし、ファルカンは終始しかめ面で、口から出て来る言葉はありきたり。やりにくい相手だった。

「日本人選手たちの欠点を修正するつもりだった。ただ、その時間がなかった。ぼくが監督を務めていたとき、すべての試合は日本国内で行われた。フランス代表とも対戦したことがある。できれば日本ではなくフランスでやるべきだった。日本以外の国で試合をしたかった」

ファルカンが代表監督となった最初の試合は五月二二日のキリンカップ、オーストラリア戦だった。その後、二九日にフランス代表と対戦している。オーストラリア代表には一対一の引き分け、フランス代表には一対四で惨敗した。

このキリンカップで山口素弘が初めて日本代表に招集されている。その後押しをしたのはエドゥー・マランゴンであったと山口は言う。

「エドゥーからこう言われたんです。ファルカンがお前のことをすごく気に入っていて、色々と聞いてきたぞ。俺は正直に言ったからな。頑張れよって」

ファルカンはエドゥー・マランゴンと連絡をとりあっていたのだ。ただ、このキリンカップでは山口の出場機会はなく、彼が代表ユニフォームを身につけてピッチに立つのは少し後になる。

その後、七月にガーナ代表と二試合、九月末にオーストラリア代表との親善試合をこなしてアジア競技大会に入った。

ファルカンは山口の他、ベルマーレ平塚の岩本、名塚善寛といった若い選手を抜擢した。前任者のオランダ人監督、ハンス・オフトとは違う人選だった。若い選手は機会を与えると驚くほど伸びることがある。ファルカンはその伸びしろに賭けたのかもしれない。なんとかワールドカップ出場権を手に入れたい、直近の結果を求める協会とはずれがあった。

九四年一〇月からのアジア競技大会で日本代表はグループDに入った。初戦でアラブ首長国連邦代表に一対一、続くカタール代表にも一対一で引き分け。三試合目でミャンマー代表に五対〇で勝利、一勝二分けで決勝トーナメントに進出した。しかし、一〇月一一日、準々決勝で韓国代表に二対三で敗れた。

一週間後の一八日、ファルカンの去就を議論するため日本サッカー協会の強化委員会が開催された。

〈各委員間ではファルカン監督の擁護を主張する意見も出たが、最終的には「フランス予選までは、1年ごとに2人の監督を試す」という既定路線にのっとって、契約延長はしない方針を確認。議論は早くも次期監督の検討に移り、候補の絞り込みに入った。

まずかねてから候補に上がっていた米国代表のボラ・ミルティノビッチ監督について検討されたが、年俸面や付帯条件などについて反対意見があり、候補外へ。ここで川淵委員長が主張したのが、加茂監督の名前だった〉(『サッカーマガジン』一一月九日号)

川淵はサッカーマガジンの同じ号で取材を受けている。翌年六月、日本代表はイングランドで行われる国際大会に招待されていた。ウエンブリースタジアムでイングランド代表、ブラジル代表と対戦する可能性がある、そのためには日本のサッカーを熟知し、すぐにチーム作りを始める必要があると前置きして、こう続けている。

〈日本人ということであれば、やはり加茂監督でしょうね。日産時代の評価というのはゼロです。あれはアマチュアの時代ですからね。彼の評価というのは、あくまでフリューゲルスをどう強くしたかです。彼のチームは初年度は最下位かなと思ったら、結構良い形になってきて天皇杯に優勝した。目指す方向というのを、ある程度はっきりと打ち出して、プロの厳しさを持ってやってきている。このあたりのことでは、日本人では彼を置いていないでしょうね〉

天皇杯優勝を川淵は高く評価していたのだ。

一〇月一九日、国立競技場で行われた横浜フリューゲルス対サンフレッチェ広島の試合に川淵が姿を見せ、二九日の理事会で次期監督を発表すると語った。そして二一日、加茂に監督就任要請をしている。

加茂は全日空スポーツと複数年契約を結んでいた。クラブ側は契約書を盾に拒否する権利があった。ただ、全日空スポーツ社長の泉信一郎と川淵は気心の知れた仲である。すでに根回しが終わっていたのだ。二二日、名古屋グランパス戦が行われた岐阜メモリアルセンター長良川競技場にも川淵は駆けつけている。

二九日の理事会で加茂の代表監督就任が承諾され、翌三〇日に赤坂にある全日空ホテルで記者会見が行われた。

この日、ぼくはホテル内に部屋を押さえ、連載の特別編として会見前に加茂と会っている。

「現場でコーチをしている人間は一度は代表チームを預かってみたいという気持ちはみんな持っているでしょう。一〇年前からしょっちゅうそういう話はあった。今回は自分にその順番が回ってきたという感じ」

ようやく代表監督になれたという感慨にふけるような年じゃないよと、五四歳の加茂は照れくさそうな表情だった。

二

フリューゲルスは第一四節の名古屋戦に勝利した後、一勝七敗と一気に崩れた。セカンドシーズン終了時には九勝一三敗の八位となった。前年の天皇杯の勝者が出場するアジアカップウィナーズカップの準々決勝が加茂監督の最後の試合となった。第二戦で香港のインスタント・ディクトに三対一で勝利。

すでに来季に向けてのチーム編成が始まっていた。

第一七節以降、エドゥー・マランゴンが欠場していた。エドゥー、そしてアルゼンチン人サイドバックのモネールはこのシーズン終了までの契約だった。新外国人選手の獲得はエドワルド坂本という日系三世のブラジル人に託されていた。

坂本がフリューゲルスと関わるきっかけになったのは、九四年シーズン前、沖縄で行われたコリンチャンスとの親善試合だった。コリンチャンスに同行していた坂本は、全日空スポーツ本部長の中西たちと知己を得ることになった。

坂本は一九五二年にサンパウロ州の内陸部、プレジデンテ・プルデンテという街で生まれた。ブラジルへの日本人移民が始まったのは一九〇八年のことだ。ブラジル移民の特徴は家族単位で行われたことだった。子どもが働き手として計算されたのだ。坂本の祖父母は幼い息子を伴って農園に入った。成長した息子はブラジルで知り合った日系人女性と結婚し、坂本が生まれた。

坂本が物心ついたとき、一家は農園を出てプレジデンテ・プルデンテに住んでいた。プレジデンテ・プルデンテはサンパウロの衛星都市として発展を遂げようとしていた。祖父母は八百屋を経営、父親は友人たちと飲料水の会社を立ち上げていた。坂本は大学卒業後、広告代理店勤務の傍ら、レストラン経営を始めた。

日本とブラジルの距離が一気に縮まるのは、八〇年代のことだ。

八五年九月、先進五カ国の財務担当大臣、長官はドル高是正のための協調介入の強化に合意した。このプラザ合意により急激に円高が進むことになる。プラザ合意の日、一ドルは二三五円前後だった。翌八六年七月には一五〇円台となっている。円の価値が高まり、日本経済はバブルの渦の中に入っていく。

ブラジルの日系人の間では「デカセギ」という単語が飛び交うようになった。八〇年代、ブラジルを含めた中南米諸国は対外債務が膨らみ、急激な物価上昇、貨幣価値の下落――インフレーションに悩まされていた。一方、日本では好景気の中、「きつい、汚い、危険」という頭文字をとった「三K」の職場で人手不足が深刻になっていた。それを日系ブラジル人が埋めることになった。出稼ぎを斡旋する業者が次々と現れ、旅行代理店の仕事も急増した。その一つが「ハレルヤワールド」だった。

ハレルヤワールドは、旅行業務に加えて、日本のテレビ局の仕事を請け負った。中にはカラオケ大会などの音楽イベントもあった。この頃、日本から「カラオケ」がブラジルに入っていたのだ。ギターを弾くことが趣味であった坂本は音楽関係の仕事の手伝いから始め、ハレルヤワールドの本業、旅行業務にも関わるようになった。

「沖縄で（全日空スポーツの本部長である）中西さんと知り合ってから、サッカーの情報があればファックスで流すようになった。本格的に動き始めたのは、九四年の後半でした。来季は結構なお金を投資してチームを立て直す、というんです。最初は一〇番の選手と（守備的ミッドフィールダーである）ボランチの二人を欲しいという話でした」

サッカーでは、しばしば背番号で役割を表す。一〇番とは中盤で試合を組み立てる選手のことだ。エドゥー・マランゴンに代わる選手だった。

「その後、一〇番のポジションにバウベルを使うので、ボランチとフォワードの二人を獲りたいということになりました。その当時は監督がまだ加茂さんでした。加茂さんはボランチとしてドゥンガが欲しいというんです」

この年に行われたワールドカップ、アメリカ大会で優勝杯を掲げたブラジル代表の主将である。

二

ドゥンガこと、カルロス・カエターノ・ブレドルン・ヴェーリは一九六三年にブラジル南部のリオ・グランジ・ド・スール州で生まれた。州都ポルトアレグレのインテルナシオナルでプロ契約を結び、コリンチャンス、サントス、イタリアのフィオレンティーナなどを経て、ドイツのVfBシュトゥットガルトに所属していた。

「人づてになんとかドゥンガの電話番号を手に入れて、横浜フリューゲルスからの話があるけれど、興味があるかと電話しました。すると、何かの試合で、（イタリアの）ミラノまで行くのでそこで会おうと。全日空（スポーツ）に報告して、担当の丹野さんとイタリアで落ち合うことにしました」

丹野裕氏は七九年に全日本空輸に入社、ヨコハマトライスターに加わった大卒一期生のゴールキーパーである。大江と同期にあたる。現役引退後は、全日空スポーツの立ち上げに関わり、チーム編成を担当していた。

待ち合わせ場所に指定されたミラノの瀟洒《しょうしゃ》なホテルのロビーに、ドゥンガは一人で現れた。

「ドゥンガはフリューゲルスとの契約に乗り気でした。一時間後に来る代理人と話して欲しいということになったんです」

ドゥンガの代理人は、アントニオ・カリエンドというイタリア人で、イタリア代表のロベルト・バッジオ、ブラジル代表のアウダイールなどを顧客としていた。

「ドゥンガはカリエンドを紹介して帰っていきました。翌日、ぼくたちはカリエンドが住んでいたモデナに行くことになりました。ドゥンガはカリエンドとサッカースクールをやっていたんです。そこを見学した後、レストランで食事しましたね」

カリエンドもフリューゲルスとの契約に前向きだった。しかし、契約開始時期が問題となった。

ドゥンガとシュトゥットガルトとの契約が翌年六月まで残っていたのだ。

欧州の主要リーグは七月からの一年間を区切りとする「秋春制」を採用している。一方、Jリーグは二月からの「春秋制」である。

「全日空（スポーツ）は次のシーズン開始から契約を結びたいという。早めるのならば移籍金が必要になる。全日空側は、移籍金分を惜しんだというよりも、そのお金があるならばドゥンガに払って気持ち良くプレーして欲しいと考えていた」

双方の思惑が噛み合わず、ドゥンガの移籍は立ち消えとなった。六月の契約終了を待ってドゥンガと契約を結んだのはジュビロ磐田だった。

「ブラジルで誰か他にいい選手はいないかって全日空スポーツから聞いてきた。私はサンパイオはどうだって答えたんです。すると木村文治さんが、サンパイオはすごい選手だ、アタックしてくれと言いました」

セザール・サンパイオは、一九六八年三月にサンパウロで生まれた。八六年にサントスFCとプロ契約、九〇年にブラジル代表に招集された。九一年、パルメイラスへ移籍、九三年と九四年にサンパウロ州選手権とブラジル全国選手権の両方を制していた。この時期のパルメイラスは煌めくような才能を持つ若手選手が揃っており、九〇年代を通してブラジル最良のチームの一つとされる。

ブラジルのほとんどのサッカークラブは、ごく一部の人間、「カルトーラ」と呼ばれる人間が権力を握っている。彼らは結果を残した選手を次々に売り払い、自分の懐に金を収める。そのため中長期的に一定以上の戦力を保つクラブはごく僅かである。パルメイラスはその数少ない例外だった。

パルメイラスを運営していたのは、イタリアの多国籍食品企業『パルマラット』だった。パルマラットは地元パルマを本拠地とするACパルマに加えて、九二年からパルメイラスを傘下に収めていた。その他、フランスのオリンピック・マルセイユ、ポルトガルのベンフィカ、アルゼンチンのボカ・ジュニアーズとエストゥディアンテス、チリのウニベルシダーデ・カトリカ、ウルグアイのペニャロールなどの主たる資金提供者となっていた。

坂本がパルマラットに連絡を取ると、フリューゲルスの委任状を送るように指示された。

「委任状をファックスで流し、次の日に会うことになりました」

パルメイラスに限らず、ブラジルのクラブはサッカーの他、他競技のチームを含めた総合スポーツクラブである。パルメイラスのサッカー部門の責任者はジョゼ・カルロス・ブルノロという男だった。バレーボールの選手であったブルノロは引退後、フィジカルトレーナー、指導者に転じた。八四年のロサンゼルスオリンピックにブラジル男子代表のアシスタントコーチとして参加、銀メダルを獲得している。パルマラットがパルメイラスの経営権を取得した九二年からサッカー部門の責任者となっていた。

守備的ミッドフィールダーであるサンパイオはパルメイラスの背骨である。九四年のワールドカップ・アメリカ大会のメンバーには入らなかったが、同等の力があった。サンパイオを出す可能性はあるかと訊ねると、ブルノロは「(金銭的) 条件が合えば問題ない」と即答した。そして彼は軽い調子でこう聞いた。ところで、フリューゲルスにはどんな選手が所属しているのだ、と。

「エドゥー・マランゴンは移籍が決まっている。来季も契約が残っているのは、コリンチャンスにいたバウベルだ」

坂本の答えにブルノロの顔つきが変わった。モジミリンにいたバウベルかと前のめりで尋ねた。

坂本はそうだと頷くと、「そうか、バウベルか」と呟いた。

「フリューゲルスが探しているのはボランチだけか」

「いや、フォワードも探している」

「誰が候補なんだ」

坂本はコリンチャンスのビオラと交渉するつもりだと答えた。ビオラは九四年ワールドカップでロマーリオ、ベベットの控えフォワードだった。ブルノロは、あいつは我が儘だから国外でプレーするのは無理だろうと首を振った。

「誰かいい選手いますか」

坂本が応じると、ブルノロは少し考えて「君にいい提案をしよう」と悪戯っぽい顔になった。

「ビオラではなく、エバイールはどうだ」

エバイール・アパレシード・パウリーノは一九六五年生まれ、身長一八四センチと上背がある屈強なフォワードだった。育成に定評のあるグアラニでプロ契約し、イタリアのアタランタに移籍。九一年からパルメイラスに所属していた。パルメイラスの前線ではエバイールが身体を張り、俊敏なエジムンドたちが動きまわるという戦術を採っていた。サンパイオと共にパルメイラスの中心選手である。

以前、坂本はエバイールのインタビュー記事を目にしていた。エバイールはイタリアの生活に馴染めなかった、二度と国外のクラブに行かないと語っていた。その話をすると、ブルノロは「エバイールはキリスト教の熱心な信者になってから人間が変わった。自分が日本に行くように説得する」と言った。

このときエバイールは二九歳となっていた。最後の売り時だとブルノロは考えていたのかもしれない。坂本は全日空スポーツに問い合わせてみなければならないと返した。

「いい提案とは、サンパイオとエバイールをセットにするということですね」

坂本の言葉に、ブルノロは、いやと悪戯っぽく笑った。

「ジーニョに興味はないか?」

「ジーニョ? 冗談はやめてください」

思わず大きな声を出した。

一三

ジーニョ――クリザン・セザール・ジ・オリベイラ・フィーリョは六七年にリオ・デ・ジャネイロ州のノーバ・イグアスで生まれた。八六年にフラメンゴの下部組織からトップチームに昇格している。このときのフラメンゴには七〇年代後半から八〇年代に掛けて〝ROLO COMPRESSOR〟（ロードローラー）と呼ばれていた時代の選手たちが残っていた。強すぎて相手をすべて踏み潰してしまうという意味だ。ジーコ、アンドラージ、レアンドロたちである。ここにジーニョ、後にブラジル代表に入るジョルジーニョ、ベベットといった若き才能が加わり、この年のリオ州選手権で優勝した。九二年にジーニョはパルメイラスに移籍、九四年のワールドカップ・アメリカ大会にも九番をつけて出場していた。パス、ドリブルといった確かな基本技術に加えて、周りの選手を生かす術もあった。パルメイラスの中心選手である。

ただし、ブルノロは条件があると付け加えた。

坂本はこう振り返る。

「エバイール、ジーニョ、サンパイオの三人をフリューゲルスへ、バウベルをレンタル契約でパルメイラスに出す。これを一つのパッケージにするというんです」

ブルノロがバウベルを欲したのは、パルメイラスにリバウドがいたからだ。

前述のようにリバウドは九三年にバウベルと共にモジミリンからコリンチャンスへレンタル移籍していた。しかし、九四年のサンパウロ州選手権では精彩を欠き、コリンチャンスが彼の保有権を買い取らなかったため、パルメイラスへ移籍していた。モジミリン時代のようにリバウドとバウベルを中心にしたチームに再編することをブルノロは考えたのだ。

これはフリューゲルスにとって素晴らしい取引になる。坂本は興奮しながら帰路に就いた。日本とサンパウロの時差は一二時間である。日本時間の朝九時にあたる夜九時を待って、全日空スポーツの丹野に電話を入れた。

「受話器の向こうの丹野さんは余程驚いたのでしょう、数秒黙っていました。パルメイラスの条件はバウベルをレンタル契約で出すこと。彼のパッセ（保有権）はフリューゲルスに置いたままで、レンタル料も支払われる。三人の移籍金からレンタル料を引いた分だけ支払えばいいと伝えました」

丹野はちょっと待ってください、また連絡しますと慌てて電話を切った。

「（全日空スポーツの社長である）山田（恒彦）さん、木村さんに相談したんでしょう。すぐに電話が掛かってきました。これからブラジル行きのチケットを手配する。土曜日の朝に到着するので、そのままパルメイラスの担当者に会えるかというんです」

ブラジルの空の入り口であるグアリューリョス国際空港はサンパウロの中心地から約二五キロ北東に位置する。ロサンゼルスを経由する便は早朝に到着した。坂本は丹野と握手をして、到着ロビーにある珈琲ショップのカウンターでエスプレッソを飲んだ。これはブラジル入国儀式のようなものだ。

空港からの車内で二人は移籍金をなるべく抑える、足元を見られないように低い金額から交渉を始めることを決めた。パルマラットはサンパウロの新興商業地帯であるビラ・オリンピアのビル一棟を賃貸しており、パルメイラスのサッカー部門は一フロアを使用していた。

「パルメイラスからはブルノロの他、クラブの経理担当など三人ぐらい出てきました。こちらとしてはすでに獲得意思を伝えていたので、移籍金、その支払い方法を決めていきました。トータルで三時間ぐらいだったと思います。その後は近くでお昼を食べながら世間話をしました」

移籍成立には選手の合意も必要だ。

このときパルメイラスはブラジル全国選手権の準決勝に進んでいた。一二月八日にサンパウロ市内のパカエンブー競技場で行われたグアラニとの初戦を三対一で勝利。第二戦に備えてカンピーナスのホテルに宿泊していた。カンピーナスはサンパウロ市の衛星都市の一つで、グアラニの本拠地である。

「パルマラットの人間がうまく手配して、遠征先のホテルに先に入ることにしました」

ブラジルのメディア、サポーターは熱狂的で目ざとい。全国選手権という重要な大会中に移籍交渉が行われていることが漏れれば大騒ぎになるだろう。

「私たちの部屋の番号をパルマラットの人間から伝えてもらったんです。最初に部屋をノックしたのはエバイールでした。エバイールは代理人がついてなくて、自分ですべてやっていました。エバちゃんは、食べ物、地震について聞いてきました。ブラジル人が沢山いるのでシュハスコ（ブラジル風バーベキュー）もある。ピザもあると答えましたね。あとは住居ですね。このときエバちゃんは独身だったんです。丹野さんは交際していた女性と日本に行き生活環境を見てもらってもいいという話もしましたね」

次に扉を叩いたのは、ジーニョだった。

「ジーニョの代理人である彼のお父さんとは電話で話をしていました。ジーニョの意思を確認して、年俸はドル払いの二年契約にすることでまとまりました」

ブラジルの通貨、クルゼイロは外貨に対して下落を続けていた。この年の七月に導入された新通貨レアルにより、インフレーションは沈静化していたが、ドルで年俸を受け取ることはブラジル人選手にとって大きな魅力だった。

残るはサンパイオだった。

一四

サンパイオが日本のクラブに移籍するかもしれないと最初に相談したのは妻だったという。すると彼女は「なんてこと」と目を大きく見開き、私は日本のことなんて何も知らないわよと口を尖らせた。

「正直なところ、あのときぼくは日本にまったく興味がなかった。ブラジルで目立った活躍をした選手はヨーロッパに向かった。他の場所、アジアについてはまったく情報がなかった。妻が乗り気でなかったのは、子どもが小さかったこともある。上の子が一歳半、下が六カ月だったんだ」

ただ、環境を変えてみようかという思いは頭の片隅にあった。

「九三年にブラジル全国選手権で優勝、ぼくはボーラ・ジ・オウロに選ばれた。九四年もパルメイラスはサンパウロ州選手権で優勝していた。それなのに九四年のワールドカップのメンバーに入ることができなかった。すごく寂しかった」

ボーラ・ジ・オウロとは、ブラジルのサッカー雑誌『プラカール』が選出する年間最優秀選手である。

「ブラジルを出て他の国に行くことを考えていた。ただ、日本ではなかった。日本は距離的に遠く、文化がまったく違う。家族にとって生活環境は大事だ。日本でJリーグが始まり、ワールドカップ開催に向けて動いていることは聞いていた」

そこでエドゥー・マランゴンに連絡を取り、意見を求めることにした。

「チームも街も人もすごくいい。困ったときは色んな人が助けてくれる。お前は絶対に気に入ると彼は言ったんだ」

そしてこう付け加えた。

「正直に言うとフリューゲルスに行くことを決めたのは、経済的要因だった。そのときは日本がぼくにとって第二の故郷になるとは思ってもいなかった」

坂本はサンパイオが日本行きをあっさりと受けた記憶がある。

「ジーニョ、エバイールも行くというのもあったと思います。代理人は彼のお兄さんだった。必要なことがあればお兄さんと会ってくれということでした。今から考えれば、三人とも本人か、親族が代理人だった。それですんなりと契約を結ぶことができた」

選手補強と並行して検討事項となっていたのは、加茂を引き継ぐ監督を誰にするか、だった。

全日空スポーツの中では、ジーニョたちブラジル代表クラスの選手を束ねるには相応の経験がある人間でなければならないという意見が出ていた。パルメイラスを率いていたルッシェンブルゴは監督候補の一人だった。しかし、加茂が代理監督となっていた木村に継がせたいと言い出した。

木村は関西リーグ、日本リーグ二部の京都紫光クラブでの監督の経験はあった。しかし、自分の商品価値に敏感なプロ契約の選手を直接扱ったことはない。勝負に厳しい加茂が、木村を推したのは、自分に仕えてくれた労に報いるつもりだったのか。あるいは一年間の代表監督契約終了後、フリューゲルスに戻るつもりで木村を残したのか。ともかくこの温情は裏目に出ることになった。

第4章

「家族的」なクラブの限界

1995-1997

写真：Getty Images

ブラジル人トリオ、山口、前園、三浦（淳）らを擁するがリーグ優勝は果たせなかった。

一

天皇杯の一回戦、木村文治が代行監督を務めるフリューゲルスは二部リーグに相当するＪＦＬのＰＪＭフューチャーズと対戦した。格下相手、さらに後半早々相手に退場者が出た中で一対〇の辛勝だった。二回戦で浦和レッズに〇対二、九四年シーズンはあっさりと終了した。

年が明けた九五年一月、木村が正式に監督就任した。コーチには日産自動車サッカー部時代に加茂周の元で選手だった下條佳明が就いた。ゴールキーパーコーチの栗本直は留任。フィジカルコーチのエルシオはチームを離れ、サテライトチームからドイツ人のゲルト・エンゲルスが昇格している。

九五年は日本サッカーが初めて世界との関わりを強く意識する年となった。

一月六日、日本代表はアジアカップ優勝国として、各大陸の優勝国を集めたキング・ファハド・カップに参加している。サウジアラビアのリヤドで行われたこの大会が加茂周の日本代表監督としての初采配となった。

フリューゲルスの山口素弘は初戦のナイジェリア戦で一五番をつけて先発出場している。彼にとって初めての代表戦出場だった。日本代表はアフリカネイションズカップ優勝国のナイジェリア代表に〇対三、コパ・アメリカ優勝のアルゼンチン代表に一対五と大敗し、二戦二敗でグループリーグ敗退している。

一方、フリューゲルスは、前年の天皇杯優勝クラブとして一月二〇日からアラブ首長国連邦のシャルージャで行われたアジアカップウイナーズカップに臨んだ。準決勝でタイのTOT戦に四対二、二日後の決勝では地元のアル・シャアブと延長戦までもつれ、二対一で優勝した。

そして二月四日、一二時四五分着の日本航空でジーニョ、サンパイオ、エバイールがブラジルから到着した。

日本での生活は戸惑いだらけだったとサンパイオはいう。

「まずぼく一人がシーズン前の宮崎キャンプに行った。その後、家族が横浜にやってきたんだ。妻は日本は雪が降るんでしょ、と寒さを警戒していた。日本には雪の降る場所はあるけど、横浜はそこまで寒くない、心配しないでいいよと言っていた」

そうしたら、彼女たちが着いた日はものすごく寒くてね、翌日、雪が降ったんだと目を見開いた。ジーニョ、エバイールの三人は同じマンションに住むことになった。カナガワケン・ヨコハマシ・ツルミクだ、今でも住所は覚えている、迷子になったとき困るからねと目配せした。

「マンションではゴミを分別しなければならない。再生可能なゴミなのか、調べたことを覚えている。練習の前、ぼくたち三人をチームの人が車で迎えに来てくれた。ブラジルだったら、運転手と気さくに話してすぐに仲良くなる。日本人は礼儀正しくて、しばらくは他人行儀だった。そのうちに親しくなったけれど、なかなか壁は消えなかった」

　このシーズンからブラジル人三人の他、滝川第二高校から波戸康広、奈良育英高校からゴールキーパーの楢﨑正剛が加入している。ブラジル代表経験のある三人に加えて、日本代表の山口素弘、オリンピック代表の前園真聖を揃えたフリューゲルスは優勝候補の一角と目された。

　滑り出しは上々だった。

　第一節の浦和レッズ戦、第二節のベルマーレ平塚戦に連勝。しかし第三節の横浜マリノス戦から四連敗を喫する。サンパイオはシーズン前に行われたコロンビアのアトレティコ・ナシオナル戦で左足首を痛めていたこともあり、精彩を欠いた。ジーニョは周囲との意思疎通が上手くいかず、孤立することが多かった。最も期待を裏切ったのはエバイールだった。調整不足か、明らかに身体が重かった。

　そこで急遽、ブラジルのパラナクルービから一七歳のロドリゴ・バタタが加わった。第七節の清水エスパルス戦は三対二で勝利したものの、再び四連敗。名古屋に勝利した後、磐田に敗れた。そして五月六日の第一四節、ベルマーレ平塚に一対五で大敗。韮崎高校を卒業したばかりの新人選手、中田英寿に二得点を決められている。この二日後、木村の休養が発表され、コーチのアントニオ・カルロス・ダ・シウバが暫定監督となった。

低迷の理由の一つは、前任者の加茂が掲げていた「ゾーンプレス」の幻影だった。ジーニョ、サンパイオ、エバイールは個としての能力が高く、どのようなサッカーをするのかという共通認識があった。そんな彼らにこれまでの「決まり事」を守らせることもできず、また、あるいは彼らのサッカーに他の選手が合わせることもなかった。

監督は、各楽器の持ち味を引き出し、まとめるオーケストラの指揮者に近い。そして老練な心理学者の能力も必要である。選手は自らの価値を示すことに必死な〝獣〟だ。猛獣つかいの一面もある。現役時代に輝かしい経歴を持つ監督、そうでない監督、あるいはそもそもプロ契約選手としての経験がない監督もいる。そんな中、結果を残す監督に共通しているのは、どのようにチームを作るのかという軸をしっかりと持っていることだ。そして個性ある選手たちを納得させる言葉、佇まい、雰囲気がある。その意味で木村は力不足だった。

後を引き継いだブラジル人のシウバは、同国人である三人に自由を与えた。第一五節のマリノス戦は〇対〇の引き分け、ＰＫ戦で勝利を拾っている。しかし、続く第一六節は柏レイソルに〇対一で敗戦。この後、日本代表戦のため中断期間に入った。

日本代表はキリンカップでスコットランド代表、エクアドル代表と対戦した後、アンブロカップが行われるイングランドに向かった。

アンブロカップは日本代表の他、イングランド代表、ブラジル代表、スウェーデン代表の四カ国が参加した。日本代表はイングランド代表に一対二、ブラジル代表に〇対三と敗れ、スウェーデン代表には二対二と引き分けた。

山口素弘はキリンカップ二試合、アンブロカップ三試合すべてに先発、フル出場している。ブラジル代表にはジーニョ、サンパイオが招集されていた。大会終了後、山口、ジーニョ、サンパイオは同じ飛行機で日本に戻っている。

第一七節のサンフレッチェ広島戦では二対一で勝利。最下位を脱出した。この直後、世界のトップクラスの選手を抱えることの困難を思い知ることになった。七月からウルグアイで開催されるコパ・アメリカに出場するブラジル代表にジーニョとサンパイオが招集されたのだ。

コパ・アメリカは南米大陸の代表チームによる世界最古の国別対抗大会で、この頃は二年に一度開催されていた。日本のクラブからは鹿島アントラーズのレオナルドとジョルジーニョ、ジュビロ磐田への加入が決まっていたドゥンガがブラジル代表入りした。

七月一日付でシウバが正式に監督に就任。ジーニョとサンパイオが抜けたこともあり第二〇節から五連敗を喫した。七月二二日のファーストステージ最終節を終えて、九勝一七敗で一四チーム中、一三位と沈んだ。

同じ七月二二日、コパ・アメリカ決勝に進出したブラジル代表は、地元のウルグアイ代表と引き分け、ＰＫ戦で敗れている。

翌週の七月二九日、アジアサッカー連盟主催の第一回アジア・スーパーカップの第一戦がタイで行われた。これは各国のリーグチャンピオンによるアジアクラブ選手権と、カップ戦チャンピオンによるアジアカップウイナーズカップの優勝チームが対戦する。フリューゲルスの相手はタイのファーマーズ・バンクだった。ジーニョとサンパイオは試合二日前の二七日にタイに入りチームに合流した。第一戦はジーニョが直接フリーキックを決めたものの、終了間際に同点ゴールを許し一対一。八月二日、三ツ沢球技場で行われた第二戦を二対一で勝利し初代チャンピオンとなった。

日本代表は八月六日にコスタリカ代表、九日にブラジル代表と対戦している。コスタリカ代表には三対〇で勝利したが、今年二度目の対戦となるブラジル代表には一対五で大敗した。この後、ブラジル代表は韓国代表との試合のため、韓国へ向かった。ブラジル代表の一員であるジーニョとサンパイオは一二日のセカンドステージ第一節の浦和レッズ戦に欠場している。

この浦和戦は荒れた試合になった。

前半にオウンゴールで失点、後半はさらに四失点。終了間際、ペナルティキックの判定に憤ったゴールキーパーの森敦彦が審判にボールを投げつけて退場処分を受けた。フリューゲルスはすでに三人の交代枠を使いきっていたため、ディフェンダーの高田昌明がキーパーのユニフォームを身につけてゴールを守ることになった。このペナルティキックを決められて〇対六で試合終了した。森は出場停止処分を受け、第二節のベルマーレ平塚戦からゴールキーパーは新人の楢崎正剛が務めることになった。

二

楢崎は一九七六年四月、母親の実家のある徳島県で生まれた。生後すぐに大阪府枚方市へ、四歳のときに大阪府内の柏原市に転居した。四月生まれということもあり、同級生よりも身体が大きく、野球、ドッジボールが得意だったという。小学三年生のときに奈良県香芝市に引っ越し、四年生から地元のスポーツ少年団に入った。まずはフィールドプレーヤー、やがて指導者の薦めでゴールキーパーを兼任するようになった。ゴールキーパーに専念するようになったのは中学一年生からだ。奈良育英高校三年生のとき、全国高校サッカー選手権大会で準決勝まで進んでいる。幾つかのクラブの誘いの中からフリューゲルスを選んだのは、自分が成長できる場所になると感じたからだった。

「絶対的な守護神として森さんがいたんです。(ゴールキーパーとしての)スタイルも違っていた。違うものを持っているという点で自分が学べるのではないかという魅力がありました」

一八七センチと長身の楢﨑に対して森は小柄で運動能力が高かった。

「ゴールキーパーコーチだった栗本さんが、ぼくのことを色々と考えてくれたこともすごく大きかった。それ以外の部分、フィールドプレーヤーにどういう選手がいるとか、複合的な部分で決めたという感じでした」

前年一一月、横浜市戸塚区に天然芝のグラウンド一面が、春に二階建てのクラブハウスが完成していた。ようやくプロのクラブチームとしての体裁を整えたのだ。

自分が森の代役に起用されると楢﨑は予想していなかったという。

「ゴールキーパーにはぼくの他に佐藤（浩）さん、中河（昌彦）さんもいました。高卒の選手は数年間、下積み的なトレーニングを重ねてからトップの試合に出るというイメージがありました。ファーストステージからベンチに座らせてもらうこともありましたが、試合の雰囲気に慣れるための配慮だろうと思っていました」

平塚戦の前半七分、相手のボレーシュートを防ぎ、うまく試合に入ることができた。ＰＫで一点を失ったものの二対一で勝利。この試合の後、森の出場停止処分が三カ月と決まった。

楢﨑を抜擢したのはゴールキーパーコーチの栗本だった。

「中河は森と同じ身長、同じタイプのキーパーでした。二人とは違ったタイプ、若くてスケールが大きいということで楢﨑を選んだ記憶があります。彼の良さは性格が素直なこと。そして洞察力があった。マリノスにいた川口（能活）が羨む長身と落ち着いた性格が武器になると思いました」

マリノスの川口は楢﨑の一学年上にあたる。栗本の意図した通り、川口と楢﨑は互いに意識しながら日本代表を支えるゴールキーパーとなる。

第三節のマリノス戦、第四節のジュビロ磐田戦で勝利したものの、その後、三連敗。セカンドステージは一一勝一五敗、一一位で終わった。目立つのが守備の脆さだった。失点五七点はリーグ最多だった。三浦淳宏たちのサイドの選手を前目に置いたこともあったろう、守備陣の負担が大きかった。山口、サンパイオの二人の守備的ミッドフィールダー、ディフェンスの連携も崩れがちだった。

サンパイオは「あのときJリーグに降格制度があったら落ちていた」と首を振る。ピッチの外も結果に影響したと彼は考えている。

「選手だけでなく家族の適応も関係している。選手である前にぼくたちは一人の人間なんだ。ピッチの中と外で起きることを区別することはできない。家族の問題は必ずピッチの中に影響する。クラブはものすごく良くしてくれた。ただ、うちは子どもが小さかった。妻は子どもの世話、料理、掃除で追われる。当然、ぼくも手伝った。ブラジルでは普通、家政婦を雇う。日本に来て、三、四カ月してからようやく（ブラジルの）ポルトアレグレ出身の日系二世の方に頼むことができた。ぼくたちは少しずつ日本になじんだ」

ジーニョはこう振り返る。

「ぼくが日本へ行ったときはJリーグが始まったばかりだった。選手たちはフィジカル、経験、サッカーに必要なずる賢さがなかった。チームとしてどのように試合に臨むのかという戦術も不足していた。ただ、始まりというのはいつもそんなものだ。生徒が学校で学ぶように、少しずつ良くなっていく」

セカンドステージ途中から、試合前の全体ミーティングの後、サンパイオを中心に選手だけで話をするようになった。サンパイオの証言だ。

「ぼくはピッチの中で納得いくまで詰めていく。ああしよう、こうしようということを提案して話し合う。日本人選手たちはぼくの言葉を受けとめて改善していった。一年目はいわば充電期間になった」

とはいえ、監督のシウバの前職は静岡学園のコーチである。ブラジル代表、日本代表の選手たちを扱う監督として物足りない。フリューゲルスの強化担当者は日本代表監督の加茂の動向を注視していたのだ。

三

加茂が自らの去就を初めて口にしたのは、イングランドで行われた六月のアンブロカップ最終戦、スウェーデン戦後の記者会見だった。任期は一一月までだが、八月には契約継続、解除の結論を出したいと語った。

代表監督の「評価」はサッカー協会内の強化委員会が担当していた。この評価を判断材料として理事会が最終決定する。理事会に参加するのは、会長、副会長、専務理事、常務理事の他、各地域のサッカー協会から選出された理事である。理事会では地域での育成、運営など日本サッカーに関する多岐にわたる議題が取りあげられる。そのため、代表監督選定は理事会の前に行われる「幹部会」が主導するのが常だった。

日本代表の最大の目標は、九八年にフランスで行われるワールドカップの出場権を獲得することだった。二〇〇二年ワールドカップ開催国になれば自動的に出場権を手にすることができる。しかし、これまで一度も出場したことのなかった国でワールドカップを開催した前例はなかった。

ワールドカップ開催地を争っていたのは隣国の韓国である。韓国代表は日本代表が逃した九四年ワールドカップの出場権を手にしている。アジア最終予選終了後、韓国サッカー協会の会長だった鄭夢準が二〇〇二年開催地に名乗りを挙げた。彼は記者会見で日本の招致委員会をこう挑発した。日本は一度もワールドカップに出場したことはない。我々はこれまで四度も成し遂げてきたのだ、と。

九四年五月、アジアサッカー連盟から選出される国際サッカー連盟（ＦＩＦＡ）副会長選挙が行われた。副会長選挙には鄭、日本サッカー協会副会長だった村田忠男たち四人が立候補していた。東西アジアで票が割れるため、村田にも勝ち目があるという日本サッカー協会の読みだった。しかし、三一票のうち、村田が獲得したのはたった二票。一一票の鄭が副会長の座を射止めた。韓国の財閥、現代グループの一族である鄭は、政治力、資金力があった。彼はワールドカップ開催地を決めるＦＩＦＡ理事会での一票、そして他地域のＦＩＦＡ理事たちとの太い繋がりを得ることになった。日本代表は翌年から始まるワールドカップ予選で結果を残す必要があったのだ。

加茂の代表監督としての〝審査〟は最終段階に入っていた。日本代表は一〇月二四日に国立競技場、二八日に愛媛県営総合運動公園でサウジアラビア代表と連続して試合を行った。いずれも二対一と日本代表が勝利を収めている。

一〇月三〇日、渋谷の岸記念体育会館内にあるサッカー協会の会長室で幹部会が開かれた。参加したのは、サッカー協会会長の長沼健、副会長の岡野俊一郎と川淵三郎、専務理事の小倉純二、強化委員長の加藤久の五人。会議は三時間に及んだ。川淵は以前から、九四年のアジア最終予選を率いたオランダ人のハンス・オフト、そしてファルカン、加茂から選ぶと発言していた。長沼はファルカンは選択肢から外れており、Jリーグの外国人監督の中から選ぶ可能性もあることを匂わせた。

〈川淵副会長の他の幹部3人は、2002年ワールドカップの招致活動のために海外に出るため、実際の選考作業は川淵副会長が行うことになる。川淵副会長は報道陣の質問に対して「代表監督は協会の死命を握っている。（オフト元監督からの3人を候補にして選ぶというのは）世界でも異例中の異例だったが、事態は時々刻々と変わっておりそれにこだわることはないと思う。すべての条件をふまえて（4人で）話をしたい」と話している。（中略）強化委員会があげた候補は4人。加藤委員長は「予選を戦う上で、より確率が高い人を推せんした」と話し、候補者を優先順位付きで提出したことを明らかにしている。候補者は優先順位の上から名古屋グランパスのアーセン・ベンゲル監督、ヴェルディ川崎のネルシーニョ監督、ジュビロ磐田のハンス・オフト監督。加茂現監督はその下にランクされたという〉（『サッカーマガジン』一一月二九日号）

フランス人のアーセン・ベンゲルは九五年シーズンに名古屋グランパスの監督となっていた。ファーストステージの出足こそ負けが込んだが、最終的には四位に入った。セカンドステージではヴェルディ川崎に続く二位、Jリーグ最優秀監督に選出されることになる。Jリーグ開幕以来、低迷していた名古屋を立て直した手腕は確かだった。ネルシーニョを推したのは強化委員長の加藤久である。九四年シーズンまでヴェルディの現役選手だった加藤は、ネルシーニョを「これまで出会った中で最高のコーチの一人」と高く評価した。

加茂にとってこの順位付けは屈辱だったろう。長沼、岡野、川淵は代表監督の経験があるが、アマチュア時代である。年下の加藤は監督経験さえないのだ。一一月一日、加茂はサッカー協会に契約満了と共に辞任すると伝えた。

〈11月始め、川淵三郎副会長は電話でグランパスとジュビロに打診。両クラブとも固辞の姿勢を見せたため、強化委員会レベルで好感触を得ていたヴェルディのネルシーニョ監督に候補をしぼり込んだ。

ヴェルディの森下源基社長はネルシーニョ監督に意思を確認し、11月半ばにはほぼ就任は決定。ヴェルディ側も新監督の人選を始めており、あとは条件面での細かい詰めだけになった〉(『サッカーマガジン』一二月六日号)

契約期間はワールドカップ予選終了までの約二年間。加茂監督の元でフィジカルコーチを務めていたブラジル人のルイス・フラビオは留任。フラビオはヴェルディから代表チームに転出していた。ゴールキーパーコーチは、やはりヴェルディのマルキーニョが就任することになった。

一一月一八日夜から一九日に掛けて、強化委員長の加藤はネルシーニョと金銭的条件を話し合い、合意に至ったという。あとは、一一月二二日の正式発表を待つばかりだった。

一方、加茂のフリューゲルスの復帰交渉も進んでいた。一一月一七日の時点で日本代表のコーチだった岡田武史を連れてフリューゲルスに戻ることで話がまとまっていた。

ところが、二二日、サッカー協会は記者会見を開き、加茂の留任を発表した。

四

この日はセカンドステージの第二五節が行われた。すでにセカンドステージ優勝を決めていたヴェルディ川崎は等々力陸上競技場で浦和レッズに〇対二で敗れている。試合終了後の記者会見でネルシーニョは、こうまくしたてた。

「日本サッカー協会に代表監督を選ぶ権利はあるが、我々を愚弄する権利はない。長沼（健）、川淵（三郎）は嘘つきだ。残念ながら、箱の中には必ず〝腐ったみかん（laranjas podres）〟があるものだ」

直後の『サッカーマガジン』は内幕をこう推察している。

〈元来、会長、両副会長の3役にとっては「加茂留任」は当初のシナリオだった。10月30日のサウジアラビア戦終了を受けて行なった幹部会では加藤強化委員長の「具申」を受けながら「加茂監督留任」を確認。そして「時期が来て熱が覚めるのを待つ」方針を立てた。

しかし、強化委員会の報告の中で自身のいわゆる「プライオリティー（優先順位）が低かったことや、川淵副会長が「4人のうちの1人」と評価したことで、加茂監督が辞意を固めてしまった。そこで幹部は加藤委員長が推せんし、就任の意思を確認していたネルシーニョに候補を絞らざるを得なかった。（中略）この展開は長沼会長と岡野副会長にとって本意ではなかった。10月30日の幹部会後の記者会見で加茂監督を評価した長沼会長は「続投派」。また岡野副会長もオフト元監督就任の際にも最後まで反対に回るなど、コミュニケーション重視で立場を取る「日本人監督派」だった。（中略）

いずれにしろ、一度は消えかけていた加茂監督留任の「逆転のシナリオ」は19日の夜に書き始められた〉（『サッカーマガジン』一二月一三日号）

付け加えるならば、長沼たちは佳境に入っていた二〇〇二年ワールドカップ招致活動に追われていた。九月二八日、岡野は小倉と共にチューリヒに赴き、FIFAに開催提案書を提出した。

一〇月三〇日、ドイツサッカー協会専務理事のホルスト・シュミットを団長とする『ＦＩＦＡ視察団』がチューリヒに集合し、翌日の飛行機でソウルに入っている。視察団は韓国国内の開催予定地を視察し、一一月四日に日本に到着した。国立競技場で行われた鹿島アントラーズ対セレッソ大阪の試合を観戦、建設中の横浜国際競技場、鹿島アントラーズのクラブハウス、大阪の長居スタジアムを視察し、八日に日本を発った。この後、ＦＩＦＡ理事に日本開催を訴えるため長沼はアフリカ大陸へ、川淵は欧州大陸に向かっている。その間、技術委員会はネルシーニョの監督就任で進めていた。それが川淵たちの帰国後に覆ったと思われる。一連の騒動により、加藤たち技術委員は辞任した。

一一月二五日、記者会見で加茂は苦虫をかみつぶしたようにこう語っている。

「お話できないことはいっぱいある。いずれにしろ（長沼）会長から要請を受けて、やってやろうと。できるだけ同じスタッフでやりたい。任期はフランス本大会終了までと受け止めている」

腹の中に不満を呑み込んだのだ。

同時にフリューゲルス監督も空席となった。ジーニョたちを生かすには実績あるブラジル人監督が最適である。すでにエドワルド坂本は加茂が復帰しない事態も想定して監督候補を準備していた。ブラジルのグレミオの監督を務めていたフェリポンことルイス・フェリペ・スコラリである。

スコラリは一九四八年にブラジル南部、リオ・グランジ・ド・スール州のパッソ・フンドで生まれた。ディフェンダーとしてカシアス、ジュベントゥージなどのクラブでプレーした後、指導者の道に入った。ゴイアスなどの母国のクラブチームの他、サウジアラビア、クウェートのクラブチーム、クウェート代表監督を務めた。

彼の評価を高めたのは、九三年に三度目となるグレミオ監督となってからだ。九四年にコパ・ド・ブラジルで優勝、九五年のリベルタドーレス杯決勝ではコロンビアのアトレティコ・ナシオナルを下して優勝。一一月二八日に国立競技場で行われるトヨタカップで来日することになっていた。

坂本はスコラリに連絡を取り、彼の自宅のあったポルト・アレグレに向かった。

「フリューゲルスが貴方に興味を示している。日本へ行ったときにチームの関係者と交渉できないかという話をしました。そうしたら問題ないという返事でした」

グレミオの対戦相手は、オランダのアヤックス・アムステルダムだった。監督はルイス・ファン・ハール。ゴールキーパーにファン・デル・サール、フランクとロナルドのデ・ブール兄弟、エドガー・ダービッツ、パトリック・クライファート、マルク・オフェルマルスたちオランダ代表、フィンランド代表のヤリ・リトマネン、ベンチにナイジェリア代表のヌワンコ・カヌーという若き才能ある選手たちの集団だった。

五

ブラジルは広大な国家である。気温、湿度、人々の気質——地方による差異は大きい。海沿いで高温多湿、開放的なリオ・デ・ジャネイロ市内と、内陸部でやや高地のサンパウロ市内のサッカーは異なる。スコラリの生まれ育った南部は欧州、とりわけドイツ移民が多い。街は整然としており欧州の田舎町のような趣だ。そして国境を接しているアルゼンチンとの文化的共通点が多い。サッカーも同様である。重心を後ろに置き、しぶとく守り、得点機を見逃さないサッカーだ。

トヨタカップのグレミオはまさにそうしたチームだった。目に付くのは、後年、ポルトガルのFCポルトに移籍し「スーパー・マリオ」と異名を取る長身ストライカー、マリオ・ジャウデル、あるいは金髪の俊足フォワードであるパウロ・ヌーネスかもしれない。ただ、その強さの根底にあるのは中盤からの堅い守備である。グレミオの選手たちは距離を詰めることでアヤックス選手の良さを消し、○対○に持ち込んだ。PK戦で敗れたものの、スコラリの戦術家としての能力は十分に発揮されていた。

スコラリのサッカーで、肝となるのはボランチ——守備的ミッドフィールダーだ。フリューゲルスにはサンパイオと山口がいた。長身で頑強なフォワードであるエバイールはジャウデルに近い。フリューゲルスがスコラリに目をつけたのは必然だった。

スコラリの日本滞在中、通訳を務めていたのは木村精孝だった。

福岡県で生まれた木村は小学生のときに家族でブラジルに渡っている。一九九〇年のフェルナンド・コーロル大統領就任時の銀行封鎖で自営していた店舗が傾き、日本に帰国、旅行代理店、通訳、ポルトガル語教師として働いた。ある日、生徒からフリューゲルスが通訳を募集していると教えられた。

「駅のキオスクで（サッカー）ダイジェストを買ったら、履歴書の送付期限がその日だったんです。ぼくはどちらかというとそんなに積極的ではないほうです。ただ、こんなチャンスはなかなかないだろうと連絡先に電話をしてみたんです。電話に出たのが今泉（貴道）さんでした。間に合わないのでファックスで履歴書送っていいですかと聞いたら、大丈夫ですよと言ってくださった。そうしたら次の日に電話が掛かってきて、翌週に面接することになりました」

監督が木村文治からシウバに交代し、通訳を補充する必要があったのだ。新横浜の全日空スポーツで面接を受け、一週間の試用期間の後、正式契約した。彼はブラジルで育ったが、サッカーの経験は皆無だ。

「九歳で移民したときに学校でブラジル人とサッカーをしたら、まったくついていけない。遙かに小さい低学年の子どもにも敵わないんです。ブルース・リーの映画が流行っていたこともあって、空手をやるようになりました。ただ、ブラジル代表とパルメイラスの試合は見てました」

そんな木村にとって、ジーニョたちと仕事で関われることは喜びだった。

「最初はぼくなんかが口を利いてもいいんだろうかと思っていました。ジーニョに恐る恐る挨拶すると、にこっと笑って握手してくれました。エバイールは曲がったことが大嫌いな人。ルールを守らない人間には、なんだよっていう態度をとることがありましたが、普通にしていればまったく問題ない。サンパイオは最初から、どこの出身なの、これまでどんな仕事をしていたの、とぺらぺら話しかけてきましたね。通訳になってすぐ、電子サキソフォンを買いたいから付き合って欲しいと頼まれたことがありました。秋葉原で待ち合わせしようとしたら、行き方が分からないというので、横浜で落ち合うことになりました」

待ち合わせ場所に現れたサンパイオは大きなつばの帽子、派手な色彩のベストを着ていた。

「君はミュージシャンなのって思わず聞きました。彼はサッカー選手にならなかったらミュージシャンになりたかった、親戚にプロのミュージシャン、ウッドベースの奏者がいると言っていました」

ブラジル人は身体の中にリズムを持っている。送り迎えの車、バスの中で一人が何かを叩いて音を出すと、別の場所から呼応して音が鳴り出す。ブラジル育ちの木村には馴染みのある雰囲気だった。

木村はフリューゲルスの通訳となる前から、トヨタカップの仕事が決まっていた。そのため、トヨタカップ期間中は休暇を取っていた。アヤックスとの試合が終わった後、木村はスコラリとの食事に付き合い、チームが宿泊している芝公園のプリンスホテルに戻った。スコラリはこれからミーティングがあるという。知り合いのいない日本でこんな時間からどんな打合せがあるのだろうと、いぶかしく思った。すると部屋の前に、顔を知った男たちが立っていた。手嶋、丹野、そしてエドワルド坂本だった。

「しばらくしてスコラリさんから部屋に来てくれと電話があったんです。すると、お前はフリューゲルスで働いているんだよな、と聞かれました。そうですと答えると、来年から俺たちは一緒に仕事をすることになるって言うんです。そのときフリューゲルスと交渉していることを知りました」

しかし、この話は流れることになった。

六

坂本はブラジルに戻った後、ポルトとアレグレに飛び、スコラリと契約の細部を詰めることになっていた。

「（就労）ビザの手配など色々と話をしているうちに、雲行きがおかしくなった。最終的には、家族が日本行きに反対しているということで断られました」

すでに一二月に入ろうとしていた。時間はない。困り果てた坂本はパラナ・クルービのオスカル・ヤマトに相談することにした。かつて日本人移民たちは、サッカーは貧しく学のない人たちの熱中する娯楽であると距離を置いていた。オスカルは数少ない例外だった。

七四年、綿花栽培で財を成したマツバラ・スエオがパラナ州でSEマツバラというサッカークラブを設立、二年後の七六年のパラナ州で準優勝している。このクラブの実務を切り盛りしたのがオスカル・ヤマトだった。ちなみに八七年、マツバラはパラナ、サンタカタリーナ、リオ・グランジ・ド・スールの三州で行われたカンピオナット・スール（南部選手権）で優勝している。このときの中心選手は五カ月契約で加わっていた三浦知良である。

オスカルは九〇年からパラナ州のパラナ・クルービのサッカー部門のディレクターに就いていた。パラナ・クルービの下部組織にいたロドリゴをフリューゲルスにレンタル移籍させたのも、オスカルの関係だった。

坂本がオスカルに出した条件は二つ。ジーニョたち三人を束ねる能力があること。日本という異文化で生活できる懐の広さを持っていること。

「オスカルは即座にオタシリオの名前を出しました。自分がこれまで仕事をした中で、すごいと思った監督だ、人格的にも優れている、日本に行ってもまったく問題ないと言うんです」

オタシリオ・ゴンサルベスは一九四〇年にリオ・グランジ・ド・スール州のサンタマリアで生まれた。七〇年代からポルトアレグレのインテルナシオナルの指導陣に加わり、八四年に監督就任。その後、アトレチコ・パラナエンセ、コリチーバ、グレミオ、ポルトゲーザなどの監督を務めた。九一年のコパ・アメリカにはファルカン監督を支えるブラジル代表のスタッフに入っている。

オタシリオを適任だと坂本が判断したのは、九二年から九三年に掛けてネルシーニョ・バチスタの後を引き継いで、パルメイラスの監督を務めていたことだった。このときのチームが後のパルメイラスの黄金時代の礎となった。ジーニョ、サンパイオ、エバイールの他、九二年シーズンにはフリューゲルスに移籍する前のエドゥー・マランゴンが所属していた。

この時点で彼はバイア州のサルバドールを本拠地とするECバイアの監督だった。バイアとの契約は終盤に入っていたブラジル選手権までだった。来季の契約は問題ない。ただし、連戦が続いており、彼がどこに滞在しているのか分からなかった。

「(強化部の)丹野さんにオタシリオの履歴書を送って、交渉に入ることになりました。ポルトアレグレの自宅に電話をすると娘さんが出た。彼女によると大会が終わった後、サルバドールから自宅まで休暇を兼ねて奥さんと車で戻ってくるというんです」

サルバドールからポルトアレグレまでは陸路で約三七〇〇キロの距離である。海沿いには風光明媚な観光地が並んでいる。道草をしているとポルトアレグレに着くのはいつになるか分からない。娘によると一日一回程度は自宅に電話があるという。坂本は、日本から仕事の打診がある、何時でもいいのでこちらに連絡が欲しいと伝言を残した。

「そうしたらその夜にオタシリオから電話が掛かってきました。フリューゲルスが監督を探していると伝えると詳しく話を聞きたいというんです。そのとき彼はポルトセグーロにいました。そこで翌朝の飛行機に乗ってポルトセグーロに向かうことにしました」

ポルトセグーロは青く美しい海岸を持つ、ブラジル屈指の高級リゾート地である。空港を降りると、ねっとりとした重い空気を肌に感じた。半袖、半ズボンの気軽な格好の人たちの中、スーツにネクタイ姿の自分は仕事中毒の日本人ビジネスマンと思われているだろうなと坂本は思った。

「フリューゲルス側は年内に日本に来てもらい、選手を見て来季の構想を話し合いたいというんです。ところがオタシリオは一二月二四日、クリスマスを家族で（アメリカの）ニューヨークで過ごすことになっていた。すでに飛行機もホテルも押さえてあったんです。そこでフリューゲルスの親会社は全日空というエアラインです、東京からは毎日ニューヨークに飛行機が飛んでいる。あなたと奥さんは日本からニューヨークへ、息子、娘さんとはニューヨークで落ち合ったらどうですか。貴方と奥さんの旅行はここで終わりです、すぐにポルトアレグレに向かってくださいと説得したんです」

一二月二〇日、坂本とオタシリオは成田空港に到着した。翌日、フリューゲルスの練習を見学し、オタシリオは二三日にニューヨークに出発した。

一二月二五日、前年度の優勝チームとして参加していたアジア・ウィナーズカップの準決勝、対ベルマーレ平塚戦が行われた。この試合はコーチのゲルト・エンゲルスが監督代行として指揮をとり、三対四で敗れている。

七

九六年一月二九日、オタシリオ、フィジカルコーチのマザロッピたちブラジル人スタッフが来日、二月二日に新体制記者会見を開いた。このシーズンから守備の要であった岩井厚裕たち六人の選手がチームを去った。新人選手の他、サンフレッチェ広島から森山佳郎、ガンバ大阪から埜下荘司、そして福岡ブルックスから前田浩二が加入している。

前田は一九六九年に鹿児島県で生まれた。鹿児島実業高校から鹿屋体育大学に進んだのは自宅から近かったからだ。大学三年生のとき、総理大臣杯全日本大学サッカートーナメントで鹿屋体育大学は四位に入った。そこでプロ化の準備に入っていた日本リーグのチーム関係者の目に留まることになった。

「自分の中では教員になって、鹿児島実業サッカー部監督だった松澤（隆司）先生の後を継ぎたいと考えていたんです。まずは両親、そして松澤先生と相談して、プロでやってみようという話になりました」

内定したのは本田技研だった。ところが、本田技研はJリーグ入りを見送ることになった。監督だった宮本征勝はプロ選手としてやっていきたいならば他のチームを選んでもいいと言ってくれた。宮本の他、中心選手だった長谷川祥之、本田泰人たちは住友金属サッカー部——後の鹿島アントラーズ、北澤豪と石川康は読売クラブに移籍している。

「そこで大学三年生のときから熱心に誘ってもらった松下（電器）に行くことにしました。チームには、ウルグアイ代表だったダリオ・ペレイラ、センターフォワードのブラジル人選手、（ミゲル・ルイス・）ミューレルがいて（九〇年の）天皇杯で初優勝、勢いがありました。当時の監督だった水口（洋次）さんは若手選手を積極的に起用するという方針でした。それでぼくも二試合ほど（日本リーグの）ベンチに座らせてもらいました。スピード、テンポ、全然それまでと違った。大学の卒論に追われて身体を動かせていなかったこともあって、自信を失いましたね」

試合中、ベンチで下を向いて、自分を出さないでくれと祈っていたという。

「幸い、試合に出ることはなかったんですが、自信を失っていたこともあったんでしょう、大学生との練習試合で後ろからファウルされて怪我で九カ月休むことになりました」

松下電器サッカー部は、Jリーグに向けてガンバ大阪となった。

「松下電器、ガンバでは一試合も出ていないです。そして（Jリーグ）元年の前に（契約を）切られました。それで九三年シーズンからPJMフューチャーズに移籍したんです」

PJMフューチャーズは八七年に浜松市で設立された。母体となったのはPJMジャパンという企業で、アメリカ人セールスマンのポール・J・マイヤーの「SMIプログラム」という「自己啓発キット」を訪問販売していた。アルゼンチン代表のディエゴ・アルマンド・マラドーナの弟、ウーゴ・マラドーナを擁し、九二年の東海社会人サッカーリーグで優勝、地域リーグ決勝大会に進んでいた。

「ぼくは決勝大会から試合に出ています。マラドーナは、お兄さん譲りのドリブル、スピード、シュート。このリーグにいるレベルの選手ではないなと感じました」

六九年生まれのウーゴ・マラドーナはイタリアのアスコリ、スペインのラーヨ・バジェカーノなどを経て九二年シーズンからフューチャーズに加入していた。

フューチャーズは決勝大会で優勝、翌九三年シーズンからJFL二部に昇格することになった。Jリーグから数えて三部リーグに相当する。このシーズンから守備的ミッドフィールダーのセルヒオ・バティスタが加入した。彼のプレーに前田は瞠目した。

「右足も左足も同じように使えて、来たボールをほとんどワンタッチではたく。視野が広く、次のプレーの予測ができている。そんな選手を日本で見たことがなかった。これが世界（レベル）

なんだなと思った記憶があります」

バティスタはウーゴの兄、ディエゴ・マラドーナと共にアルゼンチン代表として八六年ワールドカップで優勝、九〇年のワールドカップでも準優勝していた。

九四年、フューチャーズはPJMジャパンの社長、有田平の出身地である鳥栖市へ移転、Jリーグ準会員となった。準会員とはJFLに所属しながら、Jリーグに準ずる資格を持つクラブのことだ。J予備軍である。この九四年シーズンからは、やはり八六年ワールドカップの優勝メンバーだったエクトル・アドルフォ・エンリケが加入している。

「ガンバ大阪をクビになったとき、悔しさが三〇パーセント、残りの七〇パーセントは自信がなかった。当時、解雇された選手というのはそのレベルでは通用しないというレッテルを貼られた。周りの人も前田浩二は終わったと見ていたと思います」

PJMジャパンでは九〇年頃からアスリート向けの『メイキング・オブ・ア・チャンピオン』というプログラムを発売していた。社長の有田はスポーツに傾倒しており、リレハンメルオリンピックで銅メダルを獲得したスピードスケート選手、堀井学の支援者でもあった。このプログラムの販売員となっていたフューチャーズの選手もいた。

「ぼくは外部から来たのでそうしたことはしていないです。ただ研修会で、自分のストーリーを考え、プロセスを踏んで夢を叶えていくという話を聞きました。そこで具体的に何か欲しいものを紙に書いていく。例えば、今季は何試合出るとか、テレビに映るような選手になる、（メルセデス・）ベンツを買うとか。そこから今、何が必要か逆算していく。ぼくは、はったりで五年後に日本一って書いたんです」

このときはそれが実現するとは想像もしていなかった。前田はこのプログラムで物事を前向きに捉えることができるようになったという。ただし、この頃、PJMジャパンの経営は傾いていた。九四年シーズン終盤から、同じ九州を本拠地とするJFL一部リーグの福岡ブルックスがフューチャーズの主力選手に接触していた。前田もその中の一人だった。

福岡ブルックスの前身は静岡県藤枝市を本拠地とする中央防犯FC藤枝ブルックスである。ブルックスはJリーグ加盟に必要な観客数を備えたスタジアムを必要としていた。一方、福岡県はユニバーシアード福岡大会のサッカー競技に使用する博多の森球技場の継続使用を望んでいた。両者の思惑が一致、九四年にブルックスは福岡に移転した。

「（PJMジャパンの）有田さんは、移籍金を満額支払わないと移籍を認めないと選手の引き抜きに最後まで抵抗していました。ぼくの記憶ではブルックスと仮契約を結んだのは九五年の一月だったと思います」

その翌日、郷里の鹿児島に向かう車の中で携帯電話が鳴った。フリューゲルスのスカウトだった三島俊孝だった。三島は前田と同じ鹿児島実業から法政大学を経て、全日空横浜サッカークラブに加入、現役引退後はスカウトに転じていた。

「九四年の天皇杯の一回戦で（フューチャーズは）フリューゲルスと対戦していたんです。ぼくはモネールを削って一発退場になったんですが、それまではフリューゲルスの攻撃を抑えていた。それを見てフリューゲルスに足りない何かを持っていると思ったそうです。ところがぼくは前日にブルックスと仮契約を結んでいたので、お断りしたんです」

それでも三島は諦めなかった。翌年、再びフリューゲルスに来ないかと誘った。九五年シーズン、ブルックスはJFL一部で優勝。シーズン終了後、前田はフリューゲルスに移籍した。ブルックスは翌年九六年シーズンからアビスパ福岡と改称してJリーグに昇格している。

八

Jリーグの眩い世界を横目で見ながら、泥の中から這い上がってきた前田にとって、フリューゲルスの選手たちの第一印象は、スカした奴ら、だったという。

「同時に移籍してきた森山（佳郎）さんとは出身地が同じ九州の熊本と鹿児島ということもあってすぐに意気投合しました。あの年は最初、横浜で集まって（キャンプ地の）シドニーに向かいました。すると若い選手、三浦淳（宏）とかが、前田治さんに対して前ちゃんとか呼んでいるんです。我々からすれば、目上の先輩にちゃんづけかよって」

しばらくしたらぼくたちも年下の選手から呼び捨てされるようになりましたと苦笑いした。同じ年である山口素弘、大嶽直人も冷ややかな対応だったという。

「同期の前田ですって自己紹介したら、おーっていう感じでした。相手にされていないのかなと思いましたね。とにかくお高くとまっている人たちの集まりというのが最初の印象でした」

チームに入ってみると、ジーニョたちブラジル人選手と日本人選手の間に距離があるように感じたという。

「それでぼくと森山さんが（わざと）馬鹿をやったりして、みんながコミュニケーションを取れるようにした。雰囲気作りに一役買うことはできたのかなという気はします」

二月六日から始まったシドニーキャンプでチームはA、B、Cと三つに分けられた。

「監督も来たばかりで、ぼくの存在さえも知らなかったと思うんです。初日はCチームで練習試合に出たら、まずまずできた。そうしたらBチームのサブ（控え）になった。それで途中から出たら良かったんでしょう、次の日はBチームの先発。次はAチームのサブという風になっていった」

自分はオタシリオが求めていた守備における最後の一片だったのかもしれないと思うようになった。

「監督は三―四―三というシステムを採用していて、三人のうち大嶽、小泉（淳嗣）さんは決まっていた。ぼくはあまり身体的能力は高くない。ただ、ゲームを予測する力、集中力はあった。（前シーズンの）フリューゲルスは簡単に失点するという印象がありました。そこでリーダーシップを期待されていたのかなと思います」

シドニーキャンプから帰国、二月二五日に鹿児島県の鴨池陸上競技場で行われたベルマーレ平塚とのプレシーズンマッチに前田は先発している。試合は一対一の引き分け、ＰＫ戦で勝利。続くアビスパ福岡との試合では〇対二で敗戦、開幕直前のマリノス戦でも引き分けだった。

「ぼく自身、調子を落としていた。開幕戦は外されるかなという風にも思っていました」

開幕戦のセレッソ大阪戦でオタシリオが提出したメンバー表には前田の名前が入っていた。

「こんな俺でも信用してくれるんだ、これはやらなきゃいけないって思いましたね。そういう気持ちにさせてくれる監督だったんです」

セレッソ戦は二対〇で勝利、ここから勝利を積み重ねていくことになる。

リーグ戦と平行して、マレーシアでアトランタオリンピックアジア二次予選が行われている。八カ国が二つのグループリーグに分かれ、それぞれ上位二カ国が最終予選に進出する。最終予選は四チームによるトーナメント方式で二カ国のみが出場権を手にする。

Ｊリーグ開幕戦と同じ三月一六日に行われたグループリーグ初戦、日本代表はイラク代表に一対一で引き分けた。その後、一八日のオマーン代表戦に四対一、二〇日のUAE代表戦を一対〇で勝利し、グループリーグを首位で通過、最終予選に進んだ。二四日の準決勝でサウジアラビア代表戦を二対一で下し、日本代表は二八年前のメキシコオリンピック以来のオリンピック出場を決めた。

オリンピック代表に選ばれていた前園は二七日の決勝、韓国戦に一対二で敗れた後、帰国。四月三日の第五節、京都サンガ戦に先発出場している。フリューゲルスはこの試合に三対〇で勝利し、開幕から五連勝とした。

特筆すべきなのはこの五試合すべてで失点が〇であったことだ。ディフェンダー陣の踏ん張りに加えて、二年目のゴールキーパー、楢﨑の成長があった。その陰にはオタシリオの推薦でゴールキーパーコーチに就任したマザロッピがいた。

マザロッピことジェラルド・ペレイラ・デ・マットス・フィーリョは一九五三年にミナスジェライス州のアレン・パライバで生まれた。リオのバスコ・ダ・ガマの下部組織からトップチームに昇格、七六年にはブラジル代表に選ばれている。彼が評価を受けたのは、ポルトアレグレのグレミオ時代のことだ。八三年にリベルタドーレス杯で優勝し、トヨタカップでは西ドイツのハンブルガーSVを下した。

楢﨑は初めてマザロッピと握手をしたとき、分厚く、ごつごつした掌に圧倒されたという。マザロッピの練習は長く、内容も濃い。彼は左右両足で正確で強いキックを蹴る能力があった。絶妙な場所に蹴られたボールに楢﨑は無我夢中で飛びついた。

エドワルド坂本によるとマザロッピは最初の練習後、楢﨑を「このゴールキーパーは日本代表になる」と高く評価していたという。

初めてのJリーグの舞台に立った前田浩二はブラジル人選手たちの勝利への執念に舌を巻いていた。

「まずは自信がすごい。負けたくないというエネルギーがすごく伝わってきました。とにかくボールを俺に出せ、預けろと要求する。自分がボールを持つと、怯まず前に進んでいく。プレーについてはサンパイオは、すごくシンプルなプレーを徹底してやる。ジーニョの場合は意外性があるプレーをする。個での突破、コンビネーションと色んなアイデアを持っていた。後ろで守っていて、彼らのプレーを見るのは楽しかったですね」

第七節の柏レイソル戦で初めての失点を喫したが、二対一で勝利。開幕から七連勝はJリーグ新記録だった。第八節、前田の古巣、アビスパ福岡戦では後半終了間際、交代出場で入った服部浩紀が決勝点を挙げて四対三で勝利、連勝を八に伸ばした。

前田はこれまでディフェンスの真ん中に入り、相手のフォワードと少し距離を取ることが多かった、味方選手の動きを見ながら、こぼれたボールを拾ってパスを繋ぐ役割である。それほど足が速くなく、目立った跳躍力もない自分にはそれが合っていると考えていた。しかし、オタシリオの要求は違った。

「ぼくと薩川はとにかくマンマークで相手のフォワードに付く。ヴェルディならば（三浦）カズさん、ジュビロだったらゴンさん（中山雅史）のような選手です。この人たちにやられたらレギュラーを外される。自分の不得手なマンツーマンディフェンスをやらないと試合に出られない。基本は足が速いのは薩川、身長が高いのはぼくが担当。ぼくは（身長）一七八、九（センチ）しかないんですが、ヘディングが得意だったんです。ただ、薩川がいないとき、（二人のフォワードの）両方とも足が速いときもありますよね。それでも付いていかねばならない」

ブラジル代表にも選ばれていた柏のエジウソンは最も手を焼いた選手だった。小柄で俊敏、抜群の足技を持つフォワードである。

「前半の早いうちに、（ピッチ中央の）センターサークルの近くでバシッと厳しくいくわけです。まず相手に嫌な印象を与える。威嚇ですね。その後は間合いを測りながら守って行く。ぼくのことを嫌がると下がっていきます。そうするとサンパイオがいますから」

センターサークル付近でファールを取られたとしても失点に絡む可能性は低い。

しかし、長いシーズンは常に順調ではない。

第九節ではマリノスに延長で敗れ、続く第一〇節では浦和に一対四で大敗を喫した。浦和戦で前田は左太腿の肉離れで途中退場、前半戦の出場は不可能になった。

この後、磐田、名古屋、ヴェルディ川崎に三連勝と盛り返している。折り返しとなる第一五節後、リーグは中断期間に入る。第一五節の相手は二位の鹿島アントラーズだった。

鹿島の中心選手、ブラジル代表のレオナルド、ジョルジーニョは九四年のワールドカップ優勝メンバーである。その他、相馬直樹、本田泰人、長谷川祥之、黒崎比差支といった日本代表選手も在籍していた。

フリューゲルスの先発は、ゴールキーパーに楢﨑、ディフェンスが小泉、大嶽、そして薩川了洋。中盤に三浦淳宏、山口、ジーニョ、森山、原田武男。前戦が前園とエバイール。出場停止のサンパイオに代わって原田が入っている。オタシリオは原田にレオナルドを徹底的に抑えるように指示した。

五月一八日、国立競技場の約四五〇〇〇人の観客が見守る中、試合が始まった。先制したのは、鹿島だった。後半八分、レオナルドがボールを運び、右サイドのジョルジーニョに渡した。ジョルジーニョは正確なクロスボールを中央に上げて、マジーニョが決めた。マジーニョもまたブラジル代表経験があるフォワードである。この辺りから両クラブのブラジル人の意地が激しくぶつかる。ジョルジーニョのファールにエバイールが激昂した。このフリーキックをジーニョが直接決めて同点。試合は延長に入っても決着が付かず、ＰＫ戦となった。ＰＫ戦も五人で決着がつかない。鹿島の六人目の相馬が外し、延長からエバイールに代わって入っていた服部が決め、勝負が終わった。フリューゲルスは首位で折り返したのだ。

どちらが勝ってもおかしくない、このシーズンで最も上質な試合だった。

九

ぼくがその第一報を目にしたのは五月三十日夕方のことだった。

共同通信が〈政府筋が31日午後明らかにしたところによると、日韓共同開催が同日夜に正式発表される可能性が出てきた〉と配信したのだ。そのときは事情を知らない政治部の記者が書いた誤報だろうと思った。開催地は、翌六月一日の国際サッカー連盟（ＦＩＦＡ）の理事会の投票で決まる。〈政府筋〉が判断すべきことではないからだ。

この年の一月、ぼくは欧州でＦＩＦＡ事務局長だったゼップ・ブラッター、ＦＩＦＡ視察団のホルスト・シュミットに取材していた。さらに名前は絶対に出さないという条件で、ＦＩＦＡの内情を知る関係者から、ＦＩＦＡ視察団の報告書は日本の「五対〇」であると聞いていた。順当に開催地は日本に決まるものだと思っていたのだ。

しかし、ぼくはスポーツ国際政治という魑魅魍魎の世界をまだ理解していなかった。共同通信の短信は正しかったのだ。

ＦＩＦＡ会長のジョアン・アベランジェは日本開催を支持していた。そして、競技場などの施設、環境を勘案すれば明らかに日本の提案内容が優っていた。しかし、欧州サッカー連盟（ＵＥＦＡ）の理事たちはブラジル人であるアベランジェの絶大な影響力を削ぐことに躍起だった。その隙間をＦＩＦＡ副理事となった韓国招致委員会の鄭夢準が突いた。折衷案として、ＦＩＦＡが定めた「開催条件」にない共同開催という超法規的措置が取られることになったのだ。日本招致委員会としては実質的な敗戦だった。


七月八日、前園たちオリンピック代表はアトランタに出発。二一日、オリンピック日本代表は初戦でブラジル代表と対戦している。

ブラジル代表は優勝候補の筆頭だった。

オリンピックのサッカー競技は、ワールドカップとの棲み分けのため、二三歳以下の選手という条件をつけられていた。ただし、この大会から二三歳以上の選手が三人まで登録可能となった。ブラジル代表の監督を兼ねていたマリオ・ザガロは、リバウド、ベベット、そしてアウダイールというブラジル代表の主軸をオリンピック代表に入れた。その他、キーパーのジーダ、サイドバックのロベルト・カルロス、中盤のフラビオ・コンセイソン、ジュニーニョ・パウリスタも代表経験があった。さらにロナウド・ナザリオ・デ・リマがベンチに控えていた。オリンピックの後、ロナウドはオランダのＰＳＶからスペインのＦＣバルセロナに移籍し、世界中にフェノメノ（怪物）として知られることになる。

西野朗が監督を務める日本代表は、ゴールキーパーに川口能活、ディフェンダーは松田直樹、田中誠、鈴木秀人、中盤に路木龍次、伊東輝悦、服部年宏、遠藤彰弘、前園真聖、中田英寿、ワントップに城彰二が入った。

前半からブラジル代表は試合を支配するが、日本代表の粘り強い守備に阻まれ得点が決まらない。次第に勝ち点を計算していたブラジル代表の選手が焦りはじめる。後半二七分、路木からのゴール前へのボールを追いかけたアウダイールとジーダが衝突、こぼれたボールを伊東がゴールに蹴り込んだ。日本代表はこの一点を守り切り、一対〇で勝利した。マイアミの奇跡である。この後、日本代表はナイジェリアに〇対二で敗戦。三試合目のハンガリーに三対二で勝利したが、得失点差で決勝トーナメント進出を逃した。

ブラジル代表を破ったことで前園たちは時の人となった。成田空港では五〇〇人を超える人間が待ち構えており、到着ロビーの二階通路まで二重三重の人垣ができていた。揃いのスーツを着た選手たちが姿を現すと、一斉にカメラのシャッターの音がしてフラッシュが焚かれた。アトランタでいわば隔離された生活を送っていた彼らは、この時点で自分たちが話題になっているのだと知った。

さて、フリューゲルスである。

ナビスコカップはグループリーグで敗退したが、Jリーグでは上位に食らいついた。終盤の二三節から二八節まで六連勝。残り二試合を残した二九節の時点で二位につけていた。

二九節で優勝を争っていた鹿島が名古屋、そしてフリューゲルスはジュビロ磐田との対戦だった。鹿島は名古屋を下し、フリューゲルスが敗れたため、鹿島の優勝が決まった。この試合では、得点ランキング上位に入っていたエバイール、攻守の要である山口の二人が出場停止だった。選手層の薄さ、勝負弱さを印象づけるシーズンとなった。フリューゲルスは最終節の浦和戦にも敗れ三位となった。

一〇

一一月は選手の契約更改の時期である。クラブは一一月末までに来季の意志を選手に通告しなければならない。契約が切れた選手は他のクラブに移籍するのか、引退して指導者となる、あるいはサッカーを諦めて別の道に進むのか。そんな中で安泰なのは主軸として認められ、来季もクラブ側が契約を望む選手たちである。アトランタオリンピックに出場し、日本代表に選ばれていた前園はそうした選手の一人であるはずだった。しかし、シーズン半ばから彼の周辺は騒がしくなっていた。前園が国外のクラブへの移籍を希望していたからだ。

ぼくは週刊ポスト編集部時代の九五年に二度、さらに二〇〇六年に彼を取材している。その他、彼がビーチサッカー日本代表だった二〇〇九年にもオリンピック代表の同僚だった松原良香と共に会いに行ったことがある。サッカーの話となると止まらない、気さくで感じのいい男である。

前園はこう語る。

「(フリューゲルスで)上手いと思ったのはジーニョ。サンパイオやエバイールも上手かったけど、彼は別格でしたね。スピードがあるわけではないんですけれど、ブラジル人独特の身体の使い方、トップスピードでドリブルしたときのボールコントロールなどすごかった。練習から一緒にやっていて楽しかった。毎回、(彼の技を)盗んでやろうと思っていました」

オリンピック前の六月末、ナビスコカップのジェフ市原戦、スペイン一部リーグのセビージャの関係者が視察に訪れていた。

「オリンピックは自分が世界でどこまで通じるのかを試す場だと思っていた。そのためにどうしても出場を決めなきゃっていうのがありましたね」

オリンピックでブラジル代表、ナイジェリア代表という欧州のリーグに所属する同年代の選手たちを肌で感じたことで、同じ舞台に立ってみたいという思いがさらに固まったのだ。

二〇一四年にジーニョを取材したとき、前園の話になった。

「ぼくが来たばかりの頃、彼に守備は要求されなかったが、前線からボールを追っていた。それによって守備陣の助けになっていた。しかし、オリンピックから帰ってきて彼は変わった。シュートをして得点を決めると、もう何もしない。テレビコマーシャルの出演など、サッカーとは別のことに考えが向いてしまった。ファンや報道陣が〝ゾノ、ゾノ、ゾノ〟と持ち上げた。有名になるほど練習しなければならない。彼はそれを怠った」

日本代表は、ワールドカップ、オリンピック出場を逃しつづけ、世界と長らく断絶していた。世界を知ってしまった彼らをたしなめる人間がいなかったことは不幸だった。

シーズン終了後の一一月二九日、前園は契約交渉に弁護士を伴って現れた。その後、前園が一二月六日から始まるアジアカップに選出されたため、代理人として弁護士がフリューゲルスと交渉した。前園側の要求は〈国外移籍に関する情報開示〉〈肖像権の自己保有〉〈個人事務所を広報の窓口にすること〉の三点だった。フリューゲルスはすべてを拒否した。

国外のクラブが前園獲得に動いたとき、まずは所属クラブであるフリューゲルスに連絡をとる。フリューゲルスが握りつぶせば、前園はそうした打診を知ることができない。そこで自分たちに情報共有することを求めたのだ。

選手の移籍は一筋縄ではいかない。

選手を欲するクラブ、あるいはクラブの委任状を持った代理人が打診してくることもあれば、まず前園の意思を確認した上で移籍先を探そうという代理人もいる。そうしたすべての問い合わせを伝えなければならないのか、この辺りは曖昧だ。フリューゲルスがこの提案を断ったのは当然だった。

前園が結んでいる統一契約書には、現在の年俸に年齢によって定められた移籍計数を掛けた「移籍金」が発生すると定められていた。前園の場合は、約四億五〇〇〇万円となる。統一契約書が念頭に置いているのは国内クラブ間での移籍で、国外クラブへの移籍は想定していなかった。とはいえ、国内クラブへの移籍金に相当する金額をフリューゲルスは要求することになるだろう。

サッカー選手の価値は、その選手の能力、年齢、これからの〝伸びしろ〟によって自然と決まっていく。伸びしろについては、どの国の選手か、が関係する。前園がブラジル人であったならば、その移籍金でも交渉に応じるクラブもあったかもしれない。しかし、彼はワールドカップに一度も出場したことがないサッカー後進国の選手である。彼に巨額の移籍金を支払うという賭けに乗るクラブは考えられなかった。可能性があるとすればスポンサーとしてクラブ側に移籍金を補填する日本企業を見つけるしかない。結局、前園の契約は年明けに持ち越すことになった。

一月七日、フリューゲルスとの交渉は決裂。彼は九日にテレビコマーシャル撮影のためアメリカへ向かった。一四日付の〈移籍リスト〉に前園の名前が掲載されている。

契約終了後一年間も、彼を獲得するクラブは〝前〟所属クラブへの移籍金の支払いが義務づけられる。そこで前園側は、将来的に国外への移籍を容認する国内クラブへの移籍を模索した。一七日、前園はヴェルディ川崎とＪＦＬの富士通川崎と交渉に臨み、翌一八日に「ヴェルディにお世話になります」と語っている。移籍金の減額を求めたヴェルディとの交渉は難航したが、フリューゲルスはほぼ満額の移籍金を受けとった。

前園の他、前田治が引退、エバイールが母国のアトレチコ・ミネイロへ移籍した。一つの時代の終わりだった。

二

Ｊリーグ四年目となり、スタジアムを覆う熱はすっかり冷めていた。

九三年シーズン、Ｊリーグの一試合平均入場者数は一七九七六人だった。翌九四年シーズンは一九五九七人と二万人近くまで増えている。これを頂点として九五年シーズンは一六九二二人、九六年シーズンは一三三五三人とゆるやかに下っている。

チェアマンだった川淵三郎はこう振り返る。

「一年目、二年目のとき、講演会に呼ばれるとぼくはこう言っていた。〝今は結婚式のスモークが漂っている状態で、新郎新婦の足元は見えない〟と。このまま将来継続するという基礎づくりはできていないという警告を発しても、みんな本気で聞いていなかった」

九六年近辺から川淵のところに不穏な話が次々持ち込まれるようになった。最初はかつて前田浩二が所属していたアビスパ福岡だった。福岡はJFLで優勝、九六年シーズンからJリーグに加わった。ところがチーム運営に必要な資金を提供する企業がないという。

「魅力あるサッカーでなかったこともあって、お客さんも入らなかった。どうにも立ちゆかないっていうんで、ぼくが現地に入ることにした。（立て直しにはスポンサー企業の）社長、（ホームタウンの）首長とやりとりをしなければならない。だから他の人間には任せる気はなかった」

福岡の経営危機の元凶は、選手年俸の高騰だった。

「サッカークラブの最大の支出は人件費なんです。当時のJリーグのクラブは、これだけの収入があるから選手の年俸をここまでに抑えるという発想じゃなかった。他のクラブが払っている選手の年俸（水準）に倣っていた。収入を増やしてカバーしようとしていたんだけれど、それができず赤字になる」

川淵はユニフォームスポンサーとなっていた北九州コカ・コーラボトリングの末安剛明を代表取締役に迎え入れ、全面的な協力を取り付けることで乗り切った。直後、ブランメル仙台（現・ベガルタ）の経営が危ないという連絡が入り、仙台に向かっている。

財政資料を見て、言葉を失った。

「今でも、なんでこんな選手に三〇〇〇万（円もの年俸）を出しているんだ、こんな高い年俸じゃ話にならないって（仙台の経営陣に）言ったのを覚えている」

東北電力サッカー部を母体としたブランメル仙台は、九五年に日本サッカーリーグ（ＪＦＬ）に昇格、Ｊリーグの準会員となっていた。この時点ではＪ２、Ｊ３は存在しておらず、Ｊリーグの一つ下が、アマチュアリーグのＪＦＬだった。

「ＪＦＬのクラブは数人、プロ契約選手がいて、あとは勝利給、出場給だけ貰うアマチュア選手でいい。アルバイトをしながらサッカーをして、活躍してＪリーグのクラブに移籍すればいいんだから。一流選手として認められたいという気持ちで努力しなければならない。ところが選手の年俸を調べたところ、平均でＪリーグより一〇〇〇万円以上高い契約をしていたことがわかった」

ブランメル仙台の経営危機の引き鉄となったのは、責任企業である東日本ハウスがＪＦＬ最後のシーズン終了後に手を引いたことだった。年間予算一〇億円のうち、東日本ハウスが約四割負担していた。

「Ｊリーグがスタートした九三年の段階ですでにバブル（景気）は弾けていた。その下降線の中、Ｊリーグは三年目までは爆発的な人気だった。そこでＪリーグの理念を理解した企業がスポンサーになってくれた。ところが（Ｊリーグ自体が）そこから右肩下がりになった。まずは入場料を下げてお客さんに来てもらおうとした。するとクラブの収入が減る。それでもお客さんは来なかった。そうするとスポンサーのメリットは少なくなる」

ブランメル仙台は、仙台市、そして宮城県の増資で乗り切ることになった。続いて火の手があがったのは、鳥栖フューチャーズだった。こちらも奇しくも前田が所属したクラブである。

九六年一一月、バブル経済崩壊の余波もあり、自己啓発キットの売上げが落ち込んでいたPJMジャパンが経営から撤退した。

「Jリーグの理事会で鳥栖の準会員の取り消しを検討することになった。Jリーグのあったビルの前でぼくが車を降りたら、四、五人のサポーターらしきグループが立っていて、〝川淵さん、鳥栖を存続させてください〟って言ったんだ。これだけ熱心な人がいるんだと驚いた。やれることはやりますよと返事して理事会に行った」

おそらくわざわざ理事会のために鳥栖からやってきたのだろうと思った。理事会の間、川淵の頭に彼らの顔がちらついた。

「準会員だったので、新しい責任企業が見つかるまで様子を見ることにした」

翌九七年二月、佐賀県サッカー協会が任意団体「サガン鳥栖」を設立、クラブを引き継ぐことになった。川淵は市長の山下英雄たちと運営資金を出してくれる可能性のある地元企業を回った。

「そのとき、(スポーツ用品メーカーの)ナイキがJリーグのスポンサーをやりたいと言ってきたんです。じゃあ、一年間一億円で鳥栖に看板を出してくれって。ナイキが助けてくれた」

そのときは、フリューゲルスは全然、問題ないと思っていたんだよと川淵は呟いた。

二

ヨコハマトライスターの最初の社員選手だった大江武史が、全日本空輸の関連事業本部付で全日空スポーツへ異動になったのは九五年四月のことだった。

「配属してすぐに外国人選手の所得税の対応をすることになりました。外国人選手は年俸の他に、住居、自動車をクラブが提供していた。これらは年俸の一部として申告しなければならなかったのに、会社の損失で処理していた。Jリーグが始まったときに外国人選手が沢山来ましたよね。最初は国税局も見逃していたと思うんです。ところが数が増えたこともあったのでしょう、フリューゲルスにも査察が入った」

全日空スポーツの経営状況は杜撰《ずさん》だった。

「収支がまったく合っていないんです。主たる営業収入はチケットの売上げですよね。ところがホームの三ツ沢（公園球技場）では一万人行けばいいほうでした。その中から招待券を除いた本当の有料客はどれぐらいいるか。実際のチケット収入はかなり低い。選手、監督、コーチへの人件費と営業収入が釣り合わないんです。Jリーグから放映権等の配当もあったのですが、それだけでは全然足りない」

こんな収支でやっていけるんですか、と上司に聞くと「本社から補填が来るから大丈夫」という返事だった。

「（全日空スポーツの経営陣は）赤字を減らすという発想がなかった。（全日本空輸の）関連事業本部に赤字を補填してもらってこいと言うんです。経理に携わった経験のある人に限らず、このやり方はおかしいと思いますよね。サラリーマンだから上には逆らえないんですが、個人的にはこれでいいのか首を傾げていました」

我々、経理担当はこんな風に黒字を出す計画ですと関連事業本部に嘘八百を並べてくるわけです、と自嘲気味に言った。

クラブの営業収入の柱は四つある。リーグからの放映権の分配金、ユニフォームなどの広告収入、物品販売収入、そして主催試合――ホームゲームの入場料収入である。九四年、九五年シーズン、ファーストステージ、セカンドステージですべてのチームと二試合ずつ対戦。各クラブは主催試合をそれぞれ二二試合、二六試合行った。これはナビスコカップ、天皇杯を除いた数字だ。横浜フリューゲルスの一試合平均入場者数は、九四年シーズンの一九四三八人から九五年シーズンは一五八〇二人と大きく落としている。ただし、クラブが一二から一四へと二つ増えたことで、年間を通した総入場者数は四二万七六二九人から四一万八五七人と微減に留まっている。

「自分が担当した最初の年は、補填も数億円程度だったはずです。そのときは景気は悪くなかったので、会社（全日本空輸）も、そうか、仕方がないという感じでした」

ところが九六年シーズン、状況が大きく変わる。一シーズン制が採用され、主催試合は一五試合と減った。九六年シーズン、フリューゲルスの一試合平均入場者数は一万三八七七人と減っている。加えて、監督のオタシリオたちを招聘したことで年俸総額が跳ね上がっていた。

「監督の他、ブラジルからコーチを何人も連れてきた。これが結構な額になりました。二年目は全日空が一〇億、佐藤工業が六億円、補填したという記憶があります」

責任企業による赤字補填には説明が必要だろう。

かつて日本のプロ野球球団、とりわけ観客動員が弱かったパシフィックリーグの球団が赤字を出しながら延命していたのは、一九五四年の国税庁通達があったからだ。〈職業野球団に対して支出した広告宣伝費等の取扱について〉と始まる文書では〈親会社が、球団の当該事業年度において生じた欠損金を補てんするために支出した金額は、球団の当該事業年度において生じた欠損金を限度として、当分のうち特に弊害のない限り、一の「広告宣伝費の性質を有するもの」として取り扱うものにすること〉としている。つまり、球団の赤字分は親会社の宣伝広告費で処理できる。Ｊリーグの責任企業にもこの通達が適用されていた。

ゴールキーパーとしてクラブを日本リーグ一部に導き、引退後はコーチを務めた大江の目には、一貫した方針がないように映った。

「スタッフにそれだけお金を掛ける必要があるのか、それよりも若手選手に払ってもいいのではないか。フリューゲルスは前園を看板にしたチームを作るべきだった。ところが前園はジーニョとポジションを争わなければならなくなった。そもそもジーニョたち、ブラジル代表の選手を連れてくる必要があったのか。彼らがいればお客が来るのではないかという安易な発想があったのではないか。ブラジル代表クラスの三人が加わったのに、えっ、この程度のサッカーなのって。レベルが違いすぎて彼らを生かすことができなかった」

始まりは加茂周の要望を受け入れすぎたことだと大江は指摘する。

「加茂さんが監督をしていた日産（自動車）には確かに良い選手がいた。ただ、みな出来上がった選手で、加茂さんが育てた選手ではない。加茂さんはフリューゲルスでも同じことをやろうとした。プロの監督としてその時点でいい選手を連れてこようとするのは当然かもしれない。（フリューゲルスは）それに踊らされて、どんどん金をつぎ込んだ。繰り返しになりますが（本拠地である）三ツ沢球技場で一万人も入らないクラブなんですよ」

九六年シーズン、三ツ沢球技場では、サポーターの多い浦和、ヴェルディ川崎との試合では観客一万四〇〇〇人を超えることはあったが、通常は一万人程度、対戦相手によっては五〇〇〇人台に落ち込むこともあった。観客動員で苦戦していることは選手たちも意識していた。契約更改の席で、自分たちもチケット販売に協力したいと言う選手もいた。

大江が憂慮していたのは、全日本空輸本体の経営が危うくなっていたからだ。九五年二月、全日本空輸は全日空乗員組合に賃金体系の変更を提案している。これまでは年齢に応じた「本俸」に加えて、「役職・資格手当」「家族手当」などが加えられていた。新しい賃金体系では、年齢による「本給A」と能力査定によって決められる「本給B」に各種手当てを上乗せするというものだった。新しい賃金体系により、年間約一〇億円の人件費削減になる計算だった。実質的な賃下げである。

航空運輸業界は、国防、国家政策と密接な関係がある。航空会社は手厚く安全を担保する見返りとして、参入障壁という庇護を受ける。自由競争に晒されないため航空運賃は高止まりしていた。そんな中、アメリカでローコストキャリア——格安航空会社が設立され、規制緩和、航空自由化の流れが始まっていた。全日本空輸も九〇年に「エアージャパン」を設立し、外国人パイロットの雇用、サービスの簡略化を図り、低価格競争に対応しようと腐心していた。バブル経済が弾け、企業は出張費を削りはじめていた。一般家庭でも余暇に割く余裕が減っていた。一九八六年から就航していた国際線は赤字状態が続いていた。全日本空輸の経営陣が引き締めに取り組んだのは必然だった。

「（本社の）宣伝費、広告費がどんどんカットされているのになんでこんなにフリューゲルスへお金を注ぎ込むんだって思いますよね。順番を考えれば、どちらを先に削るべきかははっきりしていた」

大江は全日空スポーツの問題点を上司を通じて本社に伝えていたという。しかし、全日空スポーツの経営陣がその危機感を共有していたかは分からない。

一三

九七年シーズンは三月のナビスコカップから始まった。このシーズンからバウベルが復帰している。エバイールと前園という主力選手が抜けたことを考えれば、やや見劣りのする補強だった。フリューゲルスは磐田、京都、福岡と予選Eグループに入っている。第一節の磐田戦は一対二で敗れたものの、その後、持ち直し、三勝二分一敗で磐田に続く二位に入り、秋に行われる決勝トーナメントに進出した。

この大会でフリューゲルスが注目を集めたのは、ピッチ以外の話題だった。第一節の磐田戦から、主催試合で玩具「たまごっち」を抽選により一三〇個を配布していた。たまごっちはフリューゲルスのユニフォームスポンサーになっていたバンダイの製品で、前年一一月の発売以来、爆発的な人気となり品薄状態が続いていた。三ツ沢球技場でのこの試合は、通常三〇〇〇枚程度の当日券が約七〇〇枚売れたという。しかし、それでも観客は九〇三五人と一万人に届いていない。ナビスコカップグループリーグ終了後の三月末、大江は二年間の出向期間を終えて全日本空輸に戻ることになった。大江は引き継ぎの際、「今までのようなクラブ運営を続ければ、このままではチーム存続が危ないから気をつけてくれ。クラブが潰れるぞ」と後任者に注意した。

四月一二日、Jリーグが開幕した。第一節の三ツ沢球技場での福岡戦の入場者数は八〇一九人だった。この第一節、第三節の神戸戦、第五節の名古屋戦までたまごっちの配布は継続された。四月二六日の名古屋戦で一万九一〇人とようやく一万人を超えている。この試合に勝利し、フリューゲルスは四勝一敗で首位に立った。

直後四月三〇日、アメリカのマイアミのオレンジボウルで行われたブラジル代表対メキシコ代表の親善試合にサンパイオが招集されている。一九九五年八月の日本代表戦以来だった。

サンパイオによると監督のマリオ・ロボ・ザガロに自分を推薦したのはドゥンガだったという。

「ぼくはドゥンガと違ってブラジル代表で主力選手ではなかった。同じポジションにはフラビオ・コンセイソンなどいい選手が沢山いた。日本でプレーしていれば代表に選ばれる可能性は低くなることは分かっていた。ザガロはJリーグを見ていなかったんだ。ジュビロにいたドゥンガはぼくの状態を知っている。セザール（サンパイオ）はすごくいいと言ってくれたんだ」

ぼくにとって彼は代理人のようなものだったと目配せした。この試合はロマーリオとロナウドという強力なフォワードの二人を揃えたブラジルが四対〇で勝利している。サンパイオに出場機会は与えられなかったが、六月から始まるコパ・アメリカのメンバーに入った。

第八節、国立競技場で行われた柏戦はフリューゲルスのホームゲームだった。この試合では入場者全員にアニメーション作品『新世紀エヴァンゲリオン』のポスター、さらに抽選で一〇〇〇名にテレフォンカードが当たると大々的に告知した。いずれも当日限定のデザインだった。これに惹かれて複数枚のチケットを購入する人間もいたという。入場者はこのシーズンで最多となる二万三九〇三人を記録した。試合は首位の柏を二対〇で下している。

五月三一日からワールドカップアジア地区一次予選のためにリーグは休止期間に入った。この時点でフリューゲルスはアントラーズに勝ち点差四の二位につけていた。初めてのリーグ優勝に手が届く位置だった。

日本代表は一次予選をグループ首位で最終予選に進出した。一方、サンパイオとドゥンガのブラジル代表は二八日にコパ・アメリカ決勝で地元のボリビア代表に三対一で勝利し五度目の優勝という結果を残した。

七月五日、Jリーグが再開した。フリューゲルスは第一三節の市原戦、第一四節の平塚戦に連勝し、首位に浮上。しかし、第一五節の横浜マリノス戦で〇対一で敗戦し、首位からあっさり陥落した。試合後の記者会見でジーニョがファーストステージ終了後、パルメイラスへ復帰することが発表された。そして第一六節の清水戦に四対三で勝利し、ファーストステージ最終節の広島戦を迎えた。

首位の鹿島との勝ち点差は二。フリューゲルスが勝利し、鹿島がセレッソ大阪に敗れる、あるいは引き分け、PK戦となればフリューゲルスの初優勝だった。

七月一九日、広島ビッグアーチでの試合は激しい撃ち合いになった。前半、広島の久保竜彦が二点を挙げる。後半、フリューゲルスはバウベル、サンパイオの得点で追いつき、終了間際の八九分にバウベルが決勝点を挙げて三対二で勝利した。鹿島対セレッソ大阪の試合は三〇分遅く始まった。選手たちは控室の近くに用意されたテレビ画面の前に集まり、鹿島の試合の行方を見守った。鹿島は前半一四分にマジーニョの得点で一対〇と先制、このまま終了した。

山口の証言である。

「今から考えれば不思議なんですが、キックオフの時間が違っていたんです。アントラーズが勝って、みんなで、まあ、そうだよな、他力（頼み）では駄目なんだよなって。アウェイだったし、後泊だったのでみんなでカラオケに行きましたね」

後泊とはアウェイの試合のあと、現地に宿泊することだ。

「若い選手が手配してくれて、全員で行きました。ジーニョが退団することになっていたし、最後は優勝で終わりたかった。ジーニョの送別会を兼ねた残念会みたいな感じでしたね」

そうした集まりが自然にできる空気がフリューゲルスにはあった。

「午前中の練習の後、クラブハウスの駐車場でシュハスコをしたこともありましたね。笑い話になるんですが、その日の練習にマザロッピがいないんです。俺はシュハスコがあるから今日の練習は頼むわって、肉の買い出しに出かけた。シュハスコには家族も呼んで日が暮れるまで帰らない」

一般的にリオ・グランジ・ド・スール州などブラジル南部の人間、ガウショはシュハスコへのこだわりが強い。マザロッピはミナスジェライス州出身ではあったが、グレミオに長く所属したこともあったろう、シュハスコ用の肉を東京から取り寄せ、仕込みの包丁には誰も触れさせなかった。

選手同士の距離の近さは、九六年二月にオタシリオ監督就任と同時に広報から現場マネージャーに転じていた今泉貴道も感じていた。

「あるホテルに泊まったとき、従業員の方にフリューゲルスは不思議なチームですね、食事のときに席次表がないって言われたことがあるんです。最初に来た選手がぽんと座って、後から来た選手が隣りに座る」

移動の際もバスから降りた順番に新幹線、航空機のチケットを渡していく。

「近くに座りたい選手がいれば、選手同士で交換するんです。唯一、気を遣っていたのは、合宿などの部屋割りですかね。同じポジションの選手を同部屋にするぐらい」

他のクラブでは食事用の席次表を作成し、不仲の選手が同じテーブルにならないよう配慮しているると知って驚いた。

「普段ものすごく仲が悪くても勝つためにパスを出す。勝つために嫌いな選手のパスも受けて、シュートを決める。シュートを決めた後、喜んで駆け寄ると、ああ、こいつだったという表情になったという話はよく聞きました。うちはそうじゃなかった。だから、勝ちきれないんだと思ったこともありましたね」

現場だけではない。

通常、優勝を争っているリーグ終盤に、ジーニョのような中心選手の移籍を明らかにすることはない。勝つ気がないのではないかとサポーターが大騒ぎするだろう。早々に移籍発表をしたのは、最終節翌日の七月二〇日にアメリカで行われる親善試合にジーニョを出場させたいというパルメイラスの要請があったからだ。フリューゲルス側にも第一六節のホーム最終戦でジーニョに挨拶をさせたいという意向もあったようだが、優勝争いをしているクラブとは思えない緩さである。ともかくリーグ初優勝となる絶好の機会を逃したことになる。

第5章

緩みの象徴「タクシーチケット」

1997-1998

写真：Getty Images

FCバルセロナのヘッドコーチだったレシャック（右から２番目）を招聘するも、結果は振るわなかった。

一

マネージャーの仕事とはツアコンのようなものでしたよ、と広報からマネージャーに転じた今泉貴道はおどける。

「年間スケジュールが出た段階で飛行機や宿など諸々を手配するのが大きな仕事です。合宿を手配する場合は、地域のサッカー協会と連携して雨天練習場があるか調べる。練習のときはみんなよりも早く行き、グラウンドキーパーと一緒に芝の傷んでいる場所がないかチェックします。ゴールキーパーが練習する場所は、どうしても決まった部分が剥げてきます。合宿地まで（クラブの）グラウンドキーパーに来てもらったこともありました。勝つための環境整備を日々考えていましたね」

広報と同様にマネージャー業務も試行錯誤の連続だった。九四年一一月に専用グラウンド、翌年春に二階建てのクラブハウスが完成するまで、フリューゲルスには固定の練習場所がなかった。

「洗濯機も干す場所もありませんから、練習着からすべてクリーニングに出していたんです。そうしたらホペイロの麻生英雄が、自分がやるのでいい洗濯機買ってくださいって言ってきたんです。彼は真面目で研究心があるのでどうやったら汚れが落ちるか考え続けたんです」

ホペイロとは用具係のことだ。洗濯を自分たちでやることでクリーニング代の削減となった。

「前例踏襲というか、どうしたらいいのか誰も知らなかったんです」

選手の食事管理も手探りだった。

「ぼくがマネージャーになる一年前から遠征の食事には管理栄養士を入れていました。管理栄養士に丸投げ状態だったんですが、この程度ならばできるだろうと自分でホテルに指示を出すようになりました。とはいえ、こちらで栄養を考えても選手たちは好きな料理を取っていくんです。当時の日本人選手は太るのを怖がっていて、どうしても肉が余る。仕方がないからぼくたちが食べてました」

試合前、日本人選手には餅の入った力うどんやおにぎり、外国人選手にはパスタ、パンなどの炭水化物中心の食事を用意した。あるときホテル側が気を利かせて、素うどんときな粉餅を用意したことがあった。きな粉餅だと喜んでいる中、一人だけ憮然とした表情をしている男がいた。

「サンパイオが、ぼくの顔を見るとものすごい勢いの形相で、今日はなんで力うどんじゃないんだって怒るんです。サンパイオは力うどんが大好きだったんです」

何がショックかって、ブラジル人に力うどんがないと叱られたことですよとおかしそうに笑った。

麻生が日本代表に転出することになり、九六年一二月、山根威信がホペイロとなっている。

山根は七五年に神奈川県足柄上郡で生まれた。小学校のとき、三歳年上の兄の影響でスポーツ少年団に入りサッカーを始め、高校までサッカー部に所属した。高校卒業後、アルバイトをしながら浪人生活を送っていると、フリューゲルスでホペイロを募集していると麻生から教えられた。麻生は高校の同級生だった。

「ワールドカップ予選が始まるのでフリューゲルスから誰か手伝ってくれということで麻生が行くことになった。フリューゲルスのホペイロが誰もいなくなってしまうので、探していたんです。ホペイロは結構な肉体労働で拘束時間も長い。Jリーグ開幕の華やかなイメージで入ってくると辞めるほうが多いと後から聞きました」

リーグ終了後の天皇杯が麻生からの引き継ぎ期間となった。

「まずは試合ができないようなミス、例えば選手のユニフォームやスパイクがないということは絶対に起きてはならない。最初はプレッシャーを感じましたね。サッカーはやっていましたけど、選手からどのような要望が出るのか、細かい部分は分からない。それぞれの選手の靴や用具の管理のやり方を覚えないといけなかった。麻生がやるのを見て、分からないことを質問することから始めました」

ユニフォームにも選手の好みがある。冬でも半袖で通す選手、その日の天候、湿度によって直前に選ぶため半袖と長袖の両方が必要な選手もいる。

「フリューゲルスのユニフォームは白が基調だったので、汚れを落とすのが大変でしたね。漂白剤を使ったり、熱湯で汚れを落としたり、色々とやりましたね」

芝とこすれ、緑色の汚れがこびりつくのだ。スパイクの管理も重要な仕事である。

「金曜日の練習が終わってから、翌日の試合に備えてホテルで前泊するんですが、練習で使ったスパイクは汚れだけ落としてホテルの部屋に持ち込みます。そこで扇風機で乾かしながらケアをするという感じでした。ひどく濡れている場合は丸めた新聞紙を入れる。当時はカンガルーの皮などの天然皮革を使ったスパイクが多かったんです。天然皮革は人工皮革に比べると水を吸いやすいので大変でした」

乾いた後、表皮にクリームを塗っていく。これも好みがある。

「山口素（弘）さんからは、べたつかせないように言われていました。スパイクはどうしても先端が削れますから、汚れをとった後、そこだけ薄く塗っていました。その他、ジーニョは契約しているスパイクメーカーがなかった。試合前にメーカーのラインを黒く塗って消してくれと頼まれました」

南米出身の選手はスパイクを真っ黒にすることで、契約メーカー募集の意思を表明する。こうした対応に追われ、準備が終わるのは日付が変わる頃だった。

「選手たちは試合前のだいたい一時間半程前にスタジアムに入ります。ぼくたちはその一時間半か二時間前に入って、ロッカーの準備を始めます。ユニフォームやスパイクを整えて置いた後、選手が入ってくる。事前に（ユニフォームの下に着用する）インナーが必要だとか、天気が変わるから違うタイプのスパイクを用意して欲しいなどという要望を聞いておきます。ウォーミングアップが始まるとボール拾いの手伝い。その後はアップで使った洗濯物を集める。前半一五分ぐらいまで端のほうで試合を観て、ハーフタイムの準備に入ります」

基本的に一試合でユニフォームを二枚ずつ準備する。間違えることがないように、後半の着替え用ユニフォームは背番号が見えるように整えて置く。同時に選手たちが休息を取れる場所の確保にも気を配る。

強いサッカークラブは、必ず山根たちのような裏方がいるものだ。フリューゲルスは経験を蓄え、少しずつ前に進んでいた。

二

九月七日、ワールドカップアジア最終予選が始まった。日本代表は韓国、アラブ首長国連邦たちとグループBに入っていた。初戦のウズベキスタン代表戦に六対三で勝利したものの、一九日のアブダビでアラブ首長国連邦代表と〇対〇と引き分け。続く国立競技場で行われた韓国代表との試合では、ゴールキーパーがやや前に位置取りしたのを山口素弘が見逃さず、彼の頭上を越える山なりのシュート——ループシュートをゴールに入れて先制した。セザール・サンパイオと一緒にピッチに立つことで刺激を受けたこともあったろう、彼の得点能力は研ぎ澄まされていた。その証左となる素晴らしいシュートだった。しかし、二点を返され一対二で敗れてしまう。

一〇月四日、日本代表はカザフスタンの首都、アルマトイでカザフスタン代表と対戦した。勝ち点三を計算していた相手に一対一と引き分け。試合後、加茂監督は解任され、コーチの岡田武史が後を引き継ぐことになった。代表チームは日本航空が用意した特別機で次の試合地であるウズベキスタンへ向かった。

ウズベキスタン代表とは一対一の引き分け。自動的に出場権が得られるグループ一位はほぼ不可能となった。アジアの出場枠は三・五。二位に入り、グループA二位とのプレーオフに勝利すれば出場権を手にする。敗れた場合はオセアニア地区との大陸間プレーオフに回る。

一〇月一五日からナビスコカップの準々決勝が始まっている。三ツ沢球技場で行われた柏とのファーストレグに敗れたものの、一八日のセカンドレグで三対〇で勝利、準決勝に進んだ。二四日、オタシリオ及び、コーチのチコ、サントス、カリオカが来年一月末の契約満了と共に退団することが発表された。

一〇月二六日、日本代表は国立競技場でUAE戦で、一対一で引き分け。一一月一日午後にソウルで行われた韓国代表戦に二対〇と勝利した。最終戦で勝利すればグループBの二位となる。

直後、サッカー界が大きく揺れる。

一一月五日、清水市内のホテルで清水エスパルスを運営するエスラップコミュニケーションズの臨時取締役会が開催された。終了後の記者会見で社長の横田正毅はクラブの窮状を明らかにした。九七年度は約四億円の支出超過、期末の累積債務が二〇億円弱となっていたという。

前年の九六年から清水の経営難は断続的に報じられていた。Jリーグ開始の一〇クラブ――「オリジナル10」のうち、清水のみ責任企業がない「市民球団」だった。累積債務はクラブ存続に直結する。

川淵三郎はこう振り返る。

「(清水のホームゲームを行うと)スタジアムは常に満杯だった。(地元以外の主催試合として)国立競技場で試合をしたときも、かなり客が入っていた。入場収入と(グッズ売上げなどの)マーチャンダイジングでものすごく儲かっていた」

エスラップコミュニケーションズの九三年度の売上げは約三〇億円、翌九四年、九五年は約三七億円となっている。

ただし、収入から支出を引いた経常損益は九四年度は約九〇〇万円、九五年度は約二億一三〇〇万円の赤字である。清水の経営は実質的にテレビ静岡が支えており、テレビ静岡社長の戸塚陽弐がエスラップコミュニケーションズの社長を兼任していた。

戸塚の父である内務省出身の九一郎は、徳島県知事、衆議院議員として労働大臣、建設大臣、北海道開発庁長官を務めた。次男の戸塚は東京大学法学部卒業後、静岡鉄道を経て、テレビ静岡に入社、八四年から社長就任していた。

「Jリーグ二年目に静岡に行ったとき、戸塚さんにどれぐらい剰余金ありますかと聞いたら、〝そんなのねぇよ、みんな選手に配っている〟という返事だった。戸塚さんのような有能な経営者でもそうなのかとがっかりした」

川淵は観客動員力がある別のクラブの社長に同じ質問をしたことがある。すると赤字だと素っ気ない答えが戻ってきた。責任企業から支援を引き出すために収入を使い切ったほうがいいのだと付け加えた。彼は責任企業からの出向者だった。戸塚は立場が違う、経営が悪化したときに備えているのではないかと川淵は考えていたのだ。

累積債務の要因を戸塚はこう説明している。

〈ホームグラウンドである静岡県清水市・日本平の球技場は、市に観客席を増やしてもらいました。市は40億円かけ、1万人足らずの収容人員を2万人に増やしてくれました。このため受益者である我が社は市に、6億円の寄付をしました。

それから市営のグラウンドを、清水エスパルスの第2の練習場として使うことになりました。

もちろん市民も使うけれど、平日は我々も使いたいとお願いし、芝生を張らせてもらいました。これで市には、さらに1億円近い寄付をしました。

合わせて約7億円の寄付を加え、設備投資には25億円ほどかかっています。償却費や借入金で賄っていますが、設備投資の費用は金利を含め、毎年だいたい2億5000万円の負担になっています〉（『日経ビジネス』九六年六月一七日号）

九六年六月に戸塚はエスラップコミュニケーションズの社長を辞任、テレビ静岡の前副社長だった横田が引き継いだ。九七年に設立された再建委員会が新たな支援企業を探したが、成果はなかった。夏頃、選手たちの給料支払いに充てるためテレビ静岡から三億五〇〇〇万円の緊急融資を受けている、それでも足りず、Jリーグからの分配金、約六〇〇〇万円を前倒しで受け取った。しかしこうした場当たりの策には限界があった。一一月末までに来季の選手契約の方針を決めなければならない。そこで記者会見を開き、支援企業を募ることにしたのだ。横田によると、日本平スタジアムの改修費の支払い、運営費など来年三月までに約一〇億円が必要になるという。

沼津のある企業が支援する可能性があると教えられた川淵が会いに行ってみると「沼津の人間が清水に金を出しても根付かない」と断られた。

「もう完全にお手上げだった。そうしたら鈴与の鈴木（與平・当時、代表取締役）さんが手を上げてくれた。鈴与は一帯で最も大きな企業なので面倒をみなければならないと考えられたんだろう」

鈴与株式会社は静岡県に本拠地を置く物流会社である。鈴与を中心とした鈴与グループは傘下に物流の他、商流、建設、食品事業などの企業を抱える静岡県を代表する総合複合企業だった。清水は「市民球団」という理想を捨て、責任企業の傘の下で生き残る道を選んだのだ。

三

さて、ワールドカップ最終予選である。

一一月八日、日本代表は国立競技場でカザフスタン代表を下し、グループ二位に滑り込んだ。翌一一月九日、フリューゲルスはナビスコカップ準決勝のセカンドレグで磐田と対戦、〇対二で敗退した。

そして一一月一六日、マレーシアのジョホールバルでアジア地区第三代表決定戦が行われた。相手はグループAでサウジアラビア代表に続く二位に入ったイラン代表だった。日本代表は前半三九分に中山雅史の得点で先制したが、後半開始早々に同点に追いつかれる。後半一四分にも失点し一対二。監督の岡田は、三浦知良と中山を下げ、城彰二と呂比須ワグナーをピッチに入れた。

これが功を奏し、後半三一分に城のヘディングシュートで同点に追いつく。そして延長後半一三分、岡野雅行が得点を挙げ、日本は初めてのワールドカップ出場を決めた。

サンパウロにいたぼくは、日本からの電話で日本代表の勝利を知った。電話回線でインターネットに接続して、日本の報道を貪り読み、ワールドカップに出場できるのだという喜びを一人の部屋で噛みしめた。翌日、イラン戦の録画映像のビデオが手に入ったという連絡が入った。ぼくが借りていたアパートの〝家主〟である納谷宣雄の事務所の三階にあった応接室に集まり、ビールを飲みながら観戦することになった。この日はブラジルで知り合った友人の誕生日だったこともあり、場所を移して朝まで宴は続いた。

地球の反対側、日本の歓喜はそれ以上だったろう。

一八日、代表チームは日本に帰国した。日本代表に選ばれていた山口と楢崎は記者会見の後、東戸塚の練習グラウンドに向かった。二人が姿を現すと練習は中断、前田が音頭をとって万歳三唱で讃えた。そして、一一月二七日、フリューゲルスの新監督が発表された。スペイン人のカルロス・レシャック・セルダである。

カルロス・レシャックはサッカーを多少知るものならば一目を置く経歴の男だ。

一九六五年四月、一八歳のときFCバルセロナの一員として国王杯のラシン・クラブ戦に初出場。七〇―七一年シーズンに得点王、七三―七四年シーズンにはスペインリーグ優勝。スペイン代表として七八年のワールドカップ、アルゼンチン大会に出場している。当時は、サッカー界が過剰な商業主義に毒される前の牧歌的な時代だった。彼は他のクラブに移籍することなく、八一年、三四歳で引退した。

引退後、ＦＣバルセロナの下部組織で指導者の道に入り、ルイス・アラゴネス、ヨハン・クライフの元でアシスタントコーチを務めた。クライフ監督時代、ＦＣバルセロナは「ドリームチーム」と異名を取る黄金時代を迎える。ロマーリオ、フリスト・ストイチコフ、ミカエル・ラウドルップ、ゲオルゲ・ハジ、ベルント・シュスター、ロベルト・プロシネチキ、そしてジョゼップ・グアルディオラ——。才能ある選手たちが魅力的なサッカーを展開した。

クライフの後をイギリス人のボビー・ロブソンが引き継ぐと、アシスタントコーチの座を若き野心家のポルトガル人に譲った。ジョゼ・モウリーニョである。

ＦＣバルセロナで対戦相手の分析、スカウトを担当していたレシャックを招聘したのは九七年二月から強化部長となっていた安達貞至だった。

一九三八年生まれの安達は加茂周の関西学院大学サッカー部の先輩にあたる。現役引退後はマネージャーを務め、社業ではヤンマー東日本の代表取締役社長となっている。ヤンマー東日本は関東一帯を担当する販売会社だった。現在は合併によりヤンマー東京支社となっている。

「ヤンマー東日本には八年いたのかな。本社に帰ってこいと言われたこともあったけど、ぼくは営業が好きなんでと断っていた。六〇歳の定年まで会社にしがみつきたくなかった。そんなときちょうどヴィッセル神戸が人を探していた。それでヤンマーを辞めて神戸に行ったんです」

ヴィッセル神戸の母体となったのは川崎製鉄サッカー部だった。本拠地を岡山県倉敷市から神戸市に移転、この街を祖とする総合小売業のダイエーを責任企業として九五年一月一日にヴィッセル神戸が立ち上がった。安達はこのクラブの強化部長に就いたのだ。

直後の一月一七日に阪神淡路大震災が発生し、ダイエーが撤退を決めると安達は資金集めに奔走しなければならなくなった。すでにJリーグの宴は終わっており、支援企業を見つけるのは困難だった。すると運営会社に出資していた神戸市から社長が送り込まれてきた。官僚的思考とサッカークラブは親和性が低い。安達は翌九六年シーズンの途中からクラブを去ることを考えはじめた。九六年シーズン、神戸はジャパンフットボールリーグ（ＪＦＬ）で二位に入り、翌年からのJリーグ入りを決めた。そして安達はクラブから離れることにした。Jに上げずに辞めたら、逃げたって言われるでしょうと笑う。

そんな安達に声を掛けたのが全日空スポーツで強化を担当していた丹野裕氏だった。安達は息子の亮を加茂と丹野に頼んでフリューゲルスに入れていた。亮は選手としての道に早々と見切りをつけ、サテライトチームのコーチとなっていた。

「ＡＮＡ（全日本空輸）がついているんならば、神戸と違って（資）金もしっかりしているんやろなと思って行ったわけです」

当初提示されたのは取締役兼強化部長だったが、全日本空輸の意向で取締役の肩書きは外された。契約期間は三年間。

まず呆れたのは、販売用ユニフォームの在庫だった。

「ヴィッセルはお金がないから、在庫をなるべく持たないように、数を絞っていました。ところがフリューゲルスはユニフォームなどのグッズを毎年作っていて、在庫の山になっていた。ユニフォームは毎年変わるから、前の年のは売れないですよね」

ある会議で、ユニフォームの在庫管理をきちんとすべきではないかと安達が指摘した。すると、社長の山田は「安達さんはチームを強くすればいい。経営は心配しないでくれ」と顔色を変えた。

やがてこの緩んだ雰囲気の原因は全日本空輸からの出向者の意識の低さだと安達は考えるようになった。

「(全日空スポーツの社員として採用した)プロパーと比べて全日空の出向者の出社時間が、だいたい一時間ぐらい遅い。あまりにひどいので見かねて、この会社の始業時間は九時じゃないのか、と大きな声で言ったこともあります」

話をしたいと思って山田の部屋に行くと、扉を開け放ったまま椅子で居眠りをしていた。安達はコンコンとわざと強く扉を叩いて起こした。

「夕方の四時ぐらいになったら、中西と共に麻雀屋に行く。彼らは麻雀仲間だったんです。本人たちは本社に戻るまでの腰掛けのつもりだったんでしょう。気楽で楽しかったと思いますよ」

女性社員から安達さんはいつも遅くまでグラウンドにいるのにタクシーチケットを使わないんですねと言われたことがある。タクシーチケットとは、タクシーの後払い乗車券である。降車するとき金額を書き込んだタクシーチケットを渡すと、契約者に支払いが回される。小切手のようなものだ。彼女によると山田や中西たちは麻雀に興じた後、タクシーチケットで帰宅しているという。タクシーチケットを手に入れるために、彼らに媚びている現場の人間もいると聞き、安達はうんざりした。

ピッチの中も先がないように思えた。

「ぼくは神戸のときから毎日、練習をずっと観ていました。強化部長は選手の（年俸）査定をする。試合だけでなく練習を観ていないと選手は納得しないですよね。フリューゲルスでもそうしていました。オタシリオの練習は毎日同じ。面白くない」

そんなとき、商社で働いている知り合いからカルロス・レシャックを紹介できると言われた。

「ぼくは（FC）バルセロナのドリームチームが大好きでした。そのバルセロナのナンバーツーじゃないですか。ぼくはクラブで最も大切なのは育成だと思っているんです。レシャックは育成に強い。ちょうどいいと思いました」

他のJリーグのクラブもレシャックに興味を示しているという。急いでスペインに行き、レシャックと会うことにした。

「ものすごくいい男なんです。お金にもうるさくなかった。年俸は五〇〇〇万円ぐらいじゃなかったかな。ミスターアダチがそれしか出せないならばそれでいいという話になった」

ただ、後から考えるとちょっと押しが弱いという部分はあったね、と安達は言い訳するような調子で付け加えた。

天皇杯はオタシリオが指揮をとる最後の大会となった。三回戦で駒澤大学に四対三と勝利、四回戦は市原に二対一、準々決勝では清水に六対一と大勝した。この試合を観戦するためにレシャックは一泊で日本を訪れている。一二月二八日の準決勝では磐田を三対二で下し、決勝に進出した。決勝前日の一二月三一日、ブラジルからジーニョが急遽来日し、選手たちが宿泊しているホテルに顔を出した。フリューゲルスの選手たちの親密さを伺うことができる。

翌朝、九八年一月一日、国立競技場には四万八〇一六人もの観客が詰めかけた。天皇杯決勝の相手は、四年前の初戴冠のときと同じ鹿島アントラーズだった。ただ、チームの地力、勢いにはかなりの差があった。

鹿島はジョルジーニョ、ビスマルク、マジーニョのブラジル人に加え、名良橋晃、秋田豊、相馬直樹、本田泰人、柳沢敦といった日本代表級の選手を揃え、この年のファーストステージで優勝していた。セカンドステージは四位に留まったが、ナビスコカップ決勝では準決勝でフリューゲルスを倒した磐田を退けた。チャンピオンシップではその磐田に敗れ年間優勝を逃しており、初めての天皇杯制覇に意欲的だった。

フリューゲルスは移籍が決まっていた大嶽直人、森山佳郎、そしてバウベルがメンバーから外れた。前半四分に、鹿島の増田忠俊が先制点を挙げ、二五分にマジーニョが続いた。後半終了間際に柳沢が三点目を入れ、〇対三として勝負をつけた。

オタシリオは試合後、今日の敗因は相手がアントラーズであったことだ、他のクラブでも同じ結果になっただろうと、完敗を認めている。

この天皇杯決勝の約三週間前に、チームの存在に関わる決定が下されていた。

九七年一二月八日、フリューゲルスの責任企業である佐藤工業の会長、四代助九郎及び社長の佐藤嘉剛が退任したのだ。創業以来、経営に携わっていた佐藤家が離れることになった。

四

佐藤工業の沈下はかなり前から始まっていた。

九七年三月期の売上げは、五六四〇億円、営業利益は一二九億円、経常利益は五三億円。二年前の同時期はそれぞれ、五六三五億円、二〇二億円、一〇九億円だった。売上げ高は変わらないものの、利益が約半分になっている。バブル経済が弾け、公共工事が減っていた。加えてリゾート開発部門の不調が重しとなっていた。

トンネル、発電、鉄道、道路、河川、上下水道、官公庁舎など公共事業を主力としていた佐藤工業が、同業他社に倣ってリゾート開発に手を広げたのは八〇年代後半のことだった。佐藤工業本体の他、連結子会社である佐工不動産、関連会社である奄美大島開発、雫石国見開発が、ゴルフ場、スキー場、リゾートマンション等の開発事業を始めた。これらの新規事業が滞っていたのだ。

九七年九月、佐藤工業は記者会見を開き、再建計画を発表している。席上で一人の役員が「フリューゲルスの撤退も検討している」と発言した。しかし、直後、社長の佐藤嘉剛の名前で〈撤退の意思はない〉という文書を配布した。これはサッカーへ愛情を持っていた社長の佐藤の意向だったろう。一二月、その佐藤が相談役に退き、常務の吉田弘が社長に、第一勧業銀行出身の専務、反町富信が代表権を持つ副社長に就いたのだ。

後に佐藤工業の社長となる杉晟はこの頃、四国支店長だった。全日空スポーツに出向していた手嶋と面識があり、三ツ沢球技場でフリューゲルスの試合を観戦したこともあった。サッカーに熱狂する観客を目の当たりにして、顧客の企業関係者を招待する場に使えると思った。支店長会議でフリューゲルスについて意見を求められ、そのことを口にすると、会議後に佐藤の肩を持たないほうがいいと注意された。佐藤嘉剛と杉は同期入社、会えば話はするが、親しい関係ではない。主力銀行である第一勧業銀行は創業家の影を消し、フリューゲルスから完全に手を引くつもりなのだと感じたという。

九八年一月、佐藤工業は全日空スポーツへの出資比率をこれまでの四〇パーセントから三〇パーセントに下げ、九九年から撤退することになった。

フリューゲルスを支える責任企業の一つが欠けることになったのだ。全日本空輸の関連事業本部業務部長だった丸尾紘治郎はこう振り返る。

「佐藤工業は会社自体が倒産しそうでしたから、資本比率を下げ、撤退することはやむを得ない。そこで全日空一社でできるかという話になるわけです」

この丸尾がフリューゲルスの命運を握ることになる。

丸尾は四五年に大阪市阿倍野区で生まれた。関西学院大学を卒業後、製造業の企業に入った。ただし、あまり先行きが明るいという気はしなかった。ある日、新聞を開くと大阪で開かれた万国博覧会の影響で航空業界は右肩上がりであるという記事が目に入った。しばらくして全日本空輸が新入社員を募集していた。新聞記事を思い出し、試しに応募してみることにした。

一次試験を通過すると、東京本社での面接試験用の航空券が送られてきた。大阪国際空港——伊丹空港に行くと、滑走路に真新しい飛行機が並んでおり、太陽の光を浴びてきらきらと輝いていた。

「頑張って面接を受けようと思いましたね。そうしたらたまたま入れたんです」

配属されたのは大阪国際空港の乗務員養成を担当する部署だった。当時、大阪国際空港では小型機の訓練を行っていた。やがて部署ごと熊本に移転、その後、東京本社の関連事業室、大阪国際空港の営業、人事など〝裏方〟を一通り経験し、九七年六月二七日に関連事業本部業務部長となった。最終節で優勝を逃すことになるファーストステージの中断期間、チームが室蘭でキャンプを張っていた時期だ。

航空事業には、資材調達、ホテル、旅行代理店業務など本業に付随する業務が生まれる。これらは本社からの発注が確定しているため、一定の利益が計算できる。とはいえ、本社自らの業務とするのは難しい。航空業界はパイロットなどの高度な技術職を含み、給与水準が高い。そのため本社よりも低い給与体系の子会社を設立することになる。全日本空輸には一五〇社以上の関連企業が連なっていた。関連事業本部は、こうした関連企業を管理、統括する。全日本空輸が控えているという安心感からぬるま湯の経営になりがちな関連企業を引き締めるのが丸尾の仕事だった。フリューゲルスを運営する全日空スポーツもそこに含まれる。

航空業界は本質的に浮き沈みが激しいと丸尾は評する。

まず設備投資の額が莫大である。旅客機一機あたり約二〇〇億円。乗客を引きつけるためには、新しい機種の導入が必須である。旅客機は消耗品であるのだ。一〇機、二〇機となるとその金額は膨大になる。また燃料の相場、景気の動向も経営上の変数である。企業の経営が悪化すれば出張費などがまず削られる。

丸尾が関連事業本部業務部長となる直前、全日本空輸は社内人事で大きく揺れていた。始まりは長谷川章に代わる副社長人事だった。長谷川は、全日空スポーツクラブのボイコット事件で全日空スポーツ社長として事態収拾に動いた男である。その後、距離は置いていたが、社内でのフリューゲルスの後ろ盾だった。長谷川は体調を崩しており、副社長退任となった。

副社長選定で、名誉会長の若狭得治、会長の杉浦喬也と衝突した普勝清治が社長を辞任した。背景には、若狭と杉浦という運輸省からの老齢の〝天下り組〟と彼らの影響を嫌う全日本空輸の生え抜きである普勝たちの綱引きがあったとされる。さらに普勝の後任に内定した吉川謙三は社長就任を辞退、専務の野村吉三郎が社長となった。

野村は社長就任後の取材で、航空業界の自由化を見据えて、普勝が取り組んできた乗員の賃金見直しを含めて高コスト体質を改めると語っている。

〈二〇〇一年にも成田に第二滑走路が完成します。そうすると、外国のエアラインがさらに入ってくるし、我々も出ていこうとする。その時に同じコストでなければ競争になりません。これか

らはもう、全日空だけのコストなんて言っても、意味がないんです〉(『月刊経営塾』九七年八月号)

子会社である全日空スポーツ＝フリューゲルスの補填見直しは必然だったろう。丸尾はこう振り返る。

「(異動する前)フリューゲルスをなんとかしろ、と言われたことはなかったです。どれだけ会社からフリューゲルスにお金を入れているかも私は知りませんでした。色んな関連企業のことをやっているうちに、フリューゲルスへの出資は今後難しくなるという話が出たんです」

収支を精査した丸尾は、主たる支出である選手の年俸を見直した経営計画を出すように命じた。

「ところが年俸を下げるといい選手が取れなくなる、そうなるとチームが弱くなるから無理だと言うんです。彼らにはコストを下げ、収支を改善する意思がなかった」

その後、選手を探すという名目で山田がブラジルへ出張していたことを知り丸尾は唖然とした。選手の目利きはサッカーに通じた担当者に任せるべきだろう。山田はサッカー経験者ですらなかったのだ。

「佐藤工業が音を上げたときから、全日空一社で支えることはできない。お金を出すのは今年までだと、経理部から言われるようになりました」

五

二月から始まるキャンプの下見のため、マネージャーである塩澤次郎は、強化部長の安達貞至と共に、スペイン南西部、アンダルシア州のカディスを訪れている。これまでシーズン前のキャンプはオーストラリアで行っていた。スペインに変更したのは新監督であるレシャックの意向だった。

塩澤は宿舎となるホテル、練習グラウンドなどを確認し写真を撮影した。カディスは大西洋に面し、紀元前から貿易港として栄えた港湾都市である。年間平均気温は一八度前後という温暖な気候。冬期のキャンプ地としては悪くないと塩澤は思った。

塩澤は一九七四年に山口県熊毛郡平生町で生まれた。父親の敏彦はこの地を本拠地とする永大産業サッカー部の監督だった。全日空サッカークラブ時代に監督を務めた塩澤敏彦の次男である。

福井工業大学卒業前の九六年二月、シドニーキャンプからサテライトチームのマネージャーとなった。オタシリオ監督の一年目である。九七年からはトップチームのマネージャーだった今泉の元でサテライトチームマネージャー、九八年に今泉が営業へ異動すると、トップチームマネージャーに昇格した。

二月五日、カディスに入ると、天候に悩まされることになった。長雨の季節に入っていたのだ。

「下見のときに案内したコーディネーターが、この時期は雨の季節ですよっていうんです。お前、下見のときはそんなこと言わなかっただろうって。シュート練習をして、ボールが柵を越えますよね。子どもが拾って返してくれるかと思うと、そのまま父親とバイクにまたがって持っていってしまう。ボールがなくなると練習にならない。そこで球拾いをするスタッフを置くことにしました」

練習見学のため報道陣、見物客が集まっていた。彼ら、彼女たちの目当ては監督のレシャックだった。

「誰も選手にカメラを向けない。あのレシャックが日本のクラブの監督になったというのがニュースだったんです」

レシャックが目をつけたのは一人の新加入選手だった。安達を呼び「あいつは素晴らしい才能を持っている、間違いなく日本代表に入る選手になる。自分が育てる」と言った。

「そのときは卒業式前だから、まだ高校三年生ですよ」

彼を獲るために鹿児島実業には何度も行きましたと安達は言う。

「三人兄弟の一番下。元々は兄たちのほうが評価が高かったのかな。あの年代ではもう一人、(岩手県の)大船渡高校の選手を狙っていた。鹿児島、大船渡、どちらでも鹿島(アントラーズ)のスカウトの平野(勝哉)さんと会うんです。平野さんは同じ関西人だし仲良かった。それでもう分けようやないかという話になった」

遠藤保仁と小笠原満男だ。

「ぼくは小笠原は鹿島に決まっているから、他のクラブが動いても駄目だと言う。平野さんも遠藤はフリューゲルスで決まりやと言うてくれと」

六

前田浩二にとってレシャックの指導の印象はパスの速度だったという。

「とにかくパスのスピードを上げろと言われましたね。あとはボールを受けるときの身体の向き。パスを回す練習ばかりで最初は戸惑いましたが、これだけボールを動かすことができるんだと思うようになりましたね」

ただし、不安もあった。

「オタシリオ体制と比べると、走りのトレーニング、負荷が少なかった。これで一シーズン戦うことができるのか。シュート練習をしないので攻撃陣のシュートの精度も落ちていた。ゴールキーパーを含めた守備の対応も遅くなっていると感じていました」

日本代表に選出されていた山口と楢﨑は、カディス合宿に参加していない。山口は何人かの選手と連絡を取った。

「新しい監督はどうって聞くと、面白いっていう選手もいれば、ちょっと難しいと答える選手もいました」

レシャックは鹿島に敗れた天皇杯決勝も観戦に訪れていた。山口はいい選手だが、動きすぎだ、と言っていたと人づてに聞かされた。

「お前のポジションはセンターサークルから動く必要がない、しっかりポジションを取ればボールが集まってくる、ペップ（・グアルディオラ）もそうだろうとレシャックに言われました。お前が動くのではなく、ボールを動かすんだ、と」

塩澤が最も印象に残っているのは、練習前の準備だった。

「グラウンドキーパーさんに、練習前に水をいっぱい撒かせろと言うんです。かなりスリッピーな状態にして二〇人ほどでロンドをする」

ロンドとはスペイン語で輪舞を意味する。選手たちは輪を作りパスを回し、中に入った選手がボールを奪う。パスを回す際、ワンタッチ、あるいはツータッチなどの条件をつけて難易度を調節する。レシャックの練習では二人の選手が輪の中に入ることが多かった。

「二〇人でボールを回してもやりようによっては二人でボールを奪える。ロンドにレシャックが入ることがありました。巧いんです。この人は化け物だなと思いましたね」

この練習によりホペイロの仕事が増えることになったと山根は笑う。

「毎回、雨の中でやったときのようにスパイクがびしょ濡れになる。これまで晴れの日の練習は埃を払うだけで良かったんです。それが毎回の練習の後、乾かさなくてはならない。練習と試合で同じスパイクを履く選手がいます。履き慣れたものがいいという選手のスパイクは、試合までに乾かしました」

山根はレシャックの考えを理解している選手とそうでない選手がいることに気がついた。ある程度、実績のある選手はこれまでの経験が邪魔をしているのか苦労しているようだった。

七

九八年の開幕戦は、三月二一日の横浜国際総合競技場での横浜マリノス戦だった。この年からフリューゲルスとマリノスは三ツ沢球技場に加えて横浜国際総合競技場を本拠地として使用することになった。

マリノスの主催試合であるこの日、五万二〇〇〇人を超える観客が集まっていた。ディフェンダーは、前田、サンパイオ、そしてアンデルソンの三人。中盤に、瀬戸春樹、ヴェルディ川崎から加入した永井秀樹、遠藤保仁、そして山口素弘、フォワードは三浦淳宏、大島秀夫、波戸康広の三―四―三という攻撃的なシステムだった。遠藤の先発起用、中盤の選手であるサンパイオを最終ラインに入れたことが目に付く。

前田はこう振り返る。

「三人のセンターバックでぼくは右に入りました。真ん中がサンパイオで左がアンデルソンというブラジル人。サンパイオは守備というより、後ろから長いパスを出すという意図だったんでしょう」

アンデルソンはフラメンゴの下部組織から九七年シーズンにフリューゲルスのテスト生となり、プロ契約を結んだミッドフィルダーだった。前シーズン、一度も出場機会のなかった中盤の選手をディフェンダーとして起用したのは、レシャックならではだろう。試合は一対一で延長戦に入り、延長前半、途中出場した佐藤一樹のVゴールで二対一と勝利している。しかし、続く第二節から五連敗を喫する。

原因は守備の破綻だった。

Jリーグのほとんどのクラブが採用している四―四―二と比較すると、三―四―三は最終ラインの人数が少ない。これを補うためにディフェンダーがボールを持つと最低三人がパスを受けられる場所に近寄る。出しどころが三つあるためにボールは簡単に奪われない。そしてボールを受け取った選手の周囲に再び三人の選手が位置取りし、次々とパスが繋がって行くという考えである。

ホワイトボードの上で選手にこの戦術を説明し、理解させることは可能だ。しかし実践はかなり難しい。正確なボールコントロール、キックの精度、走力、状況判断が要求される。またピッチの中の選手全員が意識を共有しなければならない。誰か一人でも位置取りを怠る、あるいはちょっとしたミスによって全体の調和が崩れてしまう。

安達はレシャックの戦術に合う外国人選手を補強している。まずは開幕前の三月半ば、スペインのスポルティング・デ・ヒホンに所属していたイゴール・レディアコフを獲得した。ロシア代表にも選ばれた経験のあるレディアコフは三月三一日、日本に到着すると四月四日の第四節、平塚戦に先発出場している。さらに四月末に、ポルトガル代表歴のあるパオロ・フットレの加入を決めた。

パオロ・フットレは一一歳のときにスポルティング・リスボンの下部組織に入り、八三年五月に一七歳でプロ契約を結んだ。その四カ月後にはポルトガル代表に選出、将来を早くから嘱望された早熟の天才だった。FCポルトでヨーロピアン・チャンピオン・クラブズ・カップで優勝。チャンピオン・クラブズ・カップは現在のUEFAチャンピオンズリーグの前身である。その後、スペインのアトレチコ・マドリー、フランスのオリンピック・マルセイユ、イタリアのACミランなどでプレーした。期待されたほどの成功を手にできなかったのは、右膝靭帯断裂などの怪我がちで、九三年以降は出場機会が減っていたからだ。

契約前、安達はレシャックにフットレは本当に使えるのかと、念を押している。

「上手いのは上手いんです。ただ、怪我が心配だった。だから名前の割に(年俸が)安かったんです」

安達が案じた通り、フットレの出場機会は限られることになった。

フリューゲルスは第七節から第一二節まで六連勝している。この第一二節からJリーグはワールドカップ中断期間に入った。フリューゲルスからはサンパイオがブラジル代表に、山口と楢崎が日本代表に選ばれている。


日本代表の最終メンバー発表の日、ぼくはサンパウロで帰国の準備をしていた。三浦知良が落選したことに、彼を知る日系人街の人々が落胆していた。

六月一一日、フランスでワールドカップが開幕した。

初戦は前回優勝国であるブラジル代表対スコットランド代表だった。前半五分、ベベットのコーナーキックをサンパイオが頭で合わせてブラジルが先制した。大会の初ゴールである。あちこちで花火の音が聞こえた。ブラジル代表は二対一で勝利した。

ぼくはこの試合後、サンパウロを発ちロサンゼルスに向かった。ロサンゼルスの空港では納谷宣雄が待っていた。

六月一四日、日本代表がアルゼンチン代表と対戦した。日本代表が初めてワールドカップに出場した試合を納谷のロサンゼルスの自宅で観ることになった。日本代表は〇対一で敗れた。点差以上に力の差があった。クロアチア代表、ジャマイカ代表にも連敗し、日本代表は三戦三敗でグループリーグ敗退した。

念願のワールドカップ出場は果たしたが、さらに高い壁があるという現実を日本のサッカー関係者に思い知らせた惨敗だった。

一方、ブラジル代表はグループAを首位で通過、チリ代表、デンマーク代表、オランダ代表を下し決勝に進出した。決勝ではフランス代表に〇対三で敗れ準優勝で終わった。

大会後、ブラジル代表はチャーター機で首都ブラジリアまで戻った。サンパイオはジオバンニ・ジ・オリベイラと共にプライベートジェットでサンパウロに向かっている。全日空スポーツの社長である山田はサンパウロまで飛び、彼を空港で出迎えた。

ただし、経営の責任者である彼が本当にやるべきことはサンパイオの労をねぎらうことではなかったはずだ。このときクラブは存亡の危機に瀕していたのだから。

八

ワールドカップ開幕の約三カ月前の三月五日、全日本空輸は記者会見を開いている。その場で社長の野村吉三郎は、九八年三月期の最終損益が三二億円となり、三〇年ぶりに株主に配当金を支払わない――無配を発表した。新興企業の場合、成長部門へ投資するため配当を後回しにすることがある。株価が上昇すれば結果として株主の利益になるからだ。しかし、全日本空輸のような成熟企業が無配を選択する理由は一つしかない。経営の悪化である。

野村は二〇〇〇年度の配当復活を目標として、収益体制の強化を謳った。具体的には不採算路線の見直し、航空機購入の見送り、役員報酬削減などである。

全日本空輸がフリューゲルス――全日空スポーツへ広告費として赤字補填していた額は年間約一〇億円だった。関連事業本部長の丸尾が問題視したのは、補填額が年々増えていたことだった。

「正確な数字は忘れましたが、最終的には一三億円にまでなっていた。このお金は本社の広告費なんです。経費削減の一環として広告費を削っているのにフリューゲルスの赤字が増えている。これでは（全日本空輸）本体も危なくなる、収支を改善せよ、経営を立て直せと何回も全日空スポーツへ出向している社長の山田と取締役の中西（久憲）に言いました」

しかし、改善の兆しはなかった。

「細かな点で言えば、彼らはタクシーチケットをバンバン使っていた。本社ではタクシーチケットはかなり絞られて、ほとんど使われていなかったにもかかわらず、です。彼らにコスト意識はない。（本社に）出費を削減して収支を良くすることは無理ですよと報告しました」

丸尾は関連部署、役員、社長に逐一報告を入れていた。彼らがフリューゲルスから撤退するという結論を出した。

「私の記憶では出資金を減らして継続しようという意見は出てこなかった。役員たちは早く手放したいと考えていた。全日空スポーツに関わっている部署の合意を取るために稟議書を書いて、各部署に回しました」

こうした全日空空輸本社の動きを全日空スポーツの人間は知らない。

この頃、マネージャーから営業に転じていた今泉はチケット販売に奔走していた。横浜国際競技場は二〇〇二年ワールドカップの試合会場の一つとなっており、最大収容人数、七万二〇〇〇人を超える大きさだった。

「大箱でがらがらという恥を掻きたくなかった。比較対象はマリノスです。マリノスは入るけど、フリューゲルスは駄目だなって言われるのが嫌でした」

営業担当は今泉を含めて四人。今までと同じことをやっていたのでは足りないと知恵を絞った。

「港北ニュータウンのマンションでチラシのポスティングをやったり、新横（浜）の駅前で通勤の時間にビラ配ったり、（港北区）新羽の町工場を回ってファンクラブに入ってくださいと頼んだり。とにかく考えつくことは全部やりましたね」

試合当日は、チケット売り場に立ち、当日券を求める客の対応をする。忙しくなる前に、ホペイロの山根がスタジアム内で販売されているドラゴンハンバーガーを届けてくれた。

「中華の饅頭で角煮を挟んで食べるんです。美味しかったので、いつも買ってきてもらいました。そのときに、今日の調子はどうって聞くぐらい。試合は観ないです。ぼくたちの仕事は試合を観ることではないので。ただ、だいたいスタジアムの雰囲気で勝っているかどうかは分かりましたね」

負け続けると、必死でチケット売っているのに何してくれるのっていう感じですよと笑った。

ファーストステージは一〇勝七敗で八位。八月二二日から始まったセカンドステージでは、第一節の清水戦で二対四の敗戦。第二節の鹿島戦に勝利したものの、第三節の柏戦に敗れる。第四節、ガンバ大阪戦は一対一の同点でＰＫ戦で辛勝。その後、第五節のマリノス戦から連敗が始まる。

サンパイオは当時をこう振り返る。

「レシャックはチーム全体の枠組みを変えようとした。これは本当に難しい。それまで彼はバルセロナという自分と同じ考えを持つ人間に囲まれていた。しかしフリューゲルスは違う。彼は日本人選手を理解できなかったと思う。彼の採用した三―四―三はボールを保持し、常に自分たちが主導権をとるシステムだった。ＦＣバルセロナ、（バルセロナ出身のグアルディオラ監督の）マンチェスター・シティのサッカーだ。他のチームはあまりやらない。ボールを保持するサッカーは選手の質が高くなければできない。ボールを奪われたとき、どのように守ればいいか。ぼくたちはどうしたらいいか分からなかった。監督から指示もなかった」

山口もサンパイオと同じように三バックの中央に起用されたことがある。レシャックはオランダ代表選手でＦＣバルセロナにも所属していたディフェンダー、ロナルド・クーマンの名前を出した。

「クーマンだって守備はできないぞっていうんです。横にしっかり守備をできる選手、フリューゲルスならば薩川のような選手を置いておけば何も問題ないと」

負けが込み、サンパイオと共にレシャックと話し合いを申し込んだと山口は明かす。選手の越権行為とみなされる可能性もあった。

「ぼくもサンパイオもそうしたことをしたことがなかった。賭けでしたね。練習ではフィジカルな部分を鍛えたほうがいいという話をしました。するとレシャックは、気持ちは分かる、と。運動量については動き方によって補うことはできる、そしてフィジカルをやりたい選手がいれば個々でやってもいいという返事でした。彼の考えは非常に理にかなっていた。理解はできるんです。ただ、ぼくたちは結果を出したい。勝ちたかった」

第六節の浦和戦は〇対三、第七節の名古屋戦も二対三と連続して三失点を喫した。第八節では平塚に一対三で敗れ、一五位にまで落ち込んだ。

正確な日時は覚えていないと前置きして安達はレシャックと共に社長の山田と中西に呼びださ

れたという。

「レシャックをクビにするというんです。確かに成績は悪かったけれど、監督が代わってやり方を大きく変えた。当然、時間はかかる。それを山田さんたちは理解していなかった。レシャックはプロの指導者の世界を生きてきた人間です。クビだと伝えると、ああ、そうかという感じでしたね」

レシャックと一緒に部屋を出ようとすると、安達だけ残るようにと山田が言った。レシャックと同時に、安達も一緒に辞めて欲しいという。

「ぼくは三年契約で、残り一年半残っていた。山田さんは、安達さんの顔に傷が付かないように辞任という形でどうでしょうかって言うんです。辞任というのは自分から辞めるということ。その場合、残りの給料を放棄することになる」

丹野からフリューゲルスに誘われたとき、サッカークラブで最も大切なのは育成である、中長期を見据えた育成をすべきだと伝えていた。そのための三年契約だった。しかし、その約束をした丹野はすでに全日本空輸に戻っていた。

レシャックの元で遠藤が頭角を現していた。その他、市立船橋高校の西紀寛が強化指定選手としてサテライトリーグに出場していた。さらに遠藤の出身校である鹿児島実業の松井大輔を獲得する予定だった。全国の高校を回って、監督や選手たちと関係を作ってきたという自負があった。

「自分で辞めるつもりはない。だから解任にしてくれと言いました。だから、残りの一年半分の給料は貰いました」

平塚戦の二日後の九月二八日、レシャック、コーチのロウラ、安達の解任が発表された。

レシャックの後を引き継いだのはサテライトチームの監督、ドイツ人のゲルト・エンゲルスだった。

九

エンゲルスが初めて日本を意識したのは一九九〇年のことだ。ケルン体育大学の掲示板に貼ってあった〈日本でサッカーをしませんか〉と書かれた小さな紙切れを目にしたのだ。事務局に問い合わせをして、その日のうちに履歴書を送ることにした。エンゲルスは自分のことを慎重な人間だと思い込んでいた。ここまで積極的になったのは不思議なほどだった。

「一カ月後ぐらいに返信が来たので、ファックスで条件をやりとりしました。車と住居、食事を提供、月給一五万円ぐらいでした。（就労）ビザを取得するために日本から送られてきた書類を持って日本大使館に行くと、係官が日本は物価が高いからその金額じゃ生活できない、ビザは出せないというんです。それを日本に伝えたら月三五万円になった」

バブル経済がまだ弾けておらず、日本は物価の高い国として認識されていたのだ。

エンゲルスは一九五七年にオランダ国境に近いノルトライン＝ヴェストファーレン州のデューレンで生まれた。アマチュアリーグの選手であった父の影響で物心がつく前からサッカーを始めている。年齢別の西ドイツ代表にも選ばれ、七四年にボルシア・メルヘングランドバッハと契約した。この頃、ボルシア・メルヘングランドバッハは黄金期を迎えていた。西ドイツ代表選手たちがひしめく中、ポジションを確保できず、三シーズンでクラブを離れている。七九年にアーヘン大学に入学、さらにサッカーの指導を学ぶためケルン体育大学に進み、卒業間近に日本行きを誘う紙切れを目にしたのだ。

エンゲルスが契約したのは、アセノ・スポーツクラブというチームだった。後にアセノ・スポーツクラブはプリマアセノFCとなり、FC水戸に吸収された。現在の水戸ホーリーホックである。

ある日、地元の幼馴染みの女性と再会した。彼女は祖母井秀隆と結婚して日本に住んでいた。かつて読売クラブにいた祖母井である。九一年春、エンゲルスは祖母井の紹介で兵庫県の滝川二高の特別コーチに就任した。このとき入学してきたのが、後にフリューゲルスに加入する波戸康広と吉田孝行だった。

「九一年の半ばぐらいに、西ドイツサッカー協会からフスバルレアラー（S級ライセンス）に参加できるという連絡が入った。申し込んでいたのだけれど、普通は簡単に受講できない。だからまったく期待していなかったんだ。ぼくは一九歳以下の代表に入ったことがあり、少しだけプロの経験があったことを評価してくれたのかもしれない」

滝川二高の監督だった黒田和生と相談して、約六カ月の講習に参加するため西ドイツへ一時帰国することにした。そこに連絡を取ってきたのが、加茂周の元でフリューゲルスのコーチを務めていた木村文治だった。

「翌年からJリーグが始まるのでドイツ人選手を獲りたい。サポートして欲しいというんです。誰からの紹介だったのかは分からない。日本語ができるドイツ人がいるということでぼくに頼んできたようです。そこで木村さんと一緒に試合を観に行き、(西ドイツ一部リーグの)カールスルーエの選手と三人で話をした」

しかし、フリューゲルスはその選手と契約を結ばなかった。木村は西ドイツを発つ前にこう言った。来年、Jリーグが始まればもう一人コーチが必要になるかもしれない、興味があるか、と。

「ぼくはもちろんありますと答えました。ただ、そういう誘いは多いけれど、なかなか実現しない。ぼくはライセンスを獲ることに集中しました。(九二年)八月に日本へ帰国。すると一〇月ぐらいに木村さんから連絡があった」

フリューゲルスのサテライトチーム監督の打診だった。滝川二高の黒田は指導者としてプロの道を目指すのは当然のことだと、快く送り出してくれた。九三年にフリューゲルスのサテライトチームの監督に就任。エンゲルスを補助するアシスタントコーチは安達亮が就いた。安達貞至の息子である。

「当然、システムはトップチームと同じ。加茂さんから言われたのは、選手をきちんと育ててくれ、だけ。任せてもらえたのですごくいい経験になった」

木村が加茂の後を継いで監督になると、エンゲルスはトップチームのコーチに昇格した。木村解任の後、サテライトの監督だったシウバがトップチームの監督に、エンゲルスはサテライトに戻った。九六年シーズン、オタシリオの監督就任と共に、再びトップチームのコーチとなった。

「彼のサッカーはマンツーマン重視の堅い守りのサッカー。前夜のミーティングでは相手チームの情報を欲しがった。彼はブラジルからスタッフを連れてきたけれど、ぼくの意見も尊重してくれた」

エンゲルスはレシャックの元でもコーチを務めた。レシャックのサッカーを吸収することは自分の財産になると考えていた。ただし、彼は有能であるが、チームを束ねる監督としての資質、経験が足りないように感じた。

「とにかくサッカーが好きな人で情熱的だった。ぼくにはすごくいい経験になった。ただ、監督には向いていなかった。彼はいつも練習時間ぎりぎりにやってくる。選手たちに自分のサッカーを理解させるには時間が掛かる。練習以外の時間にコミュニケーションを取る必要があった。彼はそうしたことをしなかった。あのときのフリューゲルスでFCバルセロナと同じことをやるのは無理があった、そしてレシャックにはそれ以外の手がなかった」

九月二五日、翌日に国立競技場で行われる第八節平塚戦のため、エンゲルスはチームと全日空ホテルに宿泊していた。夜、エンゲルスはいつものように外苑東通りにあるドイツバーに顔を出し、軽く飲んでホテルに戻った。早朝、部屋の電話が鳴った。何事かと思って受話器を取ると、全日空スポーツの取締役の中西久憲だった。今日の試合、勝っても負けてもレシャックを解任する、後任監督を引き受ける気はあるか、と中西は言った。レシャックはこのことを知っているのかと返すと、まだだと答えた。

「カルロス（レシャック）にまず話をすべきであるとぼくは言いました。そしてぼくはこのチームには六年間もいる、引き継ぐ準備はできていると付け加えた」

一〇月三日、エンゲルスが監督として臨んだ第九節の磐田戦は〇対四で大敗。二日後の五日、パオロ・フットレの退団が発表された。日本での成績は一三試合出場で三得点だった。フットレはこのまま引退している。

「幸いだったのは、次のヴェルディ戦まで少し時間があったことだった」

エンゲルスはレシャックの三―四―三を踏まえて、三―四―二―一、時にサイドバックを下げて最終ラインを五人とした五―二―二―一などで守りを固めることにした。

「シーズンの途中だったので、大きくチームをいじることはしなかった。フリューゲルスには山口とサンパイオという素晴らしいボランチがいた。彼等を中心に様々な選手を起用した。ぼくは若手の選手の特徴を分かっていた。（中心選手となっていた三浦）淳宏、波戸、吉田、久保山（由清）もサテライトからの付き合いだった」

その後、フリューゲルスは三連勝している。

一〇

エンゲルス監督の初戦となった磐田戦の三日後――一〇月六日のことだ。川淵三郎は虎ノ門にある新日鉱ビル（現・虎ノ門ツインビルディング）のJリーグで二人の男と会うことになっていた。全日空スポーツ社長の山田恒彦と横浜マリノスを運営する日産フットボール社長の高坂弘己である。二人から時間をとって欲しいという連絡が入ったとき、何の要件だろうと首を傾げた。

二人はチェアマン室に入ると両チームが合併することになったと切り出した。

「同じ横浜だから何か相談があるのかなと。まさか合併するなんて思いもしなかった。もうびっくり仰天だよね。何も言えず、しばらく黙っていたんじゃないかな」

山田によると、佐藤工業はフリューゲルスから手を引く。全日本空輸だけではクラブを支えることができないため、マリノスと一緒になるしかないというのだ。

川淵が観念したのは、マリノス社長、高坂弘己の存在だった。

高坂は二五年に東京で生まれている。東京大学経済学部を卒業後、日産自動車に入社。六八年から日産自動車グループの労働組合『全日産・一般業種労働組合連合会』――通称・日産労連の専属となっている。自動車労働組合連合産業対策局長・調査局長などを経て、九二年に日産労連の会長に就任。その後、日産フットボール社長に転じていた。

日産労連は日本で最も影響力のある労働組合の一つであり、歴代会長は日産自動車社長と比する力があった。

バブル崩壊以降、自動車業界は不振に喘いでいた。中でも日産自動車は九八年三月の時点で連結有利子負債が約四兆円を超えていた。この数字は日産自動車の連結売上げ高に相当する。日産自動車も子会社であるマリノスの継続を検討していることは予想できた。労組の会長であった高坂は日産自動車本社と太い繋がりがある。フリューゲルスとの合併は日産自動車にとっても落し所なのだろうと川淵は思った。フリューゲルスは潰れるのではない、合併するのだと自分を納得させた。

合併を主導したのは、関連事業本部長の丸尾だった。

「金額の問題ではなかった。(全日本空輸の上層部は)もうお金はいらないから、どこか代わりにやってくれるところを探せと言われました」

そこで金融グループのゴールドマンサックスにフリューゲルスを引き受けてくれる企業を見つけてくれと頼んだ。

「全日空側は、継続して年間二、三億円は出すという条件でした。しかし、バブルが弾けていて引受先は見つかりませんでした」

広告宣伝に力を入れている企業ならば可能性があるのではないかと、自らある企業に連絡をとったこともある。しかし、興味がないという返事だった。

「最後、消費者金融に頼んでみるかという話も出ました。しかし、それはあまりにイメージが悪いということで流れました」

すると一人の役員が「日産自動車に合併を持ちかけたらどうか」と言い出した。

「スポーツの世界で二つのチームが合併することは難しいんじゃないですかと私は答えたんです。そうしたら、相手に話をする前から諦めるな、日産も厳しいんだから、一緒にやっていく可能性もあるはずだ、まずは可能性を探ってこいと言われました。とにかく日産に当たるしかなかった。八方手を尽くした上で駄目ならば、全日本空輸として腹をくってやるしかないということでした」

丸尾はつてを辿って日産自動車の人事部に連絡をとった。すると非常に興味がある、すぐに会いたいという。丸尾は担当役員と共に、銀座にある日産自動車本社に向かった。

「細かいことは忘れましたが、横浜の二つのチームが一つになるのは非常にいい話だ、日産（自動車）としても経営が厳しいので一つになってやれるのはありがたい、一緒にやりましょうと。マリノスを主体にして我々が支える形ではなく、一緒に横浜で強いチームを作ることになりました」

対等な関係でチームを強くするために合意したのだ、と丸尾は強調する。話を持ち帰ると社長の野村から、せめてフリューゲルスの「F」は残せないかという意見が出た。日産自動車側はこれを受け入れ、合併後の名称を「横浜F・マリノス」として、リーグ終了後に正式発表することになった。

その後、丸尾は全日本空輸の本社に山田と中西を呼び、合併を伝えた。すると彼らは怒りを露わにした。

「彼らは佐藤工業の人間が役員に入っていることを鬱陶しいと思っていたんです。何かを決めるときに佐藤工業の意向を聞かねばならない。佐藤工業が手を引くということで、自分たちの好きにできると思っていたんでしょう。それなのにマリノスと一緒になるとは何事だと。これは私一人が決めたことではなく、ＡＮＡ全体の方針であり、どうしようもないと説明しましたね」

合併は全日本空輸の意向である、すでに関係部署の承認はとっていると聞いた二人は腰砕けになった。そして山田は高坂と共に川淵に報告に向かったのだ。

川淵はこう振り返る。

「次の年からJ2を作ることになっていた。マリノスとフリューゲルスが合併すれば、降格するクラブが一つ減る。先のことを考えたら悪いことじゃない」

もちろん、そんなことは口には出せなかったけどね、と皮肉っぽく笑った。

Jリーグを取り仕切る川淵のところにはしばしば手紙が届いた。彼はそのすべてに目を通していた。中にはフリューゲルスのサポーターについての意見もあった。

「サポーター集団が五つ、六つに分裂していて、いつも一緒に応援しない。なぜこれを一つにまとめる努力をクラブはしないのか、チェアマンはこうした事態をどう見ているのか、もっと解決に動くべきだという内容だった」

川淵にとってフリューゲルスのサポーターは顔が見えないという印象だった。フリューゲルスは勝負がかかった大切な試合でも観客が集まらない、最も人気のないクラブの一つである。そこまで大騒ぎにならないだろうとも思った。

それでも二人にこう念を押した。

「サポーターは反対するし、選手も動揺するでしょう。きちんとしたタイムスケジュールを作り、どういった形で話をするのか、フォローするのかきちんと想定した上で、あらゆる問題を整理して話を詰めてください」

　他言は無用、最後の発表まで様々な角度から検討して欲しい、と。しかし、この約束は守られなかった。

第6章

「ボイコットだけは阻止しなければならない」

1998

写真：Getty Images

1998年11月7日、アビスパ福岡戦。集合写真でANAのロゴを隠して合併への抗議の意を示した。

一

九八年一〇月上旬、全日空スポーツ取締役の手嶋秀人は、社長の山田恒彦と同じく取締役の中西久憲から話があると呼びだされた。山田はこう言った。

「てっちゃん、これは全日空の判断だから、教える筋合いはないけど、君も全日空スポーツの役員だから耳に入れておく。ただし、他言無用だよ」

そしてこう続けた。横浜フリューゲルスが横浜マリノスに吸収合併される、と。淡々とした口調もあり、手嶋は一瞬、事の重大性が分からなかった。これは大事になると思ったのはしばらくしてからだ。

「（佐藤工業再建のため）銀行から来ていた人が役員会で、フリューゲルスから早く手を引くべきだと言っているというのも耳に入っていました。ただ、手は引くけど、人は出す、ぼく以下、何人か出向者はそのまま残すと聞いていたんです。（山田の口調から）全日空は佐藤工業に代わるスポンサーを探してクラブを継続する意思はないと感じた。ぼくは全日空の人間じゃないから正確なところは分かりませんが」

全日本空輸の役員会で正式決定はしていないはずだ。どこかでひっくり返るかもしれないという淡い希望はあった。

手嶋はやはり佐藤工業から出向していた今泉貴道にこのことを伝えた。今泉は、手嶋から絶対に他人には言うなと釘を刺されたと振り返る。

「正直なところ、黙っていて欲しかった。知らなければ知らないと言い切れる。知っていたら嘘をつかなくてはならない。それが嫌でした」

自分の中でなかったことにしようと思ったので、いつ頃に聞いたということさえも忘れてしまいましたと苦笑いした。

「ゼネコン業界全体がやばくなっていました。当然、余計なお金が使えなくなるわけです。全日空スポーツに対してはすべて持ち出しで、収益がない。オーナー会社ですから、サッカーの好きだった（佐藤嘉剛）社長が現役である限りは、誰も文句を言わない。その彼が社長を退いた。いつ（完全に）撤退してもおかしくない、此処にはそう長くいられないだろうなという予感はありました」

全日本空輸の経営も良くないことを知っていた。子会社である全日空スポーツに対して何らかの動きがあってしかるべきだろうと思った。

「ぼくは出向で来ているサラリーマンです。なくなったら戻るだけ。選手のようにどうやって食べて行くんだという意識はない。だから選手やスタッフほどの動揺はなかった」

一〇月二八日夜のことだった。

今泉の自宅に山口素弘から電話が入った。三浦淳宏がフリューゲルスとマリノスが合併するという話を聞いたというのだ。今泉はとうとう恐れていたことになったと思った。自分は知らないと答えるしかなかった。自分を信用してくれている山口に嘘をついたことに心が痛んだ。

この夜、手嶋は会食に出かけていた。ほろ酔いで自宅に戻ると、留守番電話に明日、マリノスとの合併の新聞記事が出るという伝言が多数入っていた。

「何本か電話に出たかもしれない。出なかったかもしれない」

その夜のことはあまり覚えていないんだと、手嶋は腕組みした。

マネージャーの塩澤が合併を知ったのは、この夜のことだった。旧知のマリノスのマネージャーが「次郎、大変だな」と電話を掛けてきたのだ。数日前、マリノスの社員は会議室に集められ、フリューゲルスと合併し、横浜F・マリノスとなることを教えられたという。

「うちと合併するんだよって言われて、ええってなりましたね。とりあえずは関係各所に電話を入れて、朝一番でグラウンドに行くことにしました」

二

サテライトのマネージャー、竹林京介が合併の話を聞いたのは父親からだった。七五年生まれの竹林は塩澤よりも二学年下にあたる。国士舘大学を卒業後、約半年前の九八年四月に全日空スポーツの社員となったばかりだった。

竹林の父親は北海道の室蘭で水産会社を経営していた。水産関係の人間によくあるように、きっぷが良く酒の席を好む男だった。銀座の夜の席で加茂周と知り合い、意気投合した。日産自動車が室蘭でキャンプを行っていたこともあり、二人の仲は深まった。サッカーは小学校二年生から始めた。加茂からは自分が監修したサッカーのビデオが送られてきた。加茂の紹介で小学生のときから室蘭大谷高校サッカー部に同行した。英才教育を受けたようなものですと竹林は笑う。中学卒業後は室蘭大谷に進み、卒業時にJリーグの練習生にならないかと誘われたが、国士舘大学進学を選んだ。

国士舘大学サッカー部は全国各地から有望選手が集まっていた。ここでは抜きん出ることは難しいと悟った竹林は、サッカー部に籍を置きながら気儘な生活を送るようになった。卒業が近づいたとき、東京に来た父親から呼びだされた。その場に加茂が同席していた。加茂は、これからどうするつもりかと訊ねた。何も考えていないです、と答えると、スポーツメーカーとフリューゲルスのマネージャーならば紹介できるという。スポーツメーカーで働くと英語が必要になる。竹林は英語があまり得意ではなかった。マネージャーだったらできるだろうとフリューゲルスを選んだんですと竹林は頭を掻く。

「（国士舘大学サッカー部の）一年先輩の佐藤尽さんがフリューゲルスに入っていたんです。彼とまた一緒に生活できるかっていう軽い考えでした。大人の力で就職させてもらったのに、舐めてましたね」

就職氷河期であり、周囲の同級生たちは就職活動に汲汲としていた。自分は安定した職を確保したとほっとしていた。

「大学四年生の一一月ぐらいから研修ということでチームでアルバイトをしていました。その後、二月からカディスのキャンプに行きました。初めての海外（旅行）だったんです」

スペインで大学生と社会人の違いを思い知ることになった。

「それまで昼夜が逆転した、だらだらした生活をしていたんです。それが朝七時に起きて、練習の準備をして、終わった後は洗濯などの雑用という生活。（ホペイロの）山根さんとホテルの洗濯機を借りて、ずっと洗濯です。もうノイローゼになりましたね。熱が出たと言って二日ぐらいさぼりました。もう辞めたいと思っていました」

その後、仕事にも慣れ、フリューゲルスの明るく、自由な空気に馴染んだ。

「サンパイオはすごくいい人でした。永井（秀樹）さん、三浦淳（宏）さんはプライベートでもゴルフ行くぞって誘ってくれたり。大卒一年目でゴルフなんてできないって断りました。今から考えれば、運転手で来いっていうことだったんでしょう。ぼくは一番年下で末端のスタッフ。みんな年上のお兄さんですから、行ったことのないような高級な寿司屋に連れて行ってくれるんです。プロってすごいなと思いましたね」

永井秀樹は九八年シーズンにヴェルディ川崎からフリューゲルスに移籍していた。サテライトチームで選手が足りないときは駆り出された。遠藤保仁、手島和希、氏家英行、辻本茂輝、大島秀夫たちに混じってボールを追いかけた。

「向こうは高校を出たばかり。ぼくは大学四年間を経ているので、走ったりという体力的な部分では負けなかった。技術的にもそんなに巧いとは思わなかったですね」

竹林の記憶では、合併が明らかになる少し前に父親から電話が入ったという。

「フリューゲルスが潰れる、チームがなくなるぞ、と。ただマリノスに吸収合併されるのでお前たちはマリノスの社員になるので心配することはない、というんです。ぼくは何が起こっているのかまったく分からなかった。だから、そうなんだという感じです」

新聞報道が出た二九日、いつもと同じように最初にグラウンドに着くと、テレビの中継車が待ち構えていた。ホペイロの山根と相談して門に〈関係者立ち入り禁止〉という紙を貼った。

どのスポーツ紙も大きく紙面を割いており、中でも日刊スポーツとスポーツ報知はそれぞれ一面で〈横浜Mが横浜Fを吸収合併〉〈フリューゲルス消滅〉と報じていた。

〈新チームは、来年2月にスタートし、チーム名は未定。マリノスが70パーセント、フリューゲルスが30パーセントの割合で出資される。今シーズンは現行チームで残るリーグ戦、天皇杯を戦う。(中略)

佐藤工業は本業の不振などから、およそ六カ月前からJリーグからの撤退を考え始めていたという。佐藤工業が撤退した場合、全日空では、現在の航空業界の厳しさもあり、単独のスポンサーとしてチームを支えるのは困難と判断。チーム経営権そのものを手放す方針を固めたもようだ。関係者の話などを総合すると、横浜Fの年間の赤字額は10億円との見方もあり、チーム経営よりも、企業を優先させた格好だ。日産自動車に吸収合併される形になる見込み〉(『日刊スポーツ』一〇月二九日付)

三

この日、ゴールキーパーの楢﨑正剛は大阪にいた。

前夜の二八日、長居スタジアムで日本代表対エジプト代表戦が行われた。代表監督に就任したフランス人、フィリップ・トゥルシエの初戦である。朝早く部屋の電話が鳴った。もう少し眠りたいと最初は無視していた。しかし、あまりに続くので受話器を取った。

「本当なのかというのが最初の感想でしたね。それで何人かの選手に確認をしました。その後、新聞も読んだと思います。すごいことになっていると思って、とにかくすぐに（クラブハウスに）向かうことにしました」

監督のエンゲルスが合併を知ったのは、クラブハウスに向かう車の中だった。

「ラジオでフリューゲルスのニュースが流れたんです。ぼくは合併という日本語を知らなかった。サッカーでは使わない言葉だからね」

グラウンドに着くと大勢の報道陣が待ち構えていた。いつもとまったく違った雰囲気だった。クラブハウスに入り、今泉に何が起こっているのかと訊ねた。

「合併という単語を（日独）辞書で調べたような気がする。二つのクラブが対等に合併するならば、悪いことではないと思った。二チーム分の監督やコーチングスタッフ、選手をどうするのか。それをまず考えた」

しかし、実際には合併ではなかったね、と顔を顰めた。この日は午前中の練習となっていた。とても練習できる状態ではないと午後にずらすことになった。

九時半からクラブハウス二階にある会議室で、エンゲルス、選手たちは山田、中西たちの説明を受けた。

手嶋は山田、中西の隣りに座った。

「全日空としての決定だったので、説明は山田、中西がした。選手たちは、なぜもっと早く教えてくれなかったのか、相談してくれなかったのかと。新聞報道で合併を知ったことの怒り、不信感がありましたね」

山口の証言だ。

「合併に至る経緯を詳しく説明してくれるのかと思ったら、本当にペラ一枚の紙が配られて、書かれていることを読むだけでした。それだけで出ていってしまったので、キツネにつままれたような状態で、どうするの、俺らって感じでしたね」

半ば放心状態の選手たちは、そのまましばらく会議室に留まった。

翌日の新聞は、選手たちの戸惑い、諦めの声を拾っている。

〈クラブハウスから出てきた選手の顔から血の気が引いていた。

「納得？　納得するもしないも、もう決まったことだから」と前日本代表の山口主将がイレブンの気持ちを代弁すれば、川崎から今季完全移籍して新天地を見つけた永井は「まださっき聞いたばかりなので、何とも言えない。サッカーのクラブの吸収合併は銀行とは違う」と今後訪れる大量解雇の不安を口にした〉（『スポーツニッポン』一〇月三〇日付）

この記事では楢﨑の去就に重点が置かれている。合併先のマリノスには川口能活がいたのだ。マリノス〈球団関係者〉の「ゴールキーパーは川口一人で十分」という言葉も載っている。大阪から戻った楢﨑は、マリノスに移籍するのかと取材陣から問われ、「分かりません」とぶっきらぼうに答えている。

この日の午後、Jリーグ臨時理事会が開かれ、マリノスとフリューゲルスの合併が承認された。Jリーグ規程には、リーグ脱退は一年前には申請しなければならないと書かれていた。超法規的措置である。

翌三〇日、十数人のフリューゲルスのサポーターがJリーグに現れ、チェアマンの川淵に面会を求めた。約束のない訪問であり頭に血が上った人間が突発的な事件を起こす可能性がある、事務局の人間は会わないほうがいいと川淵に忠告した。しかし、川淵は逃げていると思われるのは嫌だと、部屋に入れるように指示した。

〈全く背広姿が板についていないなという感じの青年が「僕は今日、チェアマンに会うので生まれて初めてスーツを着てネクタイをしてきました」と自己紹介し「サポーターは川淵さんがつくったんじゃないですか。サポーターをつくった人が、どうして僕らの生き甲斐であるフリューゲルスを取りあげるんですか」と言われてしまった。

涙目でそう訴えられて、僕も泣いてしまった。本当にその通りだ！　それでも必死で気を取り直して、納得はいかないかもしれないが、いろんなことがあって単独ではやっていけないんだと説明した。言葉を荒げることもなく、彼らは「よろしくお願いします」と言って帰っていった。礼儀正しい青年たちだった〉（『「J」の履歴書　日本サッカーとともに』）

これまで分裂していたサポーターグループが初めて一堂に会したのだという。心は痛んだが、前に進まねばならないと川淵は自分に言い聞かせた。最悪の選択肢はチームの解散だった。フリューゲルスは合併という道を選んだ。合併したクラブを残すことを第一義とすべきだった。

川淵は、この日開催される選手委員会に〈チェアマン私案〉を準備していた。Jリーグでは一定以上の試合に出場している〈A契約選手〉は一クラブ二五人と決められている。フリューゲルスとマリノスの選手を受け入れる場合、一名の増枠を認め、両クラブの選手が移籍する場合、移籍金を発生させないことを提案したのだ。

この夜、あるテレビ番組への出演が決まっていた。久米宏がキャスターを務めるテレビ朝日のニュースステーションである。

四

ニュースステーションはニュース番組の娯楽番組化の先鞭をつけた番組である。ニュース番組の司会は、報道現場を積み重ねた実績あるジャーナリストが務めるのが常道だった。久米はTBSのアナウンサー出身で報道の経験がない。それでも、彼は権威、権力に忖度せず、物事の本質を突く嗅覚があった。彼の爽やかな語り口もありニュースステーションは人気番組となっていた。川淵はJリーグ、フリューゲルスを取り囲む現状を包み隠さず、率直に話すつもりだった。ただ、一つだけ決めかねていることがあった。密かに動いていた新しいクラブのことだ。

フリューゲルスの山田とマリノスの高坂が合併報告に来た後、早稲田大学の同級生から電話が入った。フリューゲルスのユニフォームのスポンサーとなっていた企業の同意を取り付けた、自分がクラブを引き継ぐというのだ。かつて全日空スポーツ社長を務めた泉信一郎である。

「（資産家の）泉ならばクラブを運営できるかもしれない、こういうきっかけで新しいクラブができるのも悪くないと思った」

泉の条件は、フリューゲルスという名称を使用することだった。合併後のクラブ名――横浜F・マリノスのFはフリューゲルスの頭文字である。Fの文字が残るということで全日本空輸は三割の運営資金を提供する。このFの元となったフリューゲルスという名称を他のクラブに与えてもいいのか。

「泉は〝F〟はどうしてもいるっていうんだ。判断に困ったので、（全日本空輸社長の）野村（吉三郎）さんに電話をした。Fをぼくに任せてくれませんかと。Fと言ったか、フリューゲルスと言ったかは忘れた。そうすると、結構ですよという返事だった。ニュースステーションでFを他のクラブに渡すかもしれないと話してもいいかと念を押すと、どうぞおっしゃってくださいと言うんだ。とにかく野村さんはいいと。マリノス側にも聞いておかなくてはならないと思って、（マリノス社長の）高坂さんにも電話をした」

高坂は合併の意味がなくなると強く反発した。フリューゲルスの名称が他のクラブに渡れば、全日本空輸が資金を出し続ける理由がなくなる。マリノス自体が立ちゆかなくなることを恐れていたのだろう。

川淵はこうも思った。ニュースステーションは生放送である。その場で口にしてしまえば、訂正はできない。高坂の意向とは別にフリューゲルスの名前を残した新しいクラブ設立に進む可能性もある。

「番組に出演しながら、言おうかとずっと考えていた。ただ、Fをつけることで合併が進んでいる。自分が口にすることで、合併自体が潰れるかもしれない。そのときは野村さんに相談すればいいじゃないかとも考えた」

結局、番組の中で川淵は〝F〟に触れなかった。放送終了後、野村に電話を入れると「言うのかと思っていました」という意外そうな声が返ってきた。

翌一〇月三一日、第一四節のセレッソ大阪戦が行われる横浜国際総合競技場に開門前からサポーターが集まり、署名活動を行った。署名をした人間にはフリューゲルスのチームカラーである青色のリボンを渡した。この日の観客数は一万四二三四人、観客席には〈俺達はまだあきらめない〉〈Mと合併？　ふざけるな〉〈合併撤回の道は残っている〉などの横断幕が掲げられた。

この日は横浜国際総合競技場でシーズン最後の試合だった。大型ビジョンにJリーグ開幕からの歴史を振り返るビデオが流された。クラブ消滅を既成事実とする演出だと受け取った選手たちは憮然とした表情になった。試合は、吉田孝行の三得点、永井の二得点などで七対〇でフリューゲルスが勝利。一試合七得点はチーム新記録だった。

試合終了後、観客席でサポーターとの話し合いが行われた。試合後も五〇〇〇人もの観客が残っていた。彼らに相対することになったのは、全日空スポーツの山田、中西、総務部長の前田賢一、そして手嶋の四人である。

〈冒頭で山田恒彦社長が「オーナーの決めたことだが、それを引き起こした私に全責任があります」と謝罪したが、サポーターは全く納得しない。「みんなが少しずつお金を出し合えばチームは続けることができる」「2部でも地域リーグでもいい。とにかくフリューゲルスをなくすな」「全

日空が勝手に出ていけばいい。フリューゲルスを道連れにするな」と怒りの声が次々に飛んだ〉（『スポーツ報知』一一月一日付）

〈横浜Fの幹部が「私たちも皆さんと同じ気持ちだ」と話したことに反論して「同じ気持ちならば署名してくれ。社長がしないと他の人ができない」と山田社長に署名用紙を突きつけた。山田社長らは「立場を考えてほしい」と説明したが、しばらくにらみ合いが続いた〉（『スポーツニッポン』一一月一日付）

佐藤工業で組合運動に従事し、荒れた団体交渉の現場をくぐっていた手嶋はサポーターの熱に気圧されながらも冷めた目で見ていた。

「サポーターも事情が分からないから、合併を撤退しろと言い続け、社長の山田はずっと申し訳ない、申し訳ないって頭を下げているだけなんです。全日空本体の決定なんだから、山田や中西に詰め寄っても何の意味もない。そのうち、佐藤工業が手を引いたのも合併の原因だ、手嶋も発言しろという風になった」

俺も早く発言したかったんだよ、と冷ややかに笑った。

「君ら、こんなところで時間を掛けている場合じゃないだろう、行くところが違うんじゃないかということを言った。子会社である全日空スポーツの社長や役員をつるし上げても意味がない。行くならば（全日本空輸本社のある）霞が関だろう。全日空本社の決定を覆さないと進展がない、という意味だった」

サポーターを挑発したと思ったのか、隣りにいた山田は、今の手嶋の発言は失言です、取り消しますと発言を遮った。

この〝話し合い〟は日付けを超えた深夜二時半まで続いた。最後まで三〇〇人程度のサポーターが残っていた。

同じ日、マリノスは京都府の西京極総合運動公園競技場で京都パープルサンガと対戦していた。マリノスのサポーターも合併に反対だった。試合中からハンドマイクでクラブ幹部を名指し、「死ね」と叫ぶ人間もいた。試合後、三〇〇人ほどのサポーターが常務の谷口武彦に詰め寄っている。ハンドマイクを投げつけられた谷口は、額から出血、応急処置を受けて説明を続けた。

五

この日の深夜、千葉県に住む丸尾紘治郎の自宅に全日空スポーツ常務の中西から電話が入った。

「時間ははっきりとは覚えていないんですが、夜中の一二時、一時だったと思います。今、横浜国際総合競技場の観客席でサポーターと揉めている。合併を決めたのは全日空の誰なのだと突き上げられた。決めたのは我々、全日空スポーツではないと答えているというんです」

受話器を握っていた丸尾はむっとした。

法的に全日空スポーツは全日本空輸の一部署ではなく、佐藤工業と出資した独立した組織である。子会社とはいえ、社長及び役員が法的責任を持つ。一方で、親会社は子会社が本体に負の影響を与えないように監督義務がある。中西たちに収支を改善するように言い続けてきた。改善の兆しが見えないため本社が口を挟まなければならなくなったのだ。

「全日本空輸が出ていったら収まりがつかなくなるぞと言いました」

しかし、追い詰められていた中西は丸尾の言葉を聞こうとしなかった。全日本空輸の人間が出て来ることを約束しないとこの場が収まらないと繰り返した。自分では埒があかないと考えたのか山田に電話を代わった。

「あなたは現場を見ていないからそんなことを言えるんだ、今、俺たちは囲まれているんだと。だいぶやり取りしたのだけれど、もう仕方がないから、分かったと返事しました」

やはりこういうことになったかと丸尾は嘆息した。二日前の二九日、スポーツ新聞で合併が報じられ、窓口となった日産自動車の担当者に電話を入れていた。

「話し合いでは対等の合併ということでした。新聞報道を見ると実質的には吸収合併となっているではないかと抗議しました。すると我々は吸収合併という認識ではない、そう報じているだけだと言うんです」

とにかく善後策を協議しなければならなかった。朝六時になるのを待って、関連事業本部を統括する役員の自宅に電話を掛けた。

「こういうことが起こって、全日空に出て貰わないと収まらないというので、出ると言いましたよと伝えました。そうしたら勝手なことを言うなって叱られました。それで（全日本空輸の）役員みんなに連絡をしろと言われました。この日は日曜日でした。みんなゴルフに出かけていて、なかなか連絡が付かない」

手をつくして連絡をつけると、みなから休日になんだよと叱られましたよ、と丸尾は苦笑いする。月曜日朝に緊急会議を行うことになった。

一一月一日は試合翌日で本来、練習は休みだった。しかし、祝日である三日に試合が行われるため、軽めの練習が入っていた。練習後、選手たちは署名活動のためにバスで横浜駅へ向かった。日曜日夕方の横浜駅は人でごったがえしていた。フリューゲルスの選手とサポーターたちはフリューゲルス存続の意思を示すためにリボン、ハンカチなどの青色のものを身につけるという「青い翼運動」を呼びかけた。報道陣が集まったこともあったろう、署名活動は事前に許可が必要だと中断させられた。それでも、いてもたってもいられない思いだった三浦淳宏はチームと別れた後、自宅近くの駅で通行人に署名を呼びかけた。三浦はこの日、三五〇人もの署名を集めたという。

　選手たちをクラブのバスで運んだのは、マネージャーの竹林だった。合併報道が出た直後、営業部の今泉から「お前は全日空スポーツの人間だ。選手とは立場が違うぞ」と言われたことを覚えている。そのとき、自分は潰す側の人間なのだとはっとした。

「選手たちはこいつは現場の人間だという意識だったと思います。だから、お前も悪いなんてことは言われることは一度もなかった。一緒に署名活動を手伝ってくれと言われました。ぼくがやってもいいのかと思いながら、選手たちを運んでましたね」

　一一月二日朝、全日本空輸本社に社長の野村以下、役員が集まった。会議の冒頭で野村は「全日空の人間がサポーターとの会談に出るというのはどういうことなんだ」と山田や中西を叱った。

　丸尾はこう振り返る。

「すると山田が、全日空（空輸の人間）に出てもらえないと私はもちませんとぼろぼろ泣き出した」

　この会議には手嶋も同席していた。山田や中西は上司である社長たちに意見を言えないだろう、自分も全日空スポーツの役員である、あなたたちが言いにくいことは私が言いますと話していたのだ。

「山田社長は精神的に追い込まれている。合併の白紙撤回をするかどうかは置いておいて、全日空の本社の人間がサポーターたちとの話し合いに出て欲しいと頼んだ」

全日本空輸の役員たちは困惑しているとも手嶋は感じた。彼らは企業イメージが落ちることは避けたいのだ。同時に合併は上層部の総意であり、合併の白紙撤回はないと確信した。

泣き崩れる山田の姿を見て、野村たちは彼らに任せておくことは無理だと判断したのだろう、話し合いに誰が出るのかという話になった。

もう、私が出るしかないと手を挙げましたよと、丸尾は諦めたような口調で言った。

「その代わり、二つ条件を出しました。一つは参加するサポーターの人数を三〇人程度に制限すること。二つ目は二時間に限定すること。この時点では場所は決まっていませんでした。ホテルを借りれば予定時間が終わったと切り上げることができる」

夜八時、横浜国際競技場の西ゲート前に二〇〇人ほどのサポーターが集まった。全日空スポーツ側は話し合いに参加するのは〝六〇人〟として、新横浜駅に近い全日空スポーツ内の会議室に移動させた。フリューゲルスの騒ぎを知ったホテルから部屋を貸すことを断られたと聞かされた丸尾は早めに全日空スポーツに着いた。そして引き上げやすいように入り口近くに席を準備して欲しいと頼んだ。しかし、この約束は守られなかった。

丸尾が会議室の扉を開けると、一番奥にフリューゲルスの旗が貼ってあり、その前に丸尾たちの席が用意されていた。

「全日空スポーツの人間も我々、全日空に怒っているわけですよ。入り口から一番遠い場所に我々を置いて出られなくした」

文字通り四面楚歌だった。丸尾は山田、佐藤工業の管理本部広報部門長の金岡隆と、いきり立つサポーターと向き合うことになった。質問は丸尾に集中した。

「（経営危機に陥っている）佐藤工業は困っているんだから、よくやった、出資を引き上げるのは分かるという感じでした。一方、全日空はけしからん、と。彼らは合併を撤回せよというんですが、もう会社として決定したことなんです。お前じゃ駄目だから社長を出せとも言われました。社長一人で決めているわけではなく、きちんとした手続きをとって会社としての決定なんです。そう説明しても納得してもらえない。もう堂々巡りなんです」

当初の話と違うではないかと中西に耳打ちしたが、彼は「これでは終わらないですよ」と他人事のように言った。初めから丸尾を盾にする気だったのだ。

「終電がなくなる時間が近づいたけれど、まったく終わらない。逆に腰を据えることになってしまった」

会議室の片隅には腕組みをした手嶋の姿もあった。話し合いは明け方まで続いた。丸尾は全日空スポーツから引き上げると、近くのホテルで待機していた役員に報告の電話を入れている。

翌朝、手嶋はスポーツ新聞を開いて、首を捻った。一面に〈フリューゲルス　マリノス合併白紙も〉という大きな文字が載っていたのだ。書き出しはこうだ。

〈深夜11時過ぎ。新横浜駅前の横浜フリューゲルス事務所内の大会議室が一斉に歓声と拍手に包まれた。サポーター60人から「全日空がフリューゲルスを捨てるのは自由だが、チームを犠牲にしないで下さい。チームはサポーターの元に置いていってほしい」との要求に佐藤工業の金岡隆管理本部広報部門長が「合併を変えるのは難しい。しかしチーム名を残すなど考える余地はある。みなさんも代替案を提示してほしい」と初めてサポーター側に歩み寄る姿勢を見せたのだ〉（『スポーツ報知』一一月三日付）

金岡の発言には〝歩み寄り〟という意味合いはなかった。やはり佐藤工業から記事について問い合わせの電話が入った。手嶋は佐藤工業に赴き、金岡の真意は違う、記者がタイトルを打つために作為的に発言をねじ曲げたのだと説明した。新聞記者の仕事は締切時間、他紙との競争に影響される。時間がないため事実確認を怠る、あるいは思い込みで筆が走ることもある。そもそも、佐藤工業は今年いっぱいで資本を引き上げるのだ。その佐藤工業の人間の発言に実効性もないことは少し考えれば分かるはずだった。

六

翌日の一一月三日、フリューゲルスの選手たちは広島県の広島ビッグアーチに到着した。スポーツ紙には全日空機の使用を拒否し、新幹線で移動したと書かれていたが、これも間違いだった。元々新幹線を使用する予定だったのだ。

試合は夕方四時から始まった。フリューゲルスの応援席には二〇〇人のサポーターが集まっていた。中には朝方まで全日空スポーツの会議室にいた人間たちもいた。これまでアウェイの試合にまで駆けつけるサポーターは限られていた。合併が決まったことで、サポーター集団同士の結束が生まれていた。試合は二対一でフリューゲルスが勝利している。

翌四日、フリューゲルスの選手たちは横浜へ戻り、Jリーグ選手協会の事務局長の上田浩、顧問弁護士と会議室に籠もった。約二時間後、選手会長の前田浩二が代表で取材を受けている。前田はチェアマンの川淵との対話、全日本空輸からの誠意ある事情説明、チーム存続の可能性の検討の三つが議題に上ったと語った。

自分が選手会長になったのは、たまたまだったと前田はうそぶく。

「九六年に移籍したとき、シドニーキャンプで選手会長、誰にするという話になったんです。すると若い選手、三浦淳（宏）たちが、森山ゴリにしようぜと言うんです。それでゴリになった。

副会長は誰にするかっていうと、浩二、浩二という声があがった。それでぼくが副会長になった。ぼくたちこの年に移籍したばかりなんですよ。超適当」

それがフリューゲルスというチームですと口の端を上げた。ゴリとは森山佳郎の愛称である。森山は九七年シーズン終了後、ジュビロ磐田に移籍していた。

「ゴリがいなくなったから、会長は浩二でいいやっていう感じです。実権を握っているのはキャプテンの山口素弘。代表選手ですし、チームの大黒柱ですから。フリューゲルスでは選手会長は〝パシリ〟みたいなものですよ」

合併騒動は彼の人生を変えることになった。というのも前田はこのシーズンで引退、母校である鹿児島実業の教員になる準備をしていたのだ。

「フリューゲルスで三年間過ごして、自分なりにピークが終わったというか、もうプロは十分やったという感じでした。九月ぐらいから、オフの日に鹿児島で学校長と面接して、ほぼ決まりというところまで進んでいたんです。他の選手にはまだ教えていませんでしたが、サンパイオにだけは、今年で辞めるよと言っていましたね」

合併騒動で選手たちが苛立っていたのは、自分たちの働き場所が突然なくなるからだ。実績のある選手は他のクラブへ移籍が決まるかもしれない。一方、評価の定まっていない若手選手は、クラブ消滅と同時に職を失う可能性があった。そんな中、選手会長である自分が教員という次の落ち着き先が決まっていると知ったら、彼らはどう思うだろうか。前田は鹿児島実業サッカー部監督の松澤隆司に断りの電話を入れた。仲間と戦うために退路を断ったのだ。

一一月五日夕方、手嶋は山田、中西と共に選手たちとの話し合いに臨んだ。

「三人での打合せは何もなかった。ただ選手の話、恨み辛みを聞く、頭を下げるだけ。だってこちらの代案は何もないんだから」

山口は自著『横浜フリューゲルス　消滅の軌跡』でこう書いている。

〈「すみません。私どもの力不足です」

そう謝るばかりで、それはもう、質疑応答というものではなかった。

「新しいスポンサーを、ちゃんと探したんですか」

「探しましたが、見つかりませんでした。私どもの力不足でした」

話し合いは1時間半にも及んだ。しかし、なんの進展もなかった。時間がたつにつれ選手が感情的になるだけだった。

「合併が発表されたのが10月29日、昨日までの1週間、僕らになんの連絡もなかったけど、いったいなにをしていたんですか」

「いつ合併の話が出たんですか」

そんな質問にも、ただ言葉を濁すだけだった。（中略）山田社長の返答はなんの実りもなかった。ただ、時間の無駄だった〉

時間の無駄であるというのは手嶋も同じだった。ただ、少し見方は違う。

「我々の生活はどうするのか、というお金の話が主だった気がする。（地域密着など）Ｊリーグの理念、クラブを存続させた場合、どのように経営していくのか、そういう話は一切でなかった。もちろん彼らはサッカー選手だから、社会人としての経験に乏しいということもあったろう。（移籍した場合の）引っ越し代はどうするんだという問いもあった。話があっち行ったり、こっち行ったりした」

俺は黙って座っていただけだった、頭は下げなかったよ、と素っ気なく言った。

前出の山口の著書には、試合中に怪我を負った場合の補償について聞いたところ、決まっていないという返事だったと書かれている。選手の怪我は失業に直結する。この場に至っても事の重大性を理解していないのか、ならばリーグ終了後の天皇杯に出場しないことも考えると山口は会議室から出て行った。

手嶋の記憶によると、その後に前田が泣きながら天皇杯をボイコットしようと言ったという。

「相当悔しかったんだろうと思います。ただ、ボイコットをすれば、選手にはずっと負の経歴がついて回る」

取締役として、選手の年俸交渉を担当していた手嶋は選手と距離を置いていた。佐藤工業のときは組合で会社に給料を上げてくれって言っていたのが、逆になった、皮肉なものだと思っていた。

「給料上げる、下げる、どちらにしてもこちらが提示した金額で納得する選手はいない。上げる選手はもっと上げられないんですかって言うし、下がる選手は文句を言う。一一月ぐらいから契約更改を始めて、長いときは三、四カ月かかる。本当に嫌だったね」

選手査定の実務は、長らく強化担当者の丹野裕氏が担っていた。

「ぼくがサッカー選手としての能力、価値を決めるわけではない。査定は現場から上がってくるデータ、数字を元に、予算内でやりくりする。ただ、選手のほうはぼくが素人だって分かっている。おそらく冷ややかな目で見ていただろうね」

合併報道は、選手との垣根を取り払うことになった。特によく話をしたのが、前田、楢崎だった。楢崎が特に熱かった記憶があるな、追い込まれたときにはその人間の本当の姿が出るよねと呟いた。

手嶋の頭には、八六年の全日空SCボイコット事件があった。当事者である、木口茂一、唐井直たちが無期限の出場停止処分を受けていたのだ。

「ボイコットをしたら、いくら頑張っても日本代表、引退後、監督やコーチになれない。（スタッフとして日本サッカー）協会に入ることもできないでしょう」

前田の顔を見ながら、こいつらにボイコットをさせてはならないと固く誓った。選手たちは山田と中西に対する不信感が強い。二人が何を言っても、もはや選手たちは耳を傾けないだろう。負の回転に入ろうとする彼らを自分が抑えなければならない。

「そこで天皇杯で一試合勝てば（チームに）一〇〇〇万円の勝利給を出すように全日空に掛け合うと約束した。少しでもモチベーションになればと思ったんです」

天皇杯の優勝賞金は一億円である。勝ち進めば、全日本空輸側はこの賞金を勝利給にあてることもできるという計算もあった。

「そのときは優勝するなんて思っていない。ボイコットだけは阻止しなければならない。それだけだった」

七

一一月七日、第一六節アビスパ福岡戦が三ツ沢球技場で行われた。観客数は一三一五六人、ほぼ満員だった。本拠地としていた三ツ沢球技場での最後の試合だった。試合前の写真撮影では選手全員が右手で左上腕を掴んだ。胸と左腕の「ＡＮＡ」の文字を隠すためだった。文字を塗り潰すことも検討したが、Jリーグ規約違反となる可能性があり、断念したのだ。

先制点を挙げたのはディフェンダーの前田だった。前半二八分、ヘディングでの得点だった。後半、ペナルティエリア内で前田がハンドの反則をとられ、ペナルティキックを与えることになった。セレッソのフェルナンドの蹴ったボールを楢崎が止めた。直後の五八分にサンパイオからのパスを佐藤尽が決めた。マネージャーの竹林の高校、大学の一学年先輩にあたるディフェンダーである。彼はエンゲルスが監督となってから先発選手として起用されるようになっていた。この得点で二対一、リーグ戦三連勝となった。

試合後、挨拶に立った監督のエンゲルスは「全日空さん、Jリーグ、誰でもいいから助けてくれ」と叫んだ。

ドイツ人のエンゲルスの目には以前からJリーグは不思議なリーグとして映っていたという。

「（ドイツ一部の）ブンデスリーガや（スペインの）リーガでは、中堅、小さなクラブが優勝を目指すなんて言わない。そのクラブの予算に合わせた選手を集める。その選手の顔ぶれを見ればおのずと、一部残留、中位まで食い込むなどの目標が決まる。みんな自分たちのクラブの力量を心得ている」

Jリーグでは予算規模に拘わらず、すべてのクラブが優勝を口にしていた。フリューゲルスは集客力のある他のクラブ——牛に対抗して空気を吸い込み、腹を膨らませていた蛙のようなものだった。いつか破裂する。クラブ関係者の話を聞くうちに、ある疑念がエンゲルスの頭に浮かんだ。全日空スポーツの人間が合併を知ったのは九月ではないか。レシャックの辞任が発表された時期と重なる。

「もしレシャックがいたときに合併が発表されていたら、騒ぎはもっと大きくなっただろう。彼は世界的な指導者だからスペインはもちろん世界中のメディアが取りあげる。成績が良くなかったこともあるけど、あの時期に無名のゲルト・エンゲルスに交代させたのかと考えるようになった」

この日、サポーター集団による『横浜フリューゲルスを存続させる会』が発足している。試合後、サポーター代表が全日空スポーツの事務所で、丸尾、金岡、山田たちと話し合いを行った。内容はこれまでの繰り返しで、何ら進展はなかった。

一一月八日、Jリーグ選手協会（JPA）の代表者会議が都内のホテルで行われた。フリューゲルスからは、選手会長の前田、山口、佐藤尽が参加している。議題は〈リストラで職を失う選手の救済策〉。フリューゲルスとマリノスの合併を念頭に置いたものだった。会議は予定の三時間を大きく超えて五時間に及んだ。しかし、JPAとして何らかの行動は採択されなかった。そもそもJPAは労働組合法で認定される労働組合ではなく、ボランティア活動やJリーグとの意見交換を目的とした親睦団体だった。鹿島アントラーズの代表はイベントがあるという理由で会議に参加していない。

会議後、会長の柱谷哲二は、フリューゲルスに頑張って欲しいという気持ちはあるのですがと前置きして、こう続けている。

「Jリーグは選手だけでやっているわけではない。だから、上に反旗を翻すわけにもいかない。今は慎重にならなければならない。現状では選手の保護や働く場所の確保をJリーグにお願いするしかないですね」

九四年、アメリカのメジャーリーグの選手会はフリーエージェント制を巡って長期ストライキを打った。ぼくはこのストライキを主導した選手会顧問弁護士のジーン・オルザに話を聞いたことがある。イタリア系アメリカ人の彼は労働法を専門としていた。

「選手会がフリーエージェント制を守ろうとしたとき、球団側はサラリーキャップ制を持ち出してきた。双方主張が噛み合わず、ストライキをすることになった。球団側は選手のまとまりを過小評価していた。選手をねじ伏せられると思っていたのだ」

ストライキにより選手会は自らの権利を守ったのだ。

アメリカには自由競争を維持することが最終的には市場拡大、利益増大に繋がるという思想がある。選手側の権利を守り年俸を上げることと、球団側の経営努力は同義だ。そこで能力のない経営者は自然淘汰され、資金を持った新規参入者がその座につく。時に行きすぎることがあるにしても、メジャーリーグは流動性を担保することで活力を維持してきた。ストライキ前、九四年時点での日本とアメリカの球団の総収入はほぼ同じ一四〇〇億円だった。その後、差は大きく開き、プロ野球はメジャーリーグの下部組織化することになった。

日本ではプロスポーツとして先行するプロ野球の選手たちでさえチームへの帰属意識が強く、自分たちが特異な才能を持つ個人事業主であるという意識が薄かった。ましてやJリーグは企業が丸抱えしていた日本リーグから五年程度の歴史しかなかった。その選手たちの親睦団体にできるのは、Jリーグに「要望書」を出すことだけだった。フリューゲルスの選手たちは改めて自分たちに頼る術はないことを突きつけられることになった。

また、JPAが腰の引けた態度を取らざるをえなかったのは、自分たちの雇用に影響が及ぶ可能性があったからだ。フリューゲルスの選手は移籍金なしで移籍可能となる。すでにフリューゲルスからマリノスへ若手中心の七人が移籍すると報じられていた。彼らの加入を計算したのだろう、マリノスでは日本代表経験のある三浦文丈が解雇されていた。

経営が厳しいのはフリューゲルス、マリノスだけではなかった。

二日前の一一月六日、ジェフユナイテッド市原の責任企業である東日本旅客鉄道――JR東日本が定例記者会見を開いていた。社長の松田昌士は市原の経営状態は「赤字でどうしようもないという状態」ではないが、来季の出資についてはリーグ終了後に検討すると発言した。そしてフリューゲルスとマリノスの合併について「チーム数は減らしたほうがいい。（今後も）どこかで合併や統合は起こる」とも語っている。

さらに一二日、JPAの会長である柱谷哲二が所属しているヴェルディ川崎は、読売新聞とよみうりランドが経営から撤退すると発表した。

責任企業として残った日本テレビ放送網の社長の氏家齋一郎は高年俸の選手の整理を示唆した。

〈日本テレビの氏家社長はこの日「このままではダメ。徹底的な合理化を目指す。今年の赤字26億円は読売と折半するが、来年以降は切り詰める」と話した。96年には20億円、昨年は26億円の赤字を出し、親会社3社が補填してきた。「ヴェルディが負ってきた使命はあったが、もうそれは終わった。今は親会社を助けることが優先。Jリーグの理念は二の次、三の次だ。将来は手放す可能性だってある」。完全徹底もほのめかしながら、チームの存続、再建への決意を口にした〉

(『日刊スポーツ』一一月一三日付)

中心選手だった柱谷とラモス瑠偉は引退、三浦知良はクロアチア・ザグレブ(現・ディナモ・ザグレブ)に、守備の要として期待されていた土屋征夫はヴィッセル神戸に移籍した。菅原智のように戦力外通告を受け、ブラジルのサントスFCに渡る選手もいた。櫛の歯が欠けたチームを翌シーズンから率いることになったのは、フリューゲルスの前身、全日空サッカークラブから桐蔭学園高等学校サッカー部監督に転じていた李国秀だった。

八

合併報道以降、最も移籍先が取り沙汰されたのはゴールキーパーの楢崎である。前ゴールキーパーコーチの栗本直のいた札幌の他、名古屋、関西出身ということでセレッソ大阪、京都、さらには中田英寿が所属していたイタリアのペルージャという名前までスポーツ紙に出ることになる。楢崎はなぜ根も葉もない噂をわざわざ書くのだと苛立っていたという。

「移籍先を考える余裕などほとんどありませんでした。とにかくフリューゲルスを残すこと。そのために選手ができることは何か。フィールドで結果を出すことしかなかった」

楢崎の記憶では一一月ごろ、代理人の今時靖から、移籍の助けをしたいという連絡を貰った。

「ぼくはまず人を疑うほうなんです。どういう人かと思って会ってから決めたかった。年内には具体的な移籍先の話はしていないです」

ただ、マリノスに移籍する気はまったくなかった。マリノス以外とだけは考えていましたね、と付け加える。

山口も同じだった。

「自分がマリノスのユニフォームを着るイメージはまったくなかった。マリノスが嫌いとかではなくて、（横浜）ダービーで激しく戦っていたわけです。マリノス側にしても、そうした選手を獲得するとサポーターにどうやって説明するんだということになりますよね」

自身の「移籍先」を報じられたことがあった。

「ヴェルディってスポーツ紙に出たんでしたっけ。食事のとき本当ですかって誰かに聞かれましたね。こんなの全部嘘だよって答えました。いっさいそういう話はないのに勝手に書くんだって。いい気分はしないですよね。逆にすごいと思いました。ナラ（楢﨑）もそうだったんじゃないですかね。すごく怒っていましたよ」

山口が考えていたのは、どのようにしてこのクラブを残すか、だった。

「ホーム最終戦でゲルト（・エンゲルス）が、誰か助けてくれって言いましたけど、そんな気持ちでしたよね。ぼくも他の選手も代わりのスポンサーとなってくれる企業がないか探していました。ただ、こうも思っていました。もしスポンサーが見つかったとしても予算は縮小される。ぼくは年俸が高いほうの選手だったので、負担を減らすために他のクラブに売られることになる」

でもね、自分が他のクラブに移籍しても、フリューゲルスが残っていればそこに戻ることができるじゃないですかと続けた。

「ぼくの中ではどこのクラブでプレーしたとしても最後はフリューゲルスのユニフォームで三ツ

沢に戻るというイメージを描いていた。チームがなくなればそれができなくなる。消滅してしまうことだけは避けたかった」

毎日、練習の前後に選手たちは自然と集まり、様々な話をした。

「ぼくらと同年代の選手は若い選手のことを心配していました。自分たちはいいから若い選手をなんとかしてあげたかった。残り試合は若手選手を出してあげたほうがいいんじゃないかという話も出ました。品評会ではないですが、彼らが他のクラブの目に留まる機会を与えようという考えでした」

前田もクラブの存続を第一義としていた。

「ぼくは全員の前ではっきり言ってましたよ。年俸の高い選手、おじさんは出ていくしかない。年齢的に、ぼくと山（口）、そしてサンパイオが一番上。存続させるならば、そうした選手は大幅に減俸を受け入れる、あるいは退団するしかない。そういうリアルな話はしました」

一一月一四日、リーグ最終戦となる第一七節札幌戦が札幌市の厚別公園競技場で行われた。このとき手嶋はサンパイオと膝詰めで話をしたのだと振り返る。

「誰が言い出したのか忘れたけれど、選手たちが全日空に乗りたくないと言い出した。サンパイオがチーム全体の飛行機代は自分で出すというんです」

しかし、適当な便がなく、予定通り全日空機で北海道に入ることになった。この遠征にはベンチ入りしない選手たちも自費でチームに帯同している。試合は四対一で勝利した。

二日後の一六日、サポーター代表が約三四万人の署名を持ち、Jリーグ、横浜市、全日本空輸を訪問した。同日、前田、山口、佐藤尽、そして楢崎は川淵と面談している。

山口と楢崎はそれぞれ自著でこの日のことをこう記している。

〈川淵さんは、

「自分がなにかをできるなら、なんとかしたかったんだが、そういう状況でなにもできなかった。チェアマンという立場上、企業のそういう話し合いに入るわけにはいかない。企業の話し合いでチームがなくなることだけは避けたかった。Jリーグの理念として絶対にあってはならないことだと思う」

と続けた。

その言葉を聞いたとき、もう川淵さんと話しても無理だ、僕はそう思った。

横浜フリューゲルスのフロントと話をしたときもそうだ。Jリーグ選手協会との話し合いのときも、そして川淵さんも同様だ。話し合いに行く前は、こんなことを聞いてみよう、なにか力になってくれるだろうと、いつも、そう期待していた。でも、すべて無駄だった〉(『横浜フリューゲルス　消滅の軌跡』)

〈チェアマンなりに努力して、僕らのことを考えてくれていることは理解できた。しかし、わざとそう振る舞っているのかもしれないし、僕の立場からそう見えただけかもしれないが、クールな印象が残った〉（『失点』）

合併報道直後、多くの報道陣が集まった。山口はまるで日本代表でワールドカップ最終予選を戦ったときのような騒ぎだと思った。二つのクラブが生き残るために一つになることは沈みつつある日本経済の象徴としてテレビのワイドショーで取りあげられることもあった。一度もサッカーをスタジアムで観たことのないであろうコメンテーターがしたり顔で、スポーツチームの経営について論評していた。サッカークラブは一つの企業であるが、それだけではない。もっと大切な何かがあるのだと山口は言いたかった。やがて合併撤回の可能性はないと判断したのか、報道陣の数は減っていった。

九

リーグ終了後、短い休暇を挟んだ一一月二四日、天皇杯の練習が始まった。

選手たちは実績、年俸の多寡はあれどクラブと契約を結ぶ個人事業主という意味では対等である。それぞれの家族、生活を守らねばならない。誰がマリノスに移籍するのか、他のクラブと密かに交渉している選手がいるのではないか。疑心暗鬼になり、時にぎくしゃくした空気が流れることもあった。

ホペイロの山根は練習の雰囲気が変わったと感じていた。

「それまで練習は激しく当たることもありましたが、根底に信頼関係があり、いい雰囲気でした。それがピリピリというか、殺伐とした感じになってしまった。合併報道のあと、チームが存続するにはどうしたらいいかずっと考えていました。日にちが経つにつれ、諦めというか、やっぱりなくなってしまうんだと考える自分もいました。なくなるとしても一日でも長くこのチームでやりたい。最後の大会となる天皇杯でなるべく勝ち進むこと。そのために怪我人が出ないようにすることでした」

それまでピッチ、クラブハウスで軽口を叩いていたある若手選手の口数が減った。折角プロ選手になったにもかかわらず、突然、放り出されてしまうのだ。その不安は山根にも理解できた。そうした選手にはなるべく明るく話しかけるようにした。

「マリノスはライバルチームじゃないですか。絶対にマリノスに行きたくないという選手、スタッフもいました。ぼく自身、マリノスにはホペイロがいましたし、どうしようと悩みましたね。まずはチームのこと、自分のことは後から考えようと思っていましたね」

一二月二日、日産フットボールと全日空スポーツが合併契約書に調印した。合併期日は翌九九年の二月一日と決まった。調印前にフリューゲルス選手会に連絡を入れるという約束は守られなかった。

前田は選手会長として直筆の手紙を報道機関に公開している。

〈10月29日の合併発表の時と同様、我々選手・スタッフ、ならびに今日まで横浜フリューゲルスの存続を願い、ご署名をいただいたサポーターをはじめとする全国の皆様を無視し、何ら事前連絡がないまま両社が再びこのような愚挙に出たことについて、抑えがたい怒りと深い悲しみを表明いたします〉

また「横浜フリューゲルスを存続させる会」は全日空スポーツに「横浜F・マリノス」から「F」の文字を外すように要求していた。その回答期限が四日となっていた。回答前に合併調印が発表されたことに反発。翌三日に有志が全日本空輸に向かった。

〈横浜Fサポーターの代表者4人は、都内の全日空本社で丸尾紘治郎・関連事業本部事業部長と話し合った。（中略）話し合いが始まってから約1時間がすぎた午後5時10分、横浜Fサポーターの怒声がロビーに響いた。「おれたちだってサポーターの代表者だ！　話し合いに参加させろ！」。二人が警備員の制止を振り切ろうとしたが、全日空広報に説得され、怒りを収めた。しかしその後も納得できる説明を受けられず、午後5時30分、サポーターのほとんどがエレベーターに殺到。警備員と乱闘になった。（中略）

この騒動で女性サポーター一人が警備員ともみあって左足を痛め、救急車で病院に運ばれた。ねんざと診断され、その日のうちに退院した。別件で近くを訪れたパトカーも待機し、警察官が目を光らせた。興奮したサポーターが陶器の灰皿を蹴飛ばし、壊した。警備員が「器物破損だ！警察を呼べ！」と叫び、騒然とした雰囲気が漂った〉（『日刊スポーツ』一二月四日付）

丸尾によると、全日本空輸内から合併を見直すようにという突き上げがあったという。

「社内外の先輩たちから、何をやっているんだと役員に連絡が入ったようです。合併を振り出しに戻すと言い出した人もいました。いやいや赤字を減らすというのはみなの総意だったでしょう、やれと私は言われて徹夜で団体交渉することにもなった。振り出しに戻すとすれば、再び社長の山田たちに任せるのか。体制を変えなければ、また同じことになる」

山田、中西は選手たち、サポーターの信頼を完全に失っており、交渉相手とさえ認められていなかった。そのため矛先が丸尾に向かった。丸尾、そして彼の家族に危害が加えられる恐れがあると自宅には警備がついた。

「社内にも敵がいました。フリューゲルスの試合を奥さん、家族と観戦するのが楽しみだった、家族の絆となっていたという社員もいた。こんなに大騒ぎになってまで合併する必要があるのかと言うんです。彼ら、彼女たちの意見も一理ある。しかし、合併は経費削減という会社の方針に則ったものです。それを覆すには相応の手続きが必要になります。それが会社というものでしょう。しかし、そうした動きはなかった。繰り返しになりますが、航空業界は景気がいいときならば一〇〇億円程度の広告宣伝費は気にしない。しかし、このときはそうではなかったんです」

サポーターとの話し合いには丸尾が応じたが、合併調印には関与していない。丸尾の中では自分の仕事は終わったという認識だった。

全日本空輸の野村から「F」の文字を預かろうとしていた川淵も距離を置くようになっていた。

「クラブが危なくなると利権絡みで色々とややこしいのがいっぱい出て来るんだ。鳥栖のときも、(Jリーグ専務理事だった)モリケン(森健兒)のところに伊藤忠の専務が会いたいという連絡が来たという。詳しく聞いてみると、福岡の駅で待ち合わせしましょうという話だった。大きな総合商社の役員が大切な話をするときに駅で待合せはしないよね。フリューゲルスについても後継クラブを作るという権利の取り合いみたいなのが起こった。(全日空スポーツの)山田さんはそういうのと相当やりあったと聞いている。自分が再建するからと言って権利だけ取ろうとした人間が沢山いたようだ。山田さん、（マリノスの）高坂さんからそうした人に関わらないでくれ、一任してくれと頼まれていた」

「横浜フリューゲルスを存続させる会」の名前を騙って募金集めをしようとする人間も現れていた。この時点では存続させる会は、最終的な募金の送り先が不明だということで募金活動は行っていなかった。

一二月四日、フリューゲルスからマリノスに移籍する選手が発表になった。吉田孝行、波戸康広、永井秀樹、三浦淳宏、佐藤一樹の五人である。久保山由清は移籍を拒否した。

マリノスが誰と交渉していたのかはぼくたちは一切知らなかったと前田は言う。

「何人かが行くという報道はありましたが、それが誰なのか全然知らなかった。発表後に（山口）モトから浩二は知っていたのかと聞かれたのを覚えてます。吸収合併だから何人かはマリノスに行かなければならない。他の選手からなぜ行くのかという目もあったでしょう。久保山はマリノスから話があったけれど、断りましたよね。個々の感情はあったでしょうし、自分たちの生活を考えなければならない。（マリノスに移籍した）五人はそれを呑み込んだというのがぼくの解釈ですね」

この日、ロシア人のイゴール・レディアコフのレンタル移籍終了も発表されている。

一〇

一二月八日、「横浜フリューゲルスを存続させる会」が発展した「横浜フリューゲルス再建協議会」が記者会見を開き、一口一万円の「フリューゲルス再建基金」を募った。

代表発起人の辻野臣保は、来季から創設されるＪ２に参加するために運営費として五億円が必要になると具体的な数字を挙げている。一週間で一〇〇〇万円を目標としていたが、最初の二日間で約一五二五万円が集まった。

同日、選手は丸尾と初めて顔を合わせている。社長の山田は持病の糖尿病の悪化で入院するという理由で欠席した。

山口はこの日の薩川了洋の姿を忘れることができない。薩川は山口の四才年下にあたる。薩川は清水商業から、山口は東海大学からフリューゲルスに入ったため、同期でもある。

「初めてフリューゲルスの寮に入ったとき、薩川と顔を合わせているんです。夜だったこともあって、寮のおじさんだと思い込んで、敬語で話していたんです。翌日、そいつがグラウンドに向かって歩いているんです。あっ、お前が薩川かって。清水商業が強いときで、名波（浩）や山田（隆裕）は知っていましたが、薩川の顔は分からなかったんです」

契約更改のときに薩川はもう少し給料を上げてくれないかな、それだけ頑張っているのになと冗談めかして軽い調子で言うことがあった。その薩川が丸尾に向かって、「俺はこのチームが好きなんだよ」と涙を流していた。

「それまで押し殺していた感情が出たのだと思いました」

ちょっとこの話になると思い出すねと、山口は目頭を押さえた。

〈横浜Mとの吸収合併の経緯などについて問いただす選手サイドに、出席した全日空幹部は選手、サポーターを無視した強引な手法を謝罪した。約2時間半の交渉、ひたすら全日空側への非難に終わり、テーマにあげていた失業者に対する身分保障についての回答はなかったという。

しかし、選手ら現場スタッフの怒りは収まらず、選手会長の前田浩二（29）は「ば声も浴びせましたが、向こう足を組んで話したり、全く誠意がなかった」と吐き捨てた。主将の山口素弘（29）は「あの人たちはJの理念さえ説明できなかった。〝時間が戻るなら、合併を戻したい〟という無責任な発言もあった」と、あきれ顔〉（『日刊スポーツ』一二月九日付）

翌一〇日にも話し合いが行われたがやはり山田は欠席している。一一日に選手会は声明文を出した。

〈(前略) 合併調印がなされた今、我々は親会社である全日空に対して選手、スタッフの心の痛みを理解してもらい、これに対する謝罪を要求してきました。選手、スタッフの前で頭を下げて欲しい、これは最低限の要望であるとともに当然なされるべきものと考えました。これに対する全日空からの一切NOということであり、我々は到底納得できるものではありません。

しかし、誠意ある対応を最後までとれない全日空に対し、これ以上交渉を継続しても無駄であると判断しました。このような親会社の下で我々がサッカーを続けてきた事が残念でなりません。本日をもって全日空との交渉を終結します。(中略) 今日以降は天皇杯を勝ち続けることによってチーム合併の不当性を社会にアピールし続けて行くつもりです〉

この時点で楢﨑などを除くほとんどの選手の移籍先が内定していた。事実上の終戦宣言だった。この日、天皇杯の勝利給を倍増すると発表されている。ボイコットを避けるための手嶋の提案が通ったのだ。

手嶋はこう振り返る。

「全日空はサービス業だから自分たちの悪口をサポーターに言われるのが非常に嫌なんです。選手は選手でもう合併は覆らないことが分かっていた。山田や中西には勝利給の決断はできないから、(全日本空輸)本社が決めたと思う」

一二月一三日、天皇杯が始まった。Jリーグのクラブは三回戦から参加、フリューゲルスは大塚製薬(現・徳島ヴォルティス)に四対二と勝利した。四回戦ではヴァンフォーレ甲府を三対〇で下し、ベスト八入りを決めた。そして準々決勝でジュビロ磐田、準決勝で鹿島アントラーズに勝利。合併発表後八連勝、クラブ通算一五〇勝とした。

そして残り一試合——一月一日に国立競技場で行われる天皇杯決勝、清水エスパルス戦を残すのみとなった。

一一

全日空スポーツ営業部の今泉は、決勝まで天皇杯には同行しなかった。

「選手からなんで来ないんだって言われたこともありました。ただ、ぼくは現場のスタッフではない。中には試合に行く人間もいましたが、ぼくたちはぼくたちの仕事をする、お前たちはお前たちの仕事をしてくれ、元日に国立(競技場)で待っていると言いました」

トーナメント制で行われる天皇杯は勝ち上がりと同時にチケットの割り当てが決まる。クラブの買取分をすぐに販売しなければならない。

「覚えているのは、準々決勝でジュビロに勝った直後、準決勝の長居（陸上競技場）のチケットを佐藤工業の大阪支店に買ってもらったこと。大阪支店は、フリューゲルス最後の試合になるかもしれないと引き受けてくれました。結構な枚数のチケットを大阪まで届けましたね。もちろん試合当日は行っていません」

決勝が行われる元日の朝、今泉は自宅のある新横浜から国立競技場に入った。明治神宮外苑に隣接した国立競技場の一帯は人気がなく、凛とした空気だった。

「朝の九時ごろ国立（競技場）に一歩踏み入れたとき、風が冷たかったことを覚えています」

昨年の同じ日、ここにマネージャーとして来たことを思い出した。

「（元監督の）オタシリオは決勝まで行くつもりがなかったんです。ここら辺で負けるだろうとオタシリオたちブラジル人スタッフの帰国便を手配していた」

そのことを知った日本人選手たちが、あいつらふざけんなよっ、絶対に元旦までひっぱってやるって言っていたんですと苦笑いした。決勝の主催は日本サッカー協会であり、自分たちの仕事はない。マネージャー時代と同じようにベンチ裏で観戦するつもりだった。

選手、現場のスタッフたちは国立競技場から約六キロ離れた港区白金台にある都ホテルに宿泊していた。ホペイロの山根は荷物運搬用の車で選手たちよりも先に会場に入り、準備を始めた。

「試合用のユニフォームはロッカーに入れて、練習着は長椅子、その下にスパイクを並べる。この日は延長戦、そして表彰式もあるので四枚用意していました。試合前から置いておくと、くしゃくしゃになってしまうのでロッカーには二枚だけ、残り二枚は廊下に置いていました」

天皇杯では負ける気がしなかったと山根は言う。

「準々決勝でジュビロと準決勝でアントラーズという強いチームと当たりましたが、怪我人さえ出なければ勝てると思っていました。一度練習中にアツ（三浦淳宏）さんが足首をやってしまい、ピリついたことがありましたが、それ以外、怪我人は出なかったはずです」

試合当日の朝、都ホテルの食事会場には選手が三々五々集まった。部屋には大きなテレビが設置してあった。ゲルト・エンゲルスは空から撮影した国立競技場の映像が流れたことを覚えている。各テーブルを回って、選手たちと言葉を交わした。

「今さら新しいことはできない。リラックスしてやりましょうと言ったのかな。そう言っているぼくが一番緊張していたと思うよ」

前田は準々決勝の磐田戦あたりからチームの雰囲気が変わったと振り返る。

「磐田、鹿島という九七年、九八年のJリーグチャンピオンと当たっていくわけです。負けたら終わり。決勝まで行くぞと言いながら、食事会場がお別れムードというか、寂しくなっていくんです。ぼくは試合の前の日はお酒は飲まない。ただ、（準決勝の）鹿島戦の前夜、サンパイオとちょこっとだけワインを飲んだ記憶がありますね」

残り少ない仲間との時間を愛しむ気持ちになっていたのだ。

「元旦の朝、みんなあんまり喋っていなかったような気がしますね」

ＰＪＭフューチャーズにいたとき自己啓発セミナーに参加した前田は、五年後に日本一になると目標を立てた。それが実現しようとしていた。調子は良かった。薩川、佐藤尽との三人のディフェンスの真ん中に入り、身体を張り、味方を叱咤激励した。磐田、鹿島のような試合を続ければ日本代表に呼ばれるかもしれないと思ったこともあった。

ただし——。

準決勝の鹿島戦で薩川がレッドカードで退場、決勝は出場停止処分となった。前田は薩川のポジション、三人のセンターバックの左に入ることになっていた。ややテンションが落ちていたんですと前田は冗談っぽく顔を顰めた。

ホテルからバスで国立競技場に移動、ウォーミングアップのためピッチの中に入ると、自分たちへの好意的な視線を感じた。

「フリューゲルスに対する声援が明らかに多かった。全体がなんというのかな、どんよりとしたお別れの雰囲気のようでした」

一二

天皇杯決勝の対戦相手、清水エスパルスの強化担当を務めていたのは、全日空サッカークラブのボイコット事件の中心人物の一人、唐井直だった。

唐井は全日空SCボイコット事件後、家庭教師で糊口を凌ぎながら、全日空SCの下部組織にいた人間たちが立ち上げた横浜サッカー&カルチャークラブのコーチとしてグラウンドに立っていた。後に妻となる交際相手から、貴方はこのままサッカークラブのお兄ちゃんで終わってしまうつもりなの、と発破を掛けられて公認会計士の勉強を始めた。

公認会計士とは財産目録、貸借対照表、損益計算書などの財務書類の監査・証明を行う国家資格である。医師、司法試験と並ぶ難関資格の一つとされている。

「今になってみると笑い話なんだけれど、専門学校の通信課程で勉強していた。ちょっと事情を調べればきちんと専門学校に通わないと受かるはずがないと分かりますよね。ところが、まぐれで受かってしまった」

監査法人などで実務経験を三年間積み、三次試験を受けて公認会計士として認可される。唐井は九〇年一〇月に青山監査法人に入っている。前年六月にサッカー協会内にプロリーグ検討委員会が設置されていた。Jリーグへの胎動が始まっていた時期である。

「新聞でニュースは見たかもしれない。ただ、まったく興味がなかった」

一回、業界を捨てた人間だったからねと呟いた。八九年に旧知の新聞記者の働きかけで、サッカー協会の規律委員会に出席し、処分を解除されていたが、サッカーに関わる気はなかった。ただし、完全に離れることもできなかった。ボイコット事件の直後に行われた八六年のメキシコ大会は現地で観戦している。

「九〇年のイタリア・ワールドカップは試験勉強があったので行けなかった。自分に対するご褒美じゃないけれど、九二年のユーロ（UEFA欧州選手権）を見に行くことにした」

UEFA欧州選手権は、欧州サッカー連盟が主催する国別対抗戦である。九二年大会は、スウェーデンで開催された。この大会のために早稲田大学ア式蹴球部の同級生である岡田武史が現地に家を借りていた。

「そこに転がり込むことになった。岡田には色んなところで助けてもらっている。そこに田嶋幸三も来た。幸三が車を借りて来て三人で試合を観てまわった」

岡田は九〇年に現役引退、古河電工サッカー部のコーチとなり、九二年から一年間の予定でドイツ留学していた。後に日本サッカー協会会長となる田嶋幸三は八三年から八六年まで西ドイツのケルン体育大学に留学しており、土地勘があった。

翌年のJリーグ立ち上げを控えて、Jリーグのクラブ関係者が欧州選手権の観戦に来ていた。

懐かしい顔と出会い、温かい気持ちになった。

「サッカー界に戻るつもりはなかった。奥さんの理解を得て、ユーロやワールドカップを観る人生で終わるだろうなと思っていた」

約二年後、岡田武史を通じて清水エスパルスのコーチを務める吉田弘から連絡が入った。吉田は古河電工サッカー部出身だった。清水がサッカー、経営の分かる人間を探しているという。清水の実質的な責任者であった堀田哲爾は九二年に金銭問題が発覚しクラブを離れていたのだ。

唐井と静岡県の縁は深い。中学生のとき、ＦＣゴールの唐井は静岡ゴールと合同チームで韓国遠征に参加している。遠征を仕切っていたのは三浦知良の叔父、義郎だった。コーチ格だった井田勝通は後に静岡学園サッカー部監督となった。

清水を運営するエスラップコミュニケーションズの社長、戸塚陽弐は唐井に現場を一任した。

「エスラップには強化部という名称の部署がなく、業務部の強化担当。当時はテレビ静岡の子会社のようなものでした。半年ぐらいしてから強化部が作られたのかな。戸塚さんは、予算編成、契約交渉に加えてスカウトまで全部任せてくれた」

清水が経営危機に陥った際、まず監督のアルゼンチン人のオズワルド・アルディレスに年俸減額をとりつけた。その後、主力選手たちと交渉し、人件費を大幅に削減した。そして鈴与ホールディングスが責任企業となり、クラブは存続することになった。

「プロ契約選手は二一人。足りない分は高校生選手で補っていた。それが市川大祐や平松康平」

市川は九八年三月二一日のコンサドーレ札幌戦に出場している。このときまだ一七歳だった。岡田武史が率いる日本代表に招集され、四月一日の韓国代表戦に史上最年少で出場している。平松は翌九九年シーズンにトップチームに昇格した。

だからこそフリューゲルスの合併、消滅は地団駄を踏むほど悔しかったと唐井はいう。

「全日本空輸はマリノスに数億円のスポンサー料を払い続けるわけでしょ。そのお金があれば続けることができるじゃないか、気概のある人間が経営陣にいれば潰さなくても良かったじゃないかと思いました」

ボイコット事件の当事者である私にお鉢が回ってくることはなかったろうけどね、と自嘲するように鼻で笑った。

ただし、清水を引き継いだ一部の人間はサッカーに対する敬意が欠けているように感じた。主力選手に自分たちがクラブを救ってやったのだと恩着せがましく言っているという話も耳に入っていた。ここが潮時だろう、そう考えた唐井は一月三一日の契約満了と共に清水を離れることにした。この天皇杯決勝は、唐井にとって清水での最後の試合だった。

「九八年のファーストステージは二位、セカンドステージは五位。ナビスコカップは準決勝でジュビロに負けた。シーズン最後の天皇杯で有終の美を飾るつもりだった」

一三

快晴の国立競技場には五万人を超える観客が集まっていた。ゴール裏にはフリューゲルスのエンブレムがあしらわれた巨大な応援旗が波打ち、あちこちで旗が振られた。

練習前のウォーミングアップが終わり、ピッチに入る前、ベンチ入り以外の選手を含めて円陣を組んだ。円陣の中にはホペイロの山根もいた。

「試合に出られなかった薩川さんが本当にごめん、みんな頼むと言っていたのを覚えています。薩さんいないけれど、他の選手がなんとかしてくれるでしょと思っていましたね」

この日の先発メンバーは、ゴールキーパーは楢﨑、ディフェンダーは佐藤尽、原田武男、そして前田。中盤は五人、山口、三浦淳宏、サンパイオ、永井秀樹、波戸康広。フォワードは吉田孝行と久保山由清。

対する清水は、ゴールキーパーが真田雅則、ディフェンダーは斉藤俊秀、森岡隆三、戸田和幸。中盤にサントス、伊東輝悦、澤登正朗、そして安藤正裕と市川大祐。フォワードは長谷川健太とファビーニョ。

前半開始から風上の清水が積極的に攻める。右サイドから伊東が中央にボールを入れ、澤登が頭で合わせて先制点を挙げた。その後も清水の攻勢が続く。中でも前田は慣れない三バックの左サイドで相対する長谷川に手を焼いた。それでも楢﨑の好セーブもあり、追加点を許さない。流れが変わったのは、前半終了間際だった。山口からの浮き球を久保山が受け取ると反転して左足を振り抜いた。この得点により同点で折り返すことになった。

後半は風上となったフリューゲルスが主導権を握った。後半二八分、サンパイオからパスを受けた永井がボールを持ち込み、吉田に渡した。吉田は右足でゴール右隅に流し込んだ。これで二対一。試合はこのまま終了した。

ホイッスルが鳴った瞬間、楢﨑は両手を空に突き上げた。

前田はこう振り返る。

「終わったときは勝利を掴んだという喜びでした。しばらくして、こんないいチームがなくなってしまうんだという悲しみ、全日空に対する怒りが湧いてきましたね」

山根たちは試合出場していない選手たちとピッチサイドで肩を組み、勝ってくれ、頼むと祈っていた。試合終了と共にピッチの中に駆け込み、選手たちと抱き合った。

メインスタンドの表彰台に選手たちが登り、山口が天皇杯を掲げた。表彰式にはチェアマンである川淵三郎の姿があった。川淵の名前が呼び上げられると観客は低い声で不満の意を表した。前田は川淵と握手した瞬間、耳元で「フェアにやってください」と囁いたという。

ロッカールームにシャンパンが用意されていた。このシャンパンは九七年七月、ファーストステージの優勝に備えて山口が購入していたものだった。鹿島が勝利し優勝を逃したため、開栓されることなく保管されていたのだ。

山口はシャンパンの味は覚えていないと首を振る。

「ロッカールームでそのシャンパンを開けてみんなで飲んだはずです。ぼくはインタビューを受けてありつけなかったのかな。いや、乾杯はしたかもしれない。とにかく国立（のロッカールーム）を汚しちゃいけないっていうので、軽く乾杯しただけじゃないですかね」

選手たちは新横浜駅北口に設置された特設会場で二〇〇〇人ものサポーターに向けて報告会を行った。その後、新横浜プリンスホテルでビール掛けを行っている。一〇〇〇本のビールがすぐに空き、二〇〇本追加された。別室に移動して祝勝会は続いた。そこには全日空スポーツの山田、中西たちは呼ばれていない。

選手会長の前田の周りには人が絶えなかった。

「ぼくは妻と息子と行きました。もう終わりですねという感じで、一人一人に挨拶しました。楢崎はお父さん、お母さんを連れてきていました。選手会長の前田浩二さんです、大変お世話になりましたとぼくのことを紹介したんです。そのとき涙をこらえることができなかった。ぼくは最後まで残っていましたね。みんな名残惜しかったんでしょう、なかなか帰りませんでしたね。帰り際、ゲルト（・エンゲルス）がいつか飲んでくださいと言いながら、ワインを手渡していました」

エンゲルスは、銘柄は分からないけど結構高いワインを選んだと思うと笑った。監督として何かみんなのためにやらなきゃならないと思って人数分、買ってきてもらったんだと付け加えた。

山口はこう振り返る。

「これでみんなとお別れだなって挨拶した。一人、二人と帰って行った。ぼくは最後までいた気がする。サンパイオも残っていたんじゃないかな」

フリューゲルス最後の夜はこうして幕が下りた。

第7章

怒りと悲しみを心の底に埋めた男たち

1999

写真：時事通信社

TOYOTA
この想いは決して終わりじゃない
なぜなら 終わらせないと 僕らが決めた
いろんなところへ行って いろんな夢を見てお
そして最後に 君のそばで会おう

99年元日、試合終了後にサポーターは選手たちを激励する横断幕を掲げた。

一

天皇杯決勝の翌日、セザール・サンパイオがブラジルに帰国した。前田浩二、楢﨑正剛、三浦淳宏たちは成田空港まで見送りに行っている。別れ際、マネージャーの竹林京介はサンパイオから封筒を渡された。中には八万円が入っていた。

「彼の背番号と同じ金額でした。ぼくは、えっと思って返そうとしたら、お世話になったからいいんだ、（ホペイロの）山根と分けてくれと言われました。サンパイオからすれば若い奴に助けてもらったという感覚だったでしょうね」

山根威信は新横浜プリンスホテルに行き、ビール掛けに使われた選手のジャージなどを引き取り、クラブハウスで洗濯機を回した。アルコールの匂いはなかなかとれなかった。全部を終えるには二、三日掛かるだろうと思わず天を仰いだ。

クラブハウスに選手たちが現れ、自分の荷物を持ち帰っていった。

「一月の半ば過ぎまで虚しい思いを抱えながら、いらないものを捨てたりして片づけをしていました」

クラブハウス二階の一室が倉庫となっていた。練習着は希望者に分配した。未使用のスパイクはメーカーに返品、使い古しは、メーカーと契約のない若手選手、下部組織の選手に渡した。山根の行き先が決まったのは前年の一二月のことだった。

「まず選手優先でした。(合併先の)マリノスにはホペイロはいるから行けないだろうと思っていたらセレッソ(大阪)が声を掛けてくれました。大阪まで行って話を聞かせてもらいました。セレッソはホペイロの増員を検討しているというんです。そうしたら一二月に入って、(日本代表から話をもらいました。二〇〇二年ワールドカップに向けて、九九年からアディダスとJFA(日本サッカー協会)がオフィシャルサプライヤー契約を結ぶので、ホペイロが必要になるということでした」

山根は備品管理を担当するキットマネージャーとしてアディダスジャパンに入社した。選手寮を引き払ったのは一月二〇日ごろだった。すでに選手たちは退去しておりがらんとしていた。元々は全日本空輸の寮を改装したものだった。部屋は個室でトイレ、風呂は共同。山根が寮に入ったとき、前年に加入した楢﨑、波戸康広、吉田孝行たちがいた。水道管が破裂して廊下が水浸しになり、選手たちが総出でモップなどで水を吸い取ったことがあった。約二年間ではあったが、青春の思い出が詰まった場所だった。

全日空スポーツの社員である竹林は、横浜マリノスへの移籍を言い渡されていた。

「マリノスからマネージャーをやってくださいという話をもらって、強化部の方とも会っていました。給与の提示があり、現場手当てなどを加えるとフリューゲルスのときよりも手取りは増えるなと思っていました」

そんなとき、木村文治から一緒に京都サンガへ行かないかと誘われた。木村は監督解任後も、強化部に残っていた。カルロス・レシャックと共に安達貞至が解任されると、彼が現場を仕切っていた。木村は、遠藤保仁、大島秀夫、手島和希、辻本茂輝などの若手有望選手を連れて京都のチーム統括部長となった。

「フリューゲルスに入ったときにマリノスには負けたくない、追いつけ追い越せという思いを植え付けられていた。マリノスに行くことには抵抗があったんです。だから木村文治さんから京都の話があったとき、そっちに行こうと即決でしたね」

一月末、竹林は退職金を受け取った。

「本当は全日空スポーツには一年しかいないから、退職金は出ないはずなんです。しかし、事情が事情だということで考慮されて出たそうです。それに天皇杯の勝利給ももらえました。選手会長の前田浩二さんたちが、スタッフにもあげてくださいということで、ぼくらにも分配されたんです。トータルで一〇〇万円近くになった。ありがたかったですね」

一方、竹林の先輩、塩澤次郎はマリノスに移っている。

「マリノスから現場が混乱しないようにマネージャーで来て欲しいと言われて、トップチームのマネージャーになることになりました」

二

山口素弘が名古屋グランパスと契約を結んだのは、天皇杯決勝後だ。

「名古屋の人と一度会った後、契約書にサインをしました。子どもの（幼稚園の）卒園と重なっていたのかな。引っ越しをするならば四月ということで、ぼくだけ先に自分の荷物を車に積んで名古屋に行くことになった。横浜から高速道路に乗って名古屋まで三時間ほど。結構遠いんだなと思いました。夜に到着して、翌朝に（グランパスの）クラブハウスに行きました。そうしたらロッカー（ルーム）に楢崎がいたんです」

練習着に着替えた二人は、似合わないよなという風に顔を見合わせた。

「自分がいつもと違う色の練習着を身につけているだけでなくて、楢崎もいつもと違う。顔は同じなのに、景色がまったく違う。ああ、俺たちはチームが変わったんだと改めて思いました」

騒動の直後、本書で引用しているように山口は『横浜フリューゲルス　消滅の軌跡』という自著を出している。その後、現役中はフリューゲルスに関する取材は基本的に断っていた。

「グランパスであったり、（その後に移籍した）アルビレックス新潟だったり、ぼくが所属するクラブがあった。今、喋るべきではないという判断でした。引退してようやくあの頃のことを話せるようになりました」

楢﨑は天皇杯決勝が終わった後、獲得打診のあった四つのクラブの関係者から話を聞いたという。

「名古屋を選んだのは、優勝を目指せて、優勝をしたことがなかったチームだったからでした。まだ若かったんで、自分の力で優勝に導きたいと思ったんです」

フリューゲルスもそういうチームでしたものねと呟くように言った。名古屋では報道陣の数、熱量に圧倒された。名古屋市にはテレビ局、新聞社があり、野球の中日ドラゴンズ、サッカーの名古屋グランパスに対する注目度は高かった。

「（集まっているのは）東海圏のメディアだけなんですが、みんながスター然としているなと思いました」

名古屋の選手たちは、フリューゲルスの消滅を対岸の出来事だと捉えていた。

「大変だったねという感じで、個人的には心配してくれていました。でもJリーグの仲間たちが大変な目に遭っているという感じではなかったのかな。Jリーグ全体で問題提起をすべきだったと思いましたね」

ゴールキーパーは特殊なポジションである。その席は一つしかなく、極端な連敗、怪我がなければ先発はシーズンを通して固定される。楢﨑は移籍した九九年シーズンから二〇一七年シーズンまでほぼ全試合に出場している。しかし、二〇一八年シーズンはオーストラリア代表のミッチェル・ランゲラックが加入、プロ入りから初めて一試合も公式戦に出場しなかった。

Jリーグでは試合前に公表されるメンバー表には生年月日などと共に〈前所属クラブ〉という欄がある。横浜フリューゲルスという表記を残すために彼は移籍をしなかったと巷間に伝わっている。そのことに触れると「ぶっちゃけ、本当ではないです」と首を振った。

「ロッカールームでメンバー表を見ます。移籍してから、横浜フリューゲルスと書いてあるのを意識するようになったのは事実です。ただ、最初は絶対に残そうとまでは思っていなかった。長くやっているうちに（前所属が）フリューゲルスという選手が減っていく。ぼくだけになったとき残すというのも大事だなと意識するようになった」

最初から残すつもりではなかったんですと念を押すように言った。二〇一九年一月八日、楢﨑は引退を発表した。

「現役最後の頃、新人、（プロ入り）一年目、二年目の選手はフリューゲルスというクラブの存在さえ知らない。ぼくがフリューゲルスの話をすることもあるんですが、他の選手がこういうことがあったんだよと教えることもありました。ちょっとそれはうれしかったですね。ぼくがフリューゲルスにいたのは四年間だけ。もっと思い入れのある人も沢山いるはず。ぼくがフリューゲルスを語るのはおこがましい、っていうのはあります」

毎年、フリューゲルス合併記事が出た一〇月二九日になると、当時を思い出すんです、とはいえ、何かをするわけではないんですけどねと微笑んだ。

取材の際、いくつかの質問に楢﨑は穏やかな表情で「覚えていないです」と首を振った。当時の新聞を開くと楢﨑の激しく感情を露わにした発言を見つけることができる。ぼくの取材のとき、そうした言葉は彼の口から出ることはなかった。行き場のない怒りを鎮めるには忘れるしかない。楢﨑は長い時間を掛けて怒りを心の底に埋めていたのだ。

選手会長の前田浩二はジュビロ磐田に移籍した。磐田の日本代表フォワードである中山雅史は前田の顔を見ると「俺の嫌いなセンターバック二人のうち、一人がうちに来て良かった」と冗談っぽく言った。二人ってぼくと誰ですかと聞くと中山は「おめえと秋田だよ」とぶっきらぼうに返した。鹿島アントラーズの日本代表ディフェンダー、秋田豊である。リーグを代表するフォワード、中山に嫌がられていたことは前田にとっての勲章だった。

磐田の選手たちは前田を選手会長、あるいは「男・前田」と茶化しながら受け入れた。男・前田とは、選手会長として男気のある行動をとる前田につけられた愛称だった。

「同じJリーグで起こったことではあるんですが、当事者ではない。ああ、なくなったんだという感じでしたね。当時のジュビロは黄金期に入っていましたし、ぼくという選手を一人補強したという感覚だったのかなと思いましたね」

前田は磐田で一シーズンプレーした後、ＦＣ東京、アビスパ福岡、ヴィッセル神戸、サガン鳥栖を経て、地元のヴォルカ鹿児島で監督兼選手となり二〇〇四年に現役引退した。その後、アビスパ福岡、ガイナーレ鳥取、ＩＮＡＣ神戸レオネッサで監督を務め、二〇一五年からは中国で指導者として活動している。

「色んなクラブに行きましたけど、フリューゲルスというのは本当に独特のチームだったなと思います。本当にみんなが自由だった。ああいうチームって、作ろうと思っても作れないだろうなという風に感じました」

合併騒動のとき、前田は選手を代表して報道陣に対応し続けた。しかし、その後はフリューゲルスについて口をつぐんでいた。ぼくの取材申込みに対しても当初、消極的だった。この原稿は季刊誌『フットボール批評』での連載が元になっている。過去の連載記事を送り、どのような人間に取材したのかを伝え、ようやく了承を取り付けた。取材の終盤、なぜこれまで話したくなかったのですかと問うと、うーんと腕組みした。

「軽はずみに話してしまうと、美化されてしまう。軽い感じで受けとめられるのが嫌でした。ぼくたち選手は行き場所があって、それなりに生活のためにサッカーを続けた。ただ、あれだけ応援してくれたサポーター、ファンの方の心情を汲み取れていないじゃないですか。だから、自分の主観だけでフリューゲルスについて喋りたくなかったんです」

自分の中でフリューゲルスがなくなったことを消化する時間が必要だったというのもあるかもしれませんと呟くように言った。

ここ数年間、今、何を取材しているのですか、と問われ、横浜フリューゲルスについて調べているとぼくが答えると、ほうっと意外な顔をされることがあった。なぜ二十年以上前に消滅したクラブを題材に取りあげるのだとも何度か訊ねられた。ぼくはスポーツクラブと支援企業の関係という永遠の問題を抱えているからだと応じていた。前田の言葉を聞いて、何が起こったのか当事者が噛みしめるためにそれなりの時間を置いて良かったと思った。

三

取材は時系列に沿って、横浜周辺から始まり、千葉、静岡、大阪、淡路島、三重、山口、福岡などへ足を運んだ。最も遠い場所は、ブラジルである——。

セザール・サンパイオに取材するため、二〇二三年一月末にぼくはチューリヒを経由してサンパウロへ飛んだ。ぼくにとって七年ぶりのブラジルだった。東京と違って、サンパウロの街は変化が緩やかだ。それでも、雨風に晒されてくすんだ高層ビルの合間に新しいビルが建っていた。

サンパイオは前年の二〇二二年ワールドカップ、カタール大会でブラジル代表のアシスタントコーチを務め、大会後は休暇に入っていた。フリューゲルスの通訳だった木村精孝は、代理人に転身し、サンパイオを顧客としていた時期があった。木村を通じてサンパイオに取材を頼むと問題ないという返事だった。しかし、ブラジルに着き、教えられた携帯電話にかけても繋がらない。全日本空輸ブラジル支社長となっていたエドワルド坂本にも協力してもらい、ようやくサンパイオと連絡をつけた。サンパイオによると新たな仕事の打診を含めて様々な電話が入る、休暇中は登録のない電話番号には出なかったという。

サンパイオから取材場所として指定されたのは、パルメイラスの本拠地であるアリアンツ・パルケに近い高級住宅地に立つ高層ビルにある自宅だった。監視カメラ付きの鉄製の頑丈な門の横には警備員の部屋があり、身分証明書の番号を確認された。

ブラジルの高級集合住宅は、一つの階を分割せず一家族が占有することが多い。このビルもそうだった。サンパイオの自宅は最上階だった。扉を開けると、黒縁眼鏡を掛けたサンパイオがにこやかに立っていた。

「一〇年ぶりかな、久しぶりだね」

ぼくが握手をしながら言うと、彼は首を振り、「正確には一一年ぶりだよ」と返した。

彼には過去にブラジルで二度、取材していた。前回、二〇一二年六月に会ったとき彼の肩書きはパルメイラスの強化責任者であるディレクターだったことを思い出した。

大きなテーブルのあるリビングキッチンで話を聞くことになった。サンパイオは「コーヒーデ、イイデスカ」と日本語で言った。まだ日本語は覚えているのかと訊ねると、「日本に住んでいたときは子どもとは日本語で会話していた。今は忘れたね」と大げさに顔をしかめた。

九五年にパルメイラスからフリューゲルスへ移籍した時代の話をしているときはにこやかだった。話が九八年の合併騒動に及ぶと、悔しさが蘇ってきたのか、目に涙を浮かべた。

「一月一日に優勝して、翌日にクラブが消えた。ぼくの人生でなかったことだ。今でもフリューゲルスの仲間と出会うとうれしい。ぼくは戦争に行ったことはないけれど、戦友というのはこういう感覚ではないかと思うことがあるんだ」

楢崎が、メンバー表の〈前所属クラブ〉に記載される横浜フリューゲルスの名前を残すため、現役最後のシーズンに試合出場機会がなかったが、移籍しなかったのだと伝えると、身体を震わせて「知らなかった。鳥肌が立ったよ」と腕をさすった。

「彼の気持ちは分かる、やはり素晴らしい奴だよ、今のサッカー選手はいい契約があれば、どこにでも行く。楢崎のような選手は絶滅した」

わざわざブラジルまで来たのは、どうしてもサンパイオに確認しなければならないことがあったからだ。移籍金について、である。

合併直前の夏、ブラジル代表としてワールドカップに出場したサンパイオにイタリアのＡＣミランが獲得の打診をしていたという。ＡＣミランの名前を出すと、「ああ、あったよ」とサンパイオは認めた。

「九八年の夏、（欧州リーグの）移籍期間のときだ。条件提示もあった。でもぼくはフリューゲルスが気に入っていた。オジサンになるまであのクラブでプレーしたいと思っていた」

フリューゲルスとマリノスの合併の際、日本人選手の移籍金は零になるという措置がとられた。ただ、外国人選手は事情が違う。フリューゲルスに移籍する際、全日空スポーツはパルメイラスに安くない移籍金を支払っている。サンパイオは合併後、パルメイラスに戻った。パルメイラスへの移籍はどのような手順を踏んだのか。当時の報道を注意深くみたが、サンパイオの移籍金に触れた記事はなかった。

彼にはいくつか移籍先の選択肢があったという。

「（イングランドの）ウェストハム、（ブラジルの）バスコ・ダ・ガマ、そしてパルメイラス。子どもが大きくなっていたこともあり、妻がイングランドではなくブラジルにしようと言った。本当はみんな日本から出たくなかったんだ。このとき、パルメイラスは再びリベルタドーレス杯を獲得する計画をはじめていた。監督にフェリポン（ルイス・スコラリ）、ジーニョ、エバイールも戻ることになっていた。ジーニョがぼくにパルメイラスで一緒にやろうと電話してきたんだ」

移籍金は発生したのか、と聞くとサンパイオは首を振った。

「移籍金はゼロだった。ヤマダサンがぼくをフリーにしてくれたんだ」

サンパイオはうれしそうな顔で言った。

「移籍金が発生しないということで、バスコ・ダ・ガマの（副会長である）エウリッコ・ミランダがぼくに連絡をしてきたんだ。そのときはすでにパルメイラスに行くことを決めていたので、断るのが大変だった」

エウリッコ・ミランダはリオ・デ・ジャネイロ州の州議会議員であり、八六年からバスコ・ダ・ガマの副会長を務めたブラジルサッカー界の実力者である。サンパイオはミランダの顔を立てるためにリオまで飛んでいる。すぐにサンパウロに戻るつもりだったのに、なかなか帰らせてくれなかったんだとサンパイオは苦笑いした。

「山田は（全日空スポーツの）社長だったよね。彼の立場は大変だった。クラブを潰すという判断をしたのは彼ではなかった。それにもかかわらず彼は全日本空輸と選手の間に挟まれた。ぼくは彼のような立場にはなりたくない」

山田はどうしているのか、と彼はぼくに訊ねた。

全日本空輸は家族的な組織で社員同士の繋がりが深い。年の近い、あるいはかつて同じ部署の人間をつたっていけば、連絡を取れる人間がほとんどだった。しかし、全日空スポーツの山田、そして取締役の中西の二人の連絡先は誰も知らなかった。二人は全日本空輸、フリューゲルスの関係者と縁を断とうとしているようだった。

「山田はすごくいい人だった。帰国してしばらくしたら、一万ドルが振り込まれていた。銀行から連絡が来たとき、ぼくのお金じゃない、間違いだろうと答えたんだ。調べたらフリューゲルスからの振込だった。ぼくがフリューゲルスに入ったばかりの頃、当時の社長が天皇杯に優勝したら一万ドルのボーナスを出すと言っていたことを思い出した。たぶん彼は酒を飲んでいたので気が大きくなっていた。契約書に入っていない口約束はブラジルで守られることはない。ぼくはすっかり忘れていた。山田は前の社長の約束を守ってくれたんだ」

全日空スポーツの前社長であった泉信一郎の約束と思われる。

坂本にもACミランからの打診を確認した。

「私が日本に行ったときに、新横浜にあった全日空スポーツの会議室で山田とその話になった。そのとき、全日空がフリューゲルスを手放すという噂は耳にしていた。山田に、いつまで選手たちに黙っているんですかと聞いた。サンパイオを欲しいクラブがあるんでしょ。だったら、合併する前にサンパイオは売ったほうがいいですよと言った。だって発表してしまったら、相手のクラブから（移籍金の額について）足元を見られるでしょう。移籍金をもらうことができなくなっちゃいますよと」

サンパイオはブラジル代表として直近のワールドカップに出場していた。少なく見積もっても億の単位がつく移籍金を全日空スポーツは受け取ることができたはずだ。

選手に付加価値をつけることでサッカークラブは利益を生み出すことができる。サンパイオの移籍金が入っていれば、全日本空輸の経営陣からの印象も多少は変わったかもしれない。

山田はワールドカップが終わった後、サンパイオを労うためブラジルへ行ったほど、親愛の情を持っていた。しかし、選手はクラブの資産である。個人的な感情に流されて、その資産を無償で手放したことは背任行為に相当する。

四

手嶋秀人は、残務処理を終えると佐藤工業の東京支社の営業部に戻った。

「正直なところ、今日からゼネコンで一生懸命やるぞ、という気はなかった。まずは前から付き合いのあった企業や銀行などに新しい名刺をもって回った。ゼネコンの営業というのは、億単位の話だから、そう簡単に仕事はとれない」

しばらくして日本サッカー協会専務理事だった森健兒から人を通じて、協会で仕事をする気はないかという連絡が入った。

「モリケンさんとはＪリーグの広報委員会で付き合いがあった。ぼくはフリューゲルスの広報担当者として会議に出ていたからね」

手嶋はサッカー協会の広報部長を経て、『ＪＦＡこころのプロジェクト』推進室長となった。こころのプロジェクトは二〇〇七年四月に始まった企画で、サッカー選手などのアスリートが夢先生――ユメセンとして小中学校に赴き、夢を主題とした「夢の教室」を行う。いじめ、子どもの自殺問題にサッカー協会として何かできないかという川淵三郎の発案を、手嶋が形にしたのだ。

手嶋もまたフリューゲルスの合併、消滅については取材を受けていなかった。ぼくは手嶋に連絡をとり、横浜フリューゲルスのなり立ちから、なぜ消滅したのかきちんと残したいと伝えた。するとは彼は、どこかで話さないといけないとは思っていたんだと答えた。

二〇一九年一二月二三日、ぼくは文京区本郷にある日本サッカー協会本部、ＪＦＡハウスの地下ホールで行われた手嶋の退職式に列席した。彼は壇上で「私は横浜フリューゲルスというクラブにいました」と切り出した。そして、協会の若い方々でさえ、横浜Ｆマリノスの、Ｆが何を意味するか知らないと続けた。手嶋の取材への覚悟だとぼくは受けとめた。

手嶋には二度、長時間話を聞いた。一度は東京、二度目は彼が移住した博多で会った。その他、フリューゲルス関係者を彼が紹介してくれた。かつての部下であった今泉貴道もその一人だった。今泉貴道も佐藤工業に戻ったが、その後の歩みは違う。

「個人的には、サッカーの仕事に携わることはないんだろうな、最後に天皇杯優勝といういい思いをさせてくれてありがとうと選手に感謝しました」

九九年一月末日まで残務処理、二月から佐藤工業東京支店の土木営業部に入った。

「フリューゲルスにいた五年間が社業では空白になっていた。入社が二期下の後輩が先生です。また一年生に戻りました。仕方がないと思っていましたね。だってみんなが利益を出すために頑張って仕事をしていたのに、ぼくはお金を使うだけのポジションに行っていたわけですから。経営が傾いた会社で長い間遊ばせてもらって申し訳ないという思いはずっとありました」

二〇〇二年三月、佐藤工業は会社更生法の適用を申請した。会社更生法とは、債権者、株主その他利害関係人など利害を調整しながら、企業が事業の維持更正を図るための法律である。端的に言えば、取引相手への借金や支払いを棒引き、減額してもらい会社を存続させることだ。子会社を含めた総負債額は約五〇〇〇億円だった。

「お袋が朝六時のNHKニュースを見て、電話してきました。今度は佐藤工業がなくなるわよって。ぼくを含めてほとんどの社員は、ニュースで知ったんです。フリューゲルスの選手たちと同じ状況でした」

その日、三月二日は土曜日だった。東京支店に行くと、他の社員も困惑した表情だった。

「週明けから会社更生法に従って手続きを開始しました、申し訳ありませんというお詫び、工事の終了、中断の書類作成が始まりました。土木工業の場合、主たる発注者は国、地方自治体なんです。発注側への手続きの書類が膨大かつ、書式がばらばら。そんな書類の作成をやったことがない。朝から晩までずっとやっていたら、耳鳴りがしました」

債権者集会の受付も担当した。その場で罵声を浴びせられたこともある。

——いいなあぁ、あんたらは国が守ってくれるものなぁ。こっちは従業員を守らないといけない。首をくるかもしれないんだぞ。

今泉たちに抗議しても事態が好転することはないことは彼らも分かっている。しかし、自分たちの怒りを吐き出さざるをえなかったのだ。今泉はひたすら頭を下げるしかなかった。あの二カ月ぐらいは本当に辛かったです、と首を振った。

「会社更生法というものがどういうものなのかそのときに知りました。佐藤工業という企業には技術力がある。だから公共事業を国や地方自治体から請け負っているんです。会社自体が潰れてしまえば、技術が途絶えてしまう。そこで借金を整理して生き残るようにするんです。この会社更生法で救われるのは佐藤工業だけ。下請けとして仕事をしていた人は守られない」

五月一七日、日本と韓国で共催するワールドカップに出場する日本代表が発表された。今泉はまず横浜Fマリノスに移籍していた波戸康広の名前を探した。

「波戸は直前までスタメンで試合に出ていたんです。あんなにサイドバックとして頑張っていたのに落とすのかよって、ショックでした。ぼくは元々選手には連絡しないようにしていたんです。ただ、波戸のことが気になって、残念だったね、とメールを出したんです。そうしたら波戸から、自分が未熟だったということですという立派な返信が来たんです。ふざけるなという調子かなと思ったらそうじゃなかった」

波戸も大人になったなと、うれしく思ったのだと笑った。

六月四日、日本代表はグループリーグ初戦でベルギー代表と対戦した。

「楢崎がスタメンで出ていたので一生懸命応援しましたよ。直前まで（川口）能活がずっと出ていて、直前の親善試合から楢崎が起用されるようになった。うれしかったですね」

日本代表はグループリーグを勝ち抜き、ベスト一六でトルコ代表に敗れた。そのすべての試合で楢崎は先発出場している。

五

取材の順番には二つの基準がある。一つは作品に登場する順番、時系列である。もう一つは、難易度だ。取材を受けない可能性が高い人間、そして周囲の証言を十分に集めてから話を聞いたほうがいいと思われる人間は後回しになる。最初から取材リストの筆頭にあり、取材済みとして長らく名前が消されることがなかったのが、全日本空輸の関連事業本部業務部長だった丸尾紘治郎である。

フリューゲルスの合併、消滅騒動で丸尾は選手、全日空スポーツの関係者から憎まれ役だった。あの時期は彼にとっては悪夢だったろう。当時のことを蒸し返されることは不愉快かもしれない。また彼が都合のいいようにねじ曲げて話をするかもしれないという懸念もあった。そのため周辺取材を終えてから話を聞きたいと思ったのだ。

丸尾は全日本空輸を早期退職した後、二〇〇六年に羽田空港サービス株式会社という空港業務の企業を設立している。二〇二三年時点で羽田空港サービスグループは二〇〇〇人を超える従業員を抱えていた。丸尾とは大田区平和島の本社で会うことになった。良く言えば機能的、悪く言えば倉庫のような殺風景な事務所だった。受付の電話で丸尾を呼びだすと、広い額、銀縁の眼鏡をかけた痩せ型の男が現れた。

丸尾はぼくの質問に対して淡々と答えた。答えは短く簡潔、分からないことは分からないとはっきり言った。サポーターとの話し合いの場で激しい言葉を投げつけられても譲歩しなかった丸尾を手嶋が「合併を決めた人間に対する怒りはあったけれど、サラリーマンとしてあっぱれだったよ」と評していたことを思い出した。

マリノスと合併させたことは、全日本空輸本社で評価されましたか、と訊ねると、丸尾は、よく分かりませんねと首を傾げた。

「私はわりかし生意気だったもので、社長があいつもしんどいだろうから、慰労してやろうかと突然、（食事に）誘われたことがあったんです。でも今日は用事があると断りました」

なんで断ったのかと今になって思うんですと笑った。社長にとっては愛想のない部下と映ったかもしれないですねと他人事のように言った。

「何人かの役員からは、よくやったという言葉を掛けられました。概ね評価されているとは思います。とにかく社内の知名度は上がりました」

合併、消滅という判断は今でも正しいと思いますかという質問に対しては、「いや、まあ」と一拍置いて、こう続けた。

「今から思うと続けられたかもしれんなと思うことがあります。（経営陣が）山田、中西では駄目だとは分かっていました。ただ、本当にコストを削減して、収入を増やすという前向きな策をとっていれば、経理にもう少しお金を出させるなど、こちらでもサポートできたかもしれません」

二〇〇三年一月、サンパウロのゴルフ場でキャンプを張っていたサントスFCの監督だったエメルソン・レオンに話を聞いたときのことを思い出した。

清水エスパルス、ヴェルディ川崎の監督を務めたこともあるレオンは前年にサントスFCの監督となり、ブラジル全国選手権で優勝していた。レオンが引き受けたとき、サントスFCは経営危機に陥り、年俸の高い主力選手を放出していた。レオンは下部組織にいた若手選手をトップチームに引き上げて、結果を残したのだ。

レオンは「紹介するよ」と二人の選手を両側に呼びよせた。後にブラジル代表に入るロビーニョとジエゴである。それぞれ一七歳と一六歳だった。その他、やはりブラジル代表に入るエラーノ、アレックスも一〇代だった。レオンは彼らを育てることでチームを立て直した。

フリューゲルスでも同様のことができたはずだ。

九八年夏、サンパイオに対してイタリアのACミランから獲得の打診があったことを知っていますかと訊ねると丸尾は首を横に振った。移籍していた場合、それなりの移籍金をクラブが手にすることになったはずだと伝えた。その他、山口たち代表経験のある選手たちは他のクラブに移籍させれば、ある程度の移籍金が入ったろう。そして残った若手選手に経験を積ませる。彼らが結果を残せば売却して運営資金に回す。南米大陸の少なくないクラブはそんな風にして経営していますよと言った。丸尾は、そんなことは考えたことがなかったと腕を組んだ。全日空スポーツにそういう知恵がある人間がいれば良かったんだよなと呟いた。

フリューゲルスという横浜に根を張りつつあった樹木が切り倒される際、幾つかの種子を残した。一つは合併先の横浜Ｆマリノスの「Ｆ」である。二つ目は、「横浜フリューゲルス再建協議会」が九八年一二月二五日に設立した「株式会社横浜フリエスポーツクラブ」だ。この会社は翌九九年から新設される二部リーグ「Ｊ２」への加入を目指した。

唐井直は旧知の新聞記者から協力を頼まれた。

「クラブ立ち上げを話し合うミーティングに、二、三回出ましたね。彼らは市民球団を目指すというんです。清水は元々、市民球団を標榜していたので市民持ち株会というのが残っていたんです。その構造を説明して、初代の社長になる辻野（臣保）さんに（清水の本拠地である静岡県の）日本平（競技場）に行って運営を実際に見たほうがいいという話をしました」

辻野の本業はシナリオライターであり、スポーツクラブ運営、企業経営の経験はなかった。

横浜フリエスポーツクラブが運営するクラブ――『横浜ＦＣ』のゼネラルマネージャーに奥寺康彦、監督は元西ドイツ代表だったピエール・リトバルスキーが就任した。実務を仕切ったのは田部和良である。

六

横浜市戸塚中学校の教員だった田部は、李国秀が監督を務める桐蔭学園に入った。その後、ジェフ市原の強化部に転じていた。

「田部はジェフでスカウト担当だったから、契約についてまったく分からなかった。（主力スポンサーの一つ、アメリカの金融機関）シティバンクとの契約書を見て欲しいと私のところに持って来た。ここはこうしたほうがいいんじゃないのっていう助言はした」

九九年三月、横浜ＦＣは日本フットボールリーグ（ＪＦＬ）に準会員として加盟が承認された。翌二〇〇〇年シーズンにＪＦＬの正会員となり、二年連続でリーグ優勝し、二〇〇一年シーズンからＪ２に昇格している。

二〇〇五年シーズン、アルビレックス新潟から山口素弘が移籍している。古巣に戻ってきたという意識はあったかと山口に聞くと「別のチームでした」と首を振った。

「どういう経緯でクラブができたのかというのは人づてに聞いていました。直接ではないので、作った人の思いもはっきりとは分からない。ただ、三ツ沢（球技場）を本拠地としているチームだったので、横浜ＦＣから話をもらったときに、また三ツ沢でプレーできるんだという思いはありましたね」

山口は二〇〇七年シーズンに横浜ＦＣで引退している。かつて考えていたように三ツ沢で引退することはできましたねと口を挟むと、「そうですね」とだけ短く答えた。

唐井は横浜ＦＣの経営に関わるように頼まれたが固辞した。翌九九年シーズンからヴェルディ川崎の強化部に入り総監督の李国秀を支えることになっていたからだ。

李は桐蔭学園を全国屈指の強豪校に育て、多くの教え子をJリーグに送っていた。ヴェルディに所属する林健太郎、米山篤志、廣長優志、小林慶行、山田卓也は桐蔭学園の卒業生だった。ヴェルディは九九年のファーストステージで二位、天皇杯でもベスト四に進出している。李は手薄だった守備陣を立て直すため、練習参加していた長身のテスト生を抜擢した。後に日本代表に選出される中澤佑二である。その他、才能を持ちながら燻っていた石塚啓次、選手としては下り坂に入っていた北澤豪の能力を最大限に発揮させた。リューゲルスが採るべき道だった。

そしてフリューゲルスの種子はもう一つ、残されている。フポーツ少年団という幹から切り落とされた枝を挿し木した、と書くほうが正確かもしれない。吉野次郎が率いる横浜スポーツ&カルチャークラブ——Y・S・C・Cだ。

七

八六年三月二二日、全日空サッカークラブのBチームであるヨコハマトライスターの選手だった吉野は西が丘サッカー場の観客席にいた。先輩から、面白いことが起こるらしいから試合を観に行こうと言われたのだ。試合開始前、ゴールキーパーの大澤浩司がフィールドプレーヤーのユニフォームを身につけて入場してきた。スタジアムの外に目をやると木口茂一たちが出ていくのが見えた。ああ、面白いことってそういうことだったのか、と思った。全日空SCボイコット事件である。

吉野は六五年に横浜市で生まれた。

「団地で育ったので、学校から帰るとランドセルを家に放り投げて、公園でサッカーや野球をしていました。団地の中にサッカーチームがあったんです」

本格的にサッカーを始めたのは中学校のサッカー部に入ってからだ。

「FCゴールが今の横浜スタジアム、当時の横浜公園の中にあった野球場で練習していました。FCゴールは上手い人ばかりで、あそこでプレーすることが憧れでしたね」

高校進学と同時に、吉野はその下部組織に加入することになった。

「名前は横浜トライスターユースとなっていました。高校二年生になったとき、トップチームにも登録されました。たまにトップチームの練習に呼びだされることがありました」

中でも李の技術に舌を巻いたという。

「なんでこの角度で飛んでくるんだと思うようなボールを蹴るんです。マジシャンのようだと思いました。天才でしたね」

ユースチームの練習に唐井や木口が顔を出すこともあった。彼らが評価した選手はトップチームで起用された。

吉野は一年間の浪人生活の後、八四年四月に駒澤大学へ入学し、Ｂチームのトライスターに加入した。同時期、トップチームは日本リーグ二部昇格に合わせて、全日空横浜サッカークラブと改名していた。

全日本空輸の名前がついたことについてＦＣゴール時代から関わっていた人間たち、〝横浜側〟は冷ややかだったという。

「ぼくが知る限り、全日本空輸がスポンサーについてＢチームなど下部組織が恩恵に与ったということはなかった。指導者の待遇、練習場所など、何も変わらないじゃんって先輩たちは憤っていた。全日空の名前がバンと露出した瞬間に離れていった人も知っています。そんなにお金を出していないのになんであんな風に（全日本空輸の社員から）威張られないといけないのってぼくは思っていましたね」

日本リーグ二部昇格後、ＦＣゴール出身の選手たちが戦力外とされたことも、横浜側の怒りを増幅させた。

「来季は契約しませんよと言い渡された人たちは、子どもたちのためにグラウンドを作ろう、自分たちのためにも施設が必要ですと声を上げていた人だったんです。ああ、だから（契約を）切られたんだなというのがぼくたちの理解でした」

ボイコット事件が起こったのは、その約二年後だった。

「ボイコットという行為自体がどうかという疑問はありました。あったんだけれど、全日空のやり方にも不信感があった。ぼくはトライスターの試合に出場しながら、小学生たちを指導していました。まずこの子たちはどうなるんだと不安になりました」

試合放棄した木口、唐井たち六選手は無期登録停止、全日空SCに対しては三カ月の公式戦出場停止という処分は横浜側には不公平に映った。

「ボイコットをした試合が成立したこともあったでしょうが、クラブは通常の降格と同じ。来季の活動に支障がない処分でした。一方、選手は永久処分です。唐井さんはともかく、木口さんはFCゴール出身でもないのに、矢面に立ったという不思議な人でした」

サッカーは上手いし、その辺のふらふらしている人にも声を掛けて、飲みに行っちゃうような人なんですとおかしそうに笑った。

「ぼくたちにとっては、心ある人たちの反乱でした。ぼくたちの同年代、その下の世代も合わせて三〇人ぐらいが集まって、木口さんたちの顔写真に〝横浜のサッカーを愛する会〟と書かれたボードを身体の前後にぶら下げて、伊勢佐木町で署名活動をしました。FCゴール出身で地方の大学に行っていた人が、署名を集めて送ってきたこともありました。ぼくは積極的に人と話すタイプではなかったんですが、それでも声を出した。最終的には六万人の署名が集まったんです」

ボイコット事件の影響は下部組織にも及んだ。

「かつてFCゴールにいた人たちが戻ってきて、トライスターの育成年代に尽力していた指導者たちを、お前たちでは駄目だ、俺たちが全日空（スポーツ）と話をするからと排除したんです」

ここでは敢えて、排除という単語を使いますと吉野は語気を強めた。

「戻ってきた人たちは、追い出された奴らは実は不正を働いていたとありもしないことを言いふらした。こうした人がいるところにはいられないと思って、ぼくたちは今のY・S・C・Cを立ち上げた。ボイコットによってY・S・C・Cができたと言われることがあるんですが、正確ではないんです」

クラブの設立は八六年九月一日、当初は「横浜スポーツクラブ」という名称だった。代表者は谷中が就任。谷中の自宅を事務所として登録した。

「その瞬間に一五人の中学生がうちに来ました。その他、女子が六人、高校生が五人で始まりました」

横浜スポーツクラブ、初日の練習は雨だった。港北高校の軒先でフィジカルトレーニングを行った。翌八七年、「横浜サッカー&カルチャークラブ（Y・S・C・C）」と改称した。

カルチャー——文化という文言を入れたのは、サッカー選手である前に一人の教養人であるべきであるという思いがあったからだ。

「理念としたのは地域活性と子どもたちの健全育成。クラブは企業におんぶにだっこ、ではいけない」

この時点でJリーグの胎動さえ始まっていなかった。先人なき茨の道である。

「サッカースクールだけでは当然食べていけません。谷中さんは色んな免許をお持ちだったので、食品の配達などをしてお金を稼いでいました。谷中さんは結婚して家族ができた。そうした生活には限界がありますよね。ぼくが大学を卒業したときに代表を引き継ぐことになった。そのまま今日まで来てしまったんです」

唐井が公認会計士の勉強をしながらコーチとして現場に立ったことは前述した。

「合格するまで一年半ぐらいまで、ですかね。ユース年代を担当して、かなり厳しいトレーニングを課していました。唐井さんのストップウォッチを覗き込む姿は本当に怖かったと今も言うOBがいます。唐井さんは自分にも厳しく、他人にも厳しい。あぶさんも立ち上げてしばらくは顔を出してくれました。練習試合が終わった後は、必ず（横浜市中区）元町あたりに飲みに行きました」

Y・S・C・Cは八八年に神奈川県社会人サッカーリーグ三部から始め、翌八九年に二部、九〇年に一部に昇格した。吉野はJリーグの眩い舞台に立っているフリューゲルスの姿を横目に見ていた。

「我々の理念を継続することで、いつかはトライスター、つまりフリューゲルスを追い越してやろうと考えていました。反骨精神ですね」

フリューゲルスとマリノスの合併は新聞で知った。

「えっ、と驚きました。また全日空、穴を空けちゃったんだというのが第一印象です。Jリーグの育成に関わる指導者というのは、我々のような街のクラブと連携しようとするんです。マリノスは全面的に協力してくれました。しかし、フリューゲルスは何もしなかった。だからなぜ合併したのかに興味もなかったし、調べようとも思いませんでした」

いつか抜いてやろうと思っていたら、先になくなってしまったんですと皮肉っぽく笑った。

特例措置でJFLから始めた横浜FCと違い、Y・S・Cの歩みはゆっくりだった。二〇〇二年にNPO法人化、二〇〇三年に関東リーグ二部、二〇〇四年に関東リーグ一部へ昇格した。JFL昇格は二〇一一年のことだ。そして二〇一四年から三部リーグであるJ3に参加した。このときの監督、有馬賢二はボイコット事件のとき谷中、吉野と行動を共にした中学生の一人だった。有馬は日本大学藤沢高校から日本大学に進み、柏レイソル、コンサドーレ札幌、横浜FCでプレーした。クラブの生え抜きが戻ってきたのだ。

唐井との関係も途切れることはなかった。唐井は清水からヴェルディ川崎、FC町田ゼルビア、ジェフユナイテッド千葉の強化担当を歴任しながらY・S・Cに協力していた。あるときヨコハマサッカークラブ初代監督だった久田英夫から唐井に連絡が入った。久田はボイコット事件後、全日空SCと距離を置いていた。その後、全日本空輸の関連会社を退職、会社を立ち上げていた。彼は引退を決め、会社を清算する、残金の一部一〇〇〇万円をY・S・C・Cへ寄付したいと言うのだ。久田はY・S・C・Cをヨコハマサッカークラブの系譜にあると認めてくれていたのだと、唐井はうれしく思った。

唐井は二〇一六年にFC町田ゼルビアに戻り、二〇二二年シーズン終了後に契約満了で退社した。最後の働き場所として選んだのはY・S・C・Cだった。吉野から経営状況が芳しくないと相談を受け、社長補佐としてクラブに戻ったのだ。

「本当はもっと年をとってから、子どもたちの練習のボール拾いでもやるために戻ろうと思っていた」

予定よりも少し早くなったんですと唐井は苦笑いした。

あとがき

ノンフィクション作品の取材、執筆は長い旅のようなものだ。様々な人間と会い、会話を交わすうちに、ぼくはこんな夢想をするようになった。

合併、消滅のとき、フリューゲルス監督に李国秀が就任、経営陣に唐井直、大江武史たちが戻っていたらどうだろう——。かつての〝横浜側〟の人間たちだ。

彼らは草創期からクラブを知り、サッカーを理解している男たちである。おそらく、セザール・サンパイオ、山口素弘、三浦淳宏、楢﨑正剛といった日本代表の選手は他のクラブに売却するだろう。前田浩二や薩川了洋たちに減俸をのんでもらい、遠藤保仁、波戸康広、吉田孝行、久保山由清といった若手を中心にチームを組み立てる。

桐蔭学園サッカー部の監督として多くのJリーガーを輩出してきた李はこうした手法に最適の男だ。

進学校である桐蔭学園は一定以上の学業成績を残してなければ入学できない。自分のところに来るのは素材としては〝Bクラス〟であると彼はうそぶく。そうした選手に考えさせる力をつけさせ、花を開かせた。

李の優先順位の筆頭は単なる勝利ではない。パスを繋いで、攻撃的に勝つ。ブラジル人がジョゴ・ボニート——美しいゲームと呼ぶ攻撃的なサッカーだ。ＦＣバルセロナが目指すサッカーと同じである。カルロス・レシャックの薫陶を受けた遠藤たちはすんなりと李の教えに馴染んだことだろう。その後、早くから目をつけていた鹿児島実業の松井大輔が加入したかもしれない。ワールドカップに出場する遠藤、波戸、松井たちの所属クラブは「横浜フリューゲルス」となっていたはずだ。

さらに、中区スポーツ少年団から脈々と続く下部組織を大切にしていたとしたら——。

横浜を中心とした神奈川県は人口が多く、潜在的に多くの才能を抱えている。消滅したとき、フリューゲルスの下部組織には、後に日本代表に選ばれる田中隼磨、坂田大輔たちがいた。フリューゲルスが存続していれば、マリノス、フロンターレと切磋琢磨して、多くの才能をＪリーグ、欧州リーグへ送り出すことになったろう。

ときに反町康治、前田治、引退後の山口や楢崎たちがクラブハウスに顔を出し、昔話をする。その姿を下部組織の選手たちは遠巻きに、憧れの目で見ることだろう。これこそが地域に根付いた本物のスポーツクラブである。

フリューゲルスが消滅して一番悲しんだのは誰でしょうかとぼくは取材相手に問うて回った。

反町がクラブの消滅を聞いたのは、ＦＣバルセロナで指導者として研修していたときだった。

バルセロナと繋いだのは、安達貞至である。レシャックを招聘した際、FCバルセロナと指導者研修を念頭においた業務提携契約を結んでいたのだ。反町は監督だったルイ・ファン・ファールから「お前のクラブがなくなったぞ」と言われた。

「フリューゲルスの関係者は、いずれぼくが指導者として戻ると考えていたと思う。フリューゲルスが残っていればぼくの人生は大きく変わっただろうね」

前田治は「一番貧乏くじを引いたのはぼくですよ」と顔をしかめた。

「全日空から始めてフリューゲルスで終わったのはぼくだけなんです。ぼくはクラブに一生を捧げるつもりだった。骨を埋めるつもりだったのに、埋めるところがなくなった」

手嶋秀人は、選手たちも辛いだろうけれど、裏方なんじゃないかなと呟くように言った。光が当たらずとも、クラブを支えていた人間たちは思い出だけを抱えて生きていくことになる。前田浩二は、取材中、何度もサポーターを気遣った言葉、感謝の念を口にした。

すべて正しい――。

サッカーに限らず、スポーツクラブは経済学者である宇沢弘文が提唱した社会的共通資本に含まれるとぼくは思う。宇沢は社会的共通資本を〈ゆたかな経済生活を営み、すぐれた文化を展開し、人間的に魅力ある社会を安定的に維持することを可能にする社会的装置〉と定義した。生命存続に必須ではないかもしれないが、人間らしく、そして豊かに生きるために必要な文化財だ。はじまりは企業内の組織であったとしても、時を経るうちに地域、関与した人間の社会的共通資本となる。決して、運営資金を出した企業が生殺与奪の権を握る所有物ではない。

横浜フリューゲルスは、オリジナル10、Jリーグにおいて消滅した唯一のクラブである。川淵三郎はフリューゲルスの消滅が大騒ぎになったことで、撤退を検討していた他のクラブの抑止力になったと評した。確かにその通りかもしれない。ただ、割り切れないものは残る。

Jリーグが始まって三十一年目となる。今後、フリューゲルスのようなクラブが出ないことを祈って、筆を置く。

この取材には本文中の証言者以外にも多くの方に協力していただいた。
納谷宣雄、菊地基、岩本隆、エドワルド西尾、エジソン土井、西山幸之、稲川朝弘、梅岡カチアニ、井田勝太郎、辻翔子、趙靖芳、中込勇気、寺野典子、竹内としひろ、高橋誠一郎、進藤正幸、藤ノ木惠、長谷川アーリアジャスール、安達亮、植田朝日、武中篤、原田省（以上、順不同、敬称略）
最後に取材開始から四年以上、伴走してくれた担当編集者の滝川昂氏に感謝したい。

田崎健太　たざき・けんた

1968年3月13日京都市生まれ。ノンフィクション作家。早稲田大学法学部卒業後、小学館に入社。『週刊ポスト』編集部などを経て、1999年末に退社。

主な著書に『W杯に群がる男たち―巨大サッカービジネスの闇―』（新潮文庫）、『辺境遊記』（英治出版）、『偶然完全　勝新太郎伝』（講談社）、『維新漂流　中田宏は何を見たのか』（集英社インターナショナル）、『ザ・キングファーザー』（カンゼン）、『球童　伊良部秀輝伝』（講談社　ミズノスポーツライター賞優秀賞）、『真説・長州力 1951-2018』（集英社）。『電通とFIFA　サッカーに群がる男たち』（光文社新書）、『ドライチ』（カンゼン）、『真説佐山サトル』（集英社インターナショナル）、『ドラガイ』（カンゼン）、『全身芸人』（太田出版）、『ドラヨン』（カンゼン）、『スポーツアイデンティティ』（太田出版）。

Instagram:tazakikenta1968
X:@tazakikenta
http://www.liberdade.com

◉参考文献

川淵三郎　『「J」の履歴書　日本サッカーとともに』日本経済新聞出版社
川淵三郎　『虹を掴む』講談社
為郷恒淳　『読売外伝　わが心の秘録』文園社
木之本興三　『日本サッカーに捧げた両足　真実のJリーグ創世記』ワニブックス
後藤健生　『日本サッカー史　日本代表の90年　1917-2006』双葉社
山口素弘　『横浜フリューゲルス　消滅の軌跡』日本文芸社
平塚晶人　『空っぽのスタジアムからの挑戦　日本サッカーをメジャーにした男たち』小学館
クリストファー・ヒルトン　『欧州サッカーのすべて』ダイエックス出版
横浜サッカー協会　『横浜サッカー協会　85年史』
東京ヴェルディ1969フットボールクラブ　『クラブサッカーの始祖鳥　読売クラブ〜ヴェルディの40年』
大宮知信　『デカセーギ　逆流する日系ブラジル人』草思社
中隅哲郎　『ブラジル日系社会考』無明舎出版
宇沢弘文　『社会的共通資本』岩波書店

本書は『フットボール批評』issue 28からissue 39までの連載「汚点　横浜フリューゲルスはなぜ、消滅しなければならなかったのか」を元に修正、大幅加筆しています。

装幀・本文デザイン　三村漢（niwanoniwa）
DTPオペレーション　松浦竜矢
カバー・写真　Getty Images
本文写真　時事通信社／産経新聞社
校正　株式会社鴎来堂
編集協力　一木大治朗、山本浩之、三谷悠
編集　滝川昂（株式会社カンゼン）

横浜フリューゲルスは
なぜ**消滅**しなければならなかったのか

発行日　２０２４年４月23日　初版
　　　　２０２４年５月15日　第２刷　発行

著者　田崎健太
発行人　坪井義哉
発行所　株式会社カンゼン
〒101-0021
東京都千代田区外神田 2-7-1 開花ビル
TEL 03（5295）7723
FAX 03（5295）7725
https://www.kanzen.jp/
郵便為替 00150-7-130339

印刷・製本　中央精版印刷株式会社

ISBN 978-4-86255-682-0
Printed in Japan

定価はカバーに表示してあります。

ご意見、ご感想に関しましては、kanso@kanzen.jp まで
Eメールにてお寄せ下さい。お待ちしております。